Barbara Ziebell

Unter Mitarbeit von Herrad Meese

Unterrichtsbeobachtung und Lehrerverhalten

Fernstudieneinheit 32

Fernstudienprojekt
zur Fort- und Weiterbildung
im Bereich Germanistik
und Deutsch als Fremdsprache

Teilbereich Deutsch als Fremdsprache

Kassel · München · Tübingen

LANGENSCHEIDT

Berlin · München · Wien · Zürich · New York

Fernstudienprojekt des DIFF, der GhK und des GI
allgemeiner Herausgeber: Prof. Dr. Gerhard Neuner

Herausgeber dieser Fernstudieneinheit:
Uwe Lehners und Christa Merkes-Frei, Goethe-Institut Inter Nationes, München

Redaktion: Herrad Meese

Im Fernstudienprojekt „Deutsch als Fremdsprache und Germanistik" arbeiten das
Deutsche Institut für Fernstudienforschung an der Universität Tübingen (DIFF), die
Universität Gesamthochschule Kassel (GhK) und das Goethe-Institut Inter Nationes,
München (GI) unter Beteiligung des Deutschen Akademischen Austauschdienstes
(DAAD) und der Zentralstelle für das Auslandsschulwesen (ZfA) zusammen.

Das Projekt wurde vom Bundesminister für Bildung und Wissenschaft (BMBW), dem
Auswärtigen Amt (AA) und der Europäischen Kommission (LINGUA/SOKRATES)
gefördert.

 Dieses Symbol bedeutet „Verweis auf andere Fernstudieneinheiten"

* Mit diesem Zeichen versehene Begriffe werden im Glossar erklärt

Dieses Werk folgt der Rechtschreibreform vom 1. Juli 1996. Ausnah-
men bilden Texte und Realien, bei denen historische, künstlerische,
philologische oder lizenzrechtliche Gründe einer Änderung entgegen-
stehen.

Zu dieser Fernstudieneinheit gehört eine Videokassette mit einer
Zusammenstellung von Unterrichtsmitschnitten aus verschiedenen
Ländern:

VC PAL   ISBN 3 – 468 – **49634** – 6
VC SECAM   ISBN 3 – 468 – **49635** – 4
VC NTSC   ISBN 3 – 468 – **49636** – 2

Verlagsredaktion: Manuela Beisswenger, Mechthild Gerdes

Titelfotos: Barbara Stenzel
Gestaltung (DTP): Uli Olschewski
Druck: Druckhaus Langenscheidt, Berlin
Printed in Germany: ISBN 3 – 468 – **49633** – 8

1 2 3 4 5 * 06 05 04 03 2002

Inhalt

Einleitung

Das Anliegen dieser Fernstudieneinheit ist es, Unterrichtsbeobachtung* zu nutzen, um für den eigenen Unterricht dazuzulernen. Der Unterricht von Kollegen und Kolleginnen ist hierbei eine wichtige Fundgrube und Unterstützung. Die Methodik und Didaktik des Deutsch-als-Fremdsprache-Unterrichts lässt sich nicht nur theoretisch aus Büchern aneignen. Mit dieser Fernstudieneinheit möchten wir die Unterrichtswirklichkeit als Lernfeld durch Anschauung (Zusehen) gezielt einbeziehen und so die Theorie mit der Praxis verbinden.

Wir sehen es als eine große Chance, sowohl methodisch-didaktische Aspekte als auch Lehrerverhalten* anschaulich zu zeigen. Diese Möglichkeit bietet die Videokassette, die Bestandteil dieser Fernstudieneinheit ist. Besonders, wenn Sie zurzeit nicht unterrichten und auch keinen realen Unterricht beobachten können, erhalten Sie durch die Videomitschnitte einen Einblick in verschiedene Unterrichtssituationen.

Videokassette

Die Videokassette enthält eine Zusammenstellung von Unterrichtsmitschnitten aus verschiedenen Ländern. Die Aufnahmen stammen aus den Jahren 1982 bis 1998. Aufgenommen wurden Anfänger und Fortgeschrittene, Kinder, Jugendliche und Erwachsene. Wir haben also auf vorhandenes Videomaterial zurückgegriffen, auch wenn einige der Aufnahmen technisch leider nicht sehr gut sind. Die zu den Unterrichtsmitschnitten gehörenden Aufgaben versuchen dem Rechnung zu tragen, sodass dennoch eine sinnvolle Auswertung des Materials möglich ist.

Uns geht es darum, die alltägliche Unterrichtstätigkeit von Kollegen und Kolleginnen, die unter unterschiedlichsten Bedingungen arbeiten müssen, als Grundlage für die Beobachtungen zu nutzen. Auch dienen die Aufnahmen, deren Einsatz in zahlreichen Lehrerfortbildungsveranstaltungen erprobt wurde, als Beispiel für Beobachtungsaufgaben, die Sie auch bei anderen Unterrichtsbeobachtungen anwenden können.

Nutzen Sie bei der Bearbeitung der Aufgaben die Möglichkeit, die Videokassette anzuhalten oder die Sequenzen mehrmals anzuschauen, wann immer Sie möchten.

Unterrichtsmitschnitte auf Video können den gehaltenen Unterricht nicht im Verhältnis eins zu eins widerspiegeln: Schon bei der Aufnahme konzentriert sich die Kamera auf bestimmte Aspekte, bei der Bearbeitung gibt es dann Schnitte usw. (s. dazu Kapitel 2.7). Auch wir bieten Ihnen auf der Videokassette jeweils nur Ausschnitte aus dem Unterricht. Je nach Zielsetzung der Beobachtungsaufgaben sehen Sie entweder nur bestimmte Phasen des Unterrichts oder auch verkürzte Abläufe.

Fernstudieneinheit

Die Fernstudieneinheit ist der Ausgangspunkt für die Arbeit mit der Videokassette. Sie werden in der Fernstudieneinheit anhand gezielter, progressiv gestalteter Aufgaben, die sich auf die aufgezeichneten Unterrichtsbeispiele beziehen, schrittweise an die vielfältigen Möglichkeiten der Unterrichtsbeobachtung herangeführt. Hierbei können Sie die wichtigsten Techniken der Unterrichtsbeobachtung erlernen. Darüber hinaus erhalten Sie Anregungen, wie Sie sich durch Selbstbeobachtung* und gegenseitige, partnerschaftliche Beobachtung* weiterbilden können.

In dieser Fernstudieneinheit haben wir die Unterrichtsbeobachtung auf zwei Schwerpunkte fokussiert:

➤ Beobachtung des Lehrerverhaltens mit dem Ziel, eigenes Verhalten zu reflektieren,

➤ Beobachtung methodisch-didaktischer Aspekte mit dem Ziel, das eigene methodische Repertoire zu erweitern.

Dabei richtet sich die Aufmerksamkeit im Wesentlichen auf die Unterrichtenden.

Nicht berücksichtigt werden konnten in dieser Fernstudieneinheit Methoden und Ansätze, bei denen die Beobachtung der Lernenden stärker in den Mittelpunkt gestellt wird – wie z. B. in der Interaktionsforschung oder bei Methoden, bei denen Unterrichtende ihren Unterricht selbst erforschen oder Lernende zum Unterricht befragt werden.

Die in dieser Fernstudieneinheit zusammengestellten Materialien, Aufgaben, Übungen usw. stammen aus dem Kontext von Aus- und Fortbildungsveranstaltungen für Lehrende im Bereich Deutsch als Fremdsprache. Ähnlich wie in den Seminaren soll in dieser Fernstudieneinheit von Ihren persönlichen Erfahrungen, Einstellungen, Fragen usw. ausgegangen werden: Bei der Arbeit mit den Unterrichtsmitschnitten werden in der Regel zuerst Sie nach Ihrer Wahrnehmung, Ihren Interpretationen, Fragen usw. gefragt. Wir möchten dadurch erreichen, dass Sie Ihre persönlichen Einstellungen, Erfahrungen und Positionen stets präsent haben – das wird Sie bei der weiteren Erarbeitung der Themenbereiche unterstützen.

Zur Arbeit mit dieser Fernstudieneinheit

chronologische Bearbeitung

Es ist am sinnvollsten, wenn Sie bei der Bearbeitung dieser Fernstudieneinheit (insbesondere bei den ersten beiden Kapiteln) chronologisch vorgehen, denn die Beobachtungsaufgaben bauen aufeinander auf und werden immer komplexer und offener – es handelt sich um eine Beobachtungsprogression*. Durch Auswahl- und Zusatzaufgaben erhalten Sie zunehmend die Möglichkeit, nach Ihren speziellen Fragestellungen auszuwählen und Prioritäten zu setzen. Alle Aufgaben, Übungen, Materialien und Beobachtungsbögen sind für die reale Unterrichtsbeobachtung in Ihrem Unterricht anwendbar.

allein oder gemeinsam?

Der Vorteil eines Selbststudienprogramms liegt darin, dass Sie ganz individuell, nach Ihren persönlichen Lerninteressen und in Ihrem Lerntempo mit den Lernmaterialien arbeiten können. Wenn Sie allein arbeiten, liegt der Nachteil auf der Hand, dass der Erfahrungsaustausch, die Diskussion und Auseinandersetzung mit Ideen und Meinungen anderer fehlen – also der gemeinsame Lernprozess in einer Lerngruppe. Besonders bei Unterrichtsbeobachtungen sind die Wahrnehmungen und Einschätzungen weiterer Beobachter sehr aufschlussreich und wichtig.

Um denjenigen, die mit dieser Fernstudieneinheit allein arbeiten, dennoch einen Austausch zu ermöglichen, finden Sie zu den Arbeitsaufträgen Antworten und Stellungnahmen, die in Aus- oder Fortbildungsseminaren mit multikulturell zusammengesetzten Lehrergruppen gesammelt wurden. Auf der Grundlage der Antworten dieser Kollegen und Kolleginnen können Sie dann Ihre eigenen Antworten und Meinungen vergleichen, überprüfen und eventuell ergänzen.
In jedem Fall halten wir es für sinnvoll, dass Sie sich eine Kollegin, einen Kollegen oder eine Lehrergruppe suchen, mit denen Sie die Videosequenzen anschauen und die Aufgaben durcharbeiten bzw. sich in regelmäßigen Abständen austauschen.

Diejenigen von Ihnen, die zu zweit oder in einer Gruppe arbeiten, können die Beobachtungsaufgaben und Beobachtungsbögen auch über die vorgeschlagenen Aufgaben hinaus erweitern und modifizieren: Jeder Unterricht bietet vielfältigste Beobachtungsaspekte*, und wenn z. B. zur Beobachtung des methodischen Aufbaus aufgefordert wird, lassen sich zusätzlich – auf verschiedene Beobachter verteilt – das Lehrerverhalten, die Interaktion der Lernenden usw. beobachten.

Kopieren der Beobachtungsbögen

Im **Anhang** finden Sie Beobachtungsbögen, die Sie für die Bearbeitung verschiedener Aufgaben in dieser Fernstudieneinheit und auch zur Verwendung von Unterrichtsbeobachtungen außerhalb dieser Studieneinheit – zum Beispiel in Ihrem Kurs – einsetzen können. Am besten kopieren Sie sich diese Materialien vor dem Ausfüllen einige Male, da sie mehrfach verwendet werden.

Erstellen eines Beobachtungslogbuches

Wir möchten Ihnen außerdem empfehlen, eine Art „Beobachtungslogbuch" zu führen, d. h. einen Extraordner anzulegen, in den Sie Ihre ausgefüllten Beobachtungsbögen einsortieren und in den Sie außerdem Ihre Bemerkungen, Antworten, Notizen und alles, was Sie sich merken wollen, hineinschreiben.

Ziele

Die Ziele dieser Fernstudieneinheit sind in erster Linie

- eine Einführung in die Unterrichtsbeobachtung zu geben (**Kapitel 1**),
- Beobachtungstechniken* zu vermitteln, praktisch zu erproben und zu üben (**Kapitel 2**),

- einige der fachdidaktischen Themen der anderen Fernstudieneinheiten (Leseverstehen, Hörverstehen, Arbeit mit Video, Sozialformen*, Korrekturverhalten usw.) konkret anhand realer Unterrichtsbeispiele (auf Video) zu veranschaulichen und dadurch praxisnah zu erarbeiten **(Kapitel 3)**,
- Lehrerverhalten zu beobachten und zu reflektieren **(Kapitel 4)**,
- auf reale Unterrichtsbeobachtung bei Unterrichtsbesuchen vorzubereiten **(Kapitel 4)**.

Im Einzelnen werden Sie durch die Arbeit mit dieser Fernstudieneinheit

➤ verschiedene Beobachtungskriterien und Beobachtungsbögen hinsichtlich ihrer praktischen Einsatzmöglichkeiten kennen lernen und erproben,

➤ lernen, Beobachtungsbögen gezielt auszuwählen, anzuwenden und selbst zu erstellen,

➤ die Fähigkeit erwerben, Unterricht gezielt und systematisch zu beobachten, zu beschreiben und im Hinblick auf Ihre eigene Praxis auszuwerten,

➤ hilfreiches Beobachtungs- und Auswertungsverhalten kennen lernen,

➤ die Bereitschaft und Fähigkeit entwickeln, Ihr eigenes Lehrverhalten zu beobachten und beobachten zu lassen, es mithilfe von Unterrichtsbeobachtung effektiv zu reflektieren und damit Ihre Lehrkompetenz gezielt zu erweitern.

Danksagung

An dieser Stelle möchte ich mich herzlich bedanken bei allen Kolleginnen und Kollegen, die sich bei der Arbeit haben zuschauen und filmen lassen und sich bereit erklärt haben, in dieser Fernstudieneinheit ihren Unterricht und ihre Unterrichtsmaterialien zur Verfügung zu stellen. Ich möchte hiermit im Namen aller Kolleginnen und Kollegen, die davon profitieren und für ihren Unterricht lernen können, ausdrücklich Ihren Mut für diese „Vorreiter-Rolle" anerkennen.

Ein weiteres Dankeschön geht auch an all die Lehrerkolleginnen und -kollegen, mit denen ich in Lehrerfortbildungsseminaren über Unterrichtsbeobachtung gearbeitet habe und deren Beiträge mein eigenes Lernen und diese Fernstudieneinheit sehr bereichert haben. Ich hoffe, Sie werden sich und Ihre wichtigen Beiträge zu dieser Fernstudieneinheit in den schriftlich zitierten oder auf der Videokassette wiedergegeben Äußerungen wiedererkennen.

1   Grundsätzliches zur Unterrichtsbeobachtung

Überblick

In diesem ersten Kapitel bitten wir Sie zunächst, Ihre eigenen Erfahrungen mit Unterrichtsbeobachtungen zu reflektieren. Sie werden sowohl Funktionen und Ziele von Unterrichtsbeobachtungen wie auch den Unterschied zur Unterrichtsbewertung kennen lernen.

Wir möchten diese Fernstudieneinheit gleich mit einer Aufgabe beginnen.

Aufgabe 1

> 1. *Welche Fragen und Erwartungen haben Sie an diese Fernstudieneinheit?*
>
> _____
>
> _____
>
> _____
>
> _____
>
> _____
>
> _____
>
> 2. *Vergleichen Sie Ihre Antwort mit den folgenden Antworten einiger Kolleginnen und Kollegen aus einem Lehrerfortbildungsseminar am Goethe-Institut San José, Costa Rica. Kreuzen Sie bitte die Aussagen an, die Ihren eigenen Erwartungen entsprechen.*
>
> > ☐ Beispiele kennen lernen, was und wie ich aus Unterrichtsbeobachtung lernen kann.
> >
> > ☐ Erfahren, wie ich die Angst vor einer Unterrichtshospitation* (hier: im eigenen Unterricht beobachtet werden) überwinden kann.
> >
> > ☐ Lernen, wie ich mit negativ eingestellten Beobachtern umgehen kann.
> >
> > ☐ Das Konkurrenzdenken unter Kollegen (nichts vom eigenen Unterricht herzeigen wollen) abbauen und verhindern.
> >
> > ☐ Zu einer Beobachtung hingeführt werden, die Austausch ermöglicht, Hilfestellung und konstruktive Korrekturvorschläge gibt.
> >
> > ☐ Techniken und Kriterien für gezielte Unterrichtsbeobachtungen entwickeln.
> >
> > ☐ Lernen, Auswertungsgespräche von Hospitationen positiv zu gestalten.
> >
> > ☐ Möglichkeiten der Objektivierung und Verbesserung der Selbsteinschätzung kennen lernen.
> >
> > ☐ Mein Lehrverhalten verbessern und Techniken lernen, ausgewählte Bereiche gezielt zu trainieren.
> >
> > ☐ Unterrichtsmitschnitte auf Video hinzuziehen, um anhand von konkreten Beispielen aus der Unterrichtspraxis etwas zu lernen.

1.1 Selbstreflexion: Ihre Erfahrungen mit Unterrichtsbeobachtungen

Vermutlich haben Sie schon in irgendeiner Form Erfahrungen mit Unterrichtsbeobachtung gemacht. Vielleicht erinnern Sie sich, dass Sie früher in der Schule oder auch später als erwachsene Lernende miterlebt haben, wie Ihre Lehrerin oder Ihr Lehrer beobachtet worden ist. Vielleicht hatten Sie auch schon in Ihrem eigenen Unterricht Beobachter oder Sie konnten als Zuschauer Unterricht miterleben. Versuchen Sie, diese Erfahrungen in Ihrem Gedächtnis wieder wachzurufen und – soweit es möglich ist – sich die Eindrücke, Gefühle und Gedanken, die aus diesen Erlebnissen bei Ihnen in Erinnerung geblieben sind, zu vergegenwärtigen.

Welche persönlichen Erfahrungen haben Sie mit Unterrichtsbeobachtungen? Beschreiben Sie Ihre Erfahrungen in Stichworten.

1. *Welche **positiven** Eindrücke, Gefühle, Meinungen verbinden Sie mit diesen Erfahrungen?*

   _____

   _____

2. *Welche **negativen** Erinnerungen, Gedanken und Gefühle haben Sie noch im Gedächtnis?*

   _____

   _____

3. *Welche **Einstellung** haben Sie heute zur Unterrichtsbeobachtung?*

   _____

   _____

Aufgabe 2

Mit welchen Erwartungen und Einstellungen Sie an eine Unterrichtsbeobachtung herangehen, hängt also unter anderem stark von Ihren früheren Erfahrungen ab. Das zeigen auch die folgenden Antworten, die bei Aus- und Fortbildungsveranstaltungen häufig genannt wurden.

Lesen Sie bitte die folgenden Äußerungen von Unterrichtenden durch. Notieren Sie dann übergeordnete Aspekte, die den Äußerungen zugrunde liegen.

1. „Ich finde, beobachtet zu werden, ist immer unangenehm. Ich glaube, jeder Beobachtete empfindet davor und dabei psychische Belastung, Angst, Stress oder Ähnliches und das beeinträchtigt das ganze Verhalten."

2. „Ich halte jede Unterrichtsbeobachtung für künstlich, weil es sich immer um eine Ausnahmesituation handelt, in der sich sowohl Unterrichtende wie auch Kursteilnehmer nicht natürlich verhalten."

3. „Der oder die Beobachtete meint, etwas besonders Gutes zeigen zu müssen."

4. „Beobachter haben auch meistens die Tendenz, eher das Negative wahrzunehmen und nach Fehlern zu suchen."

5. „Meistens wird das Verhalten der Unterrichtenden stärker beobachtet als das Verhalten der Lernenden."

Aufgabe 3

6. „Meiner Meinung nach fließen unbewusste und unausgesprochene Urteile über ‚guten' bzw. ‚schlechten' Unterricht und über positives bzw. negatives Lehrerverhalten in jede Unterrichtsbeobachtung und -beurteilung mit ein."

7. „Klar, Unterrichtswahrnehmung, -beschreibung und -beurteilung ist immer subjektiv."

8. „Ich finde, die Unterrichtsbeobachtung bedeutet häufig eine Überforderung sowohl aufseiten der Beobachteten als auch der Beobachter: Nach der Stunde wird – meist auch noch ungeordnet – über zu viele Einzelheiten gesprochen und zu viel kritisiert."

9. „Mir fehlen klare Ziele, Kriterien und Techniken für die Unterrichtsbeobachtung."

10. „Ich empfinde ein Abhängigkeitsverhältnis dabei: Da ist einmal die Macht und Kontrolle aufseiten der Beobachter und auf der anderen Seite ein Ausgeliefertsein bei den Beobachteten."

11. „Für mich hängen die Gefühle und Erfahrungen bei der Unterrichtsbeobachtung auch immer davon ab, wer bei wem aus welchem Grund beobachtet."

*Notieren Sie nun aus den Antworten **übergeordnete Kriterien**.*

Stress

_____

_____

_____

_____

Reflexion

Wie Sie gesehen haben, sind die angeführten Meinungsäußerungen über Unterrichtsbeobachtung von eher negativen Vorerfahrungen geprägt und beinhalten Zweifel, was den Sinn und die Ziele der Beobachtung betrifft. Bei vielen Kolleginnen und Kollegen hat dies zur Folge, dass sie mit Ablehnung und Ängsten reagieren, wenn der eigene Unterricht beobachtet werden soll. Diese Einstellungen sind nicht auf individuelle Schwierigkeiten und Ängste zurückzuführen, sondern weisen auf reale, mit Unterrichtsbeobachtung verbundene Probleme hin. Sie sollen in dieser Fernstudieneinheit ausdrücklich berücksichtigt und in die Entwicklung positiver Beobachtungsformen mit einbezogen werden.

Aufgabe 4

Notieren Sie bitte, welches Ihre Hauptzweifel und Hauptängste – Unterrichtsbeobachtung betreffend – sind. Achten Sie darauf, ob und wie diese Aspekte im Laufe der Arbeit mit dieser Fernstudieneinheit auftauchen und wie sie sich eventuell verändern oder abgebaut werden.

_____

_____

_____

_____

_____

_____

_____

Die in Aufgabe 3 zitierte Äußerung einer Kollegin *Für mich hängen die Gefühle und Erfahrungen bei der Unterrichtsbeobachtung auch immer davon ab, wer bei wem aus welchem Grund beobachtet* nehmen wir als Anlass, etwas näher auf Hospitationen* (Unterrichtsbesuche) einzugehen.

Aufgabe 5

---

1. Stellen Sie sich vor, in Ihrem Unterricht soll hospitiert werden, d. h., eine Kollegin oder ein Kollege möchte Ihren Unterricht beobachten.

a) Wen würden Sie gerne zum Hospitieren einladen – eine Kollegin oder einen Kollegen oder mehrere? Warum?	
b) In welche Gruppe der Lernenden, die Sie unterrichten, würden Sie am liebsten Beobachter mitnehmen? Warum?	
c) Was würden Sie gerne zeigen? Warum?	
d) Was würden Sie nicht so gerne beobachten lassen? Warum nicht?	
e) Wen und was würden Sie selbst gerne beobachten? Warum?	

2. Wenn Sie die Gelegenheit dazu haben, suchen Sie sich eine Kollegin oder einen Kollegen und machen Sie zu den obigen Fragen ein Partnerinterview. Zunächst sollten Sie Ihre Partnerin oder Ihren Partner informieren, dass Sie dieses Interview im Rahmen Ihrer Aus- bzw. Fortbildung machen. Erzählen Sie sich dann von Ihren Gruppen, wobei Ihnen die folgenden Fragen helfen können:

- *In was für Kursen unterrichten Sie/unterrichtest du Deutsch?*
- *Welche dieser Gruppen kennen Sie/kennst du am längsten?*
- *Welche dieser Kurse unterrichten Sie/unterrichtest du am liebsten? Warum?*

Wir kommen auf diese Fragestellung in Aufgabe 98 (S. 117) zurück.

1.2 Ziel und Sinn der Unterrichtsbeobachtung

Für die Unterrichtsbeobachtung ist nicht nur entscheidend, ob Sie selber Unterricht beobachten oder ob Ihr Unterricht beobachtet wird, sondern zwei weitere Faktoren spielen eine wichtige Rolle:

1. die Zielsetzung und die Absicht der Beobachtung (Beobachtungsintention*),

2. das Verhältnis von Unterrichtenden und Beobachtern (Rollenverteilung).

• Beobachtungsintention

Unterrichtsbeobachtungen können verschiedene Zielsetzungen haben.

1. *Welche der folgenden Zielsetzungen spielen zurzeit bei Ihnen eine Rolle?*

- ☐ Erfahrungsaustausch
- ☐ Unterstützung
- ☐ Beratung
- ☐ Fortbildung
- ☐ Ausbildung
- ☐ Anleitung (Anschauungsunterricht)
- ☐ Selbstkontrolle

- ☐ Beurteilung
- ☐ Kontrolle/Disziplinierung
- ☐ Bewertung:
  - – Benotung
  - – Prüfung
  - – Einstellungsvoraussetzung
  - – Kündigung

2. *Welche Zielsetzung(en) haben Sie, wenn Sie Unterricht beobachten oder Ihren Unterricht beobachten lassen?*

_____

_____

_____

_____

Wenn Sie sich selbst fortbilden wollen und deshalb bei jemandem im Unterricht hospitieren, möchten Sie vermutlich etwas dazulernen. Wenn andere Kolleginnen und Kollegen, die sich in der gleichen Situation wie Sie befinden, in Ihren Unterricht kommen, so geht es in der Regel ebenfalls um Fortbildungsinteressen und um Erfahrungsaustausch.

Die Situation ändert sich, wenn Ihr Unterricht von erfahrenen Kolleginnen oder Kollegen, Ihren Fortbildern oder Vorgesetzten besucht wird. Dann kann der Grund des Unterrichtsbesuchs auch eine Bewertung des Unterrichts sein.

Bei den Beobachtungsintentionen gibt es also zwei grundsätzlich verschiedene Richtungen:

Unterrichtsbeobachtung mit dem Ziel	
↓	↓
(1) Lernen	**(2) Beurteilen**
– Fortbildung, Beratung und Betreuung von Unterrichtenden; – Austausch und gegenseitige Hilfestellung unter Kollegen; – Selbstkontrolle und Selbstfortbildung.	– Bewertung des Unterrichts oder der Unterrichtenden; – Beurteilung der Unterrichtenden.

Grundsätzlich sollte gelten, dass es keine Vermischung der Zielsetzung der Beobachtung gibt, d. h. von

- einerseits der Beobachtung, deren Ziel Bewertung und Beurteilung ist, und
- andererseits der Beobachtung in der Aus- oder Fortbildung, deren Ziel eine Beratung ist.

Deshalb sollte vor dem Unterrichtsbesuch immer eindeutig geklärt werden, ob das Ziel der Hospitation **Bewertung** oder **Beratung** ist.

> *Welche der folgenden Beispiele für Unterrichtsbeobachtungen würden Sie unter die Kategorie „Unterrichtsbeobachtung, um etwas zu lernen" einordnen? Bitte kreuzen Sie an.*

- ☐ 1. Zwei Kolleginnen beobachten sich gegenseitig mit dem Ziel, sich partnerschaftlich über den eigenen Unterricht auszutauschen.
- ☐ 2. Eine Mentorin hospitiert bei ihrem Fortzubildenden, um den Unterricht gemeinsam auszuwerten und weiteres Lernen zu planen.
- ☐ 3. Eine Direktorin hospitiert bei einer oder einem Unterrichtenden zur Kontrolle und Beurteilung.
- ☐ 4. Ein Fortzubildender hospitiert im Unterricht, um anschaulich zu lernen.
- ☐ 5. Ein Fortbilder besucht eine Fortzubildende im Unterricht, um sich über den Lernstand zu informieren und die Notenfindung vorzubereiten.
- ☐ 6. Eine Lehrerin beobachtet einen Praktikanten, um ihn zu beraten.
- ☐ 7. Ein Institutsleiter sieht sich den Unterricht von Bewerbern mit dem Ziel an, eine Auswahl für Einstellungen zu treffen.

• Rollenverteilung

Neben der Beobachtungsintention spielen die jeweiligen Positionen und Rollen der Beteiligten einer Unterrichtsbeobachtung eine entscheidende Rolle.

Besuchen sich Unterrichtende auf eigenen Wunsch gegenseitig im Unterricht, dann sind Beobachter und Beobachtete gleichgestellt, die Rollen eher gleichberechtigt und die Beobachtung kann in einem vertrauensvollen, kollegialen Austausch stattfinden. Aber selbst in dieser Situation können Konkurrenz, Neid und Bewertungsinteressen eine Rolle spielen und Angst verursachen.

Ist der Beobachtete eher untergeordnet, vielleicht abhängig, ist die Rollenverteilung hierarchisch. Die Angst, etwas falsch zu machen oder negativ beurteilt zu werden, ist besonders groß. Das gilt natürlich noch mehr, wenn ein Konkurrenzverhältnis mehrerer Bewerber untereinander besteht. Je nach Situation und Konstellation kann entweder Druck und Angst entstehen oder eine entspannte, produktive Lernatmosphäre herrschen.

Wie bereits betont, sollte vor dem Unterrichtsbesuch immer eindeutig geklärt werden, ob das Ziel der Hospitation Bewertung oder Beratung ist. Schwierig ist es, diese beiden Bereiche zu trennen, wenn der Berater auch der spätere Prüfer ist, d. h., wenn er einerseits Anregungen geben, unterstützen und beraten soll und andererseits bereits die spätere Benotung vor Augen hat. Das kann die Herstellung offener, vertrauensvoller Beratungsgespräche behindern. Sehr hilfreich wirkt es sich immer aus, wenn die Fortbildenden und Prüfer sich selbst auch für Hospitationen zur Verfügung stellen. Anschauungsunterricht, d. h. Lernen durch Zusehen, stellt insbesondere dann eine echte Unterstützung und Bereicherung der Fortbildung dar, wenn deutlich gemacht wird, dass es keinen idealen Unterricht gibt, sondern wenn – auch anhand von Fehlern der Fortbilder und Mentoren – die Unterrichtsauswertung relativiert wird. Die Bereitschaft der Fortbilder, ihren eigenen Unterricht nicht als Modellunterricht zu verstehen, sondern zur Diskussion zu stellen, ist hierbei natürlich entscheidend. Das Verhältnis zwischen Fortzubildenden und Fortbildern wird dadurch gleichberechtigter und offener.

Zusammenfassung

Ziel der Unterrichtsbeobachtung	Wer beobachtet	wen?
Lehrerfortbildung (z. B. Kennenlernen neuer Methoden, Lehrwerke u. a.)	Unterrichtende (evtl. mit Fortbilder)	Unterrichtende, Fortbilder, Unterrichtsmitschnitte
Erfahrungsaustausch	Unterrichtende/ Kolleginnen und Kollegen, Fortzubildende	Unterrichtende/ Kolleginnen und Kollegen, Fortzubildende
Selbstkontrolle und Selbstfortbildung	Unterrichtende, Fortzubildende	Video (eigener Unterricht)
Bewertung (Prüfung/Lehrprobe u. a.)	Prüfer	Fortzubildende, Unterrichtende, Bewerber

Unterrichtsbeobachtungen mit dem Ziel der Bewertung (Prüfungssituationen, Lehrprobe usw.) werden in dieser Fernstudieneinheit ausgeklammert und nicht behandelt. Wir beschäftigen uns ausschließlich mit der Unterrichtsbeobachtung als Lernmöglichkeit und Lernmittel in der Fortbildung.

Hinweis

Auf die Besonderheiten bei der Arbeit mit Unterrichtsmitschnitten wird in Kapitel 2 im Einzelnen eingegangen. Möglichkeiten der Selbstfortbildung mithilfe von Unterrichtsbeobachtung werden in Kapitel 4 vorgestellt.

2　Techniken der Unterrichtsbeobachtung

In diesem Kapitel werden Sie zunächst die Erfahrung machen, wie subjektiv jede Unterrichtswahrnehmung ist. Um zu einer Vergleichbarkeit und fruchtbaren Auswertung der Beobachtung zu kommen, lernen Sie verschiedene Techniken der Unterrichtsbeobachtung kennen. Auf der Videokassette finden Sie Ausschnitte aus gefilmten Unterrichtsstunden, an denen Sie die Techniken anwenden werden. Sie erfahren so die Möglichkeiten und Grenzen der unterschiedlichen Beobachtungstechniken.

Die einzelnen Schritte dieses zweiten Kapitels stehen in einem unmittelbaren Zusammenhang zueinander und bauen aufeinander auf. Deshalb ist es am besten, wenn Sie die Aufgaben und Videosequenzen dieses Kapitels (oder zumindest der Unterkapitel) möglichst zügig hintereinander – ohne zu lange Unterbrechungen zwischendurch – bearbeiten.

2. 1　Globales* Beobachten

Gleich zu Anfang werden Sie sich einen kurzen Unterrichtsausschnitt auf Video anschauen, und zwar völlig unvorbereitet und ohne jegliche Informationen, um herauszufinden, was Sie aus dem Gesehenen alles erschließen können.

Bitte denken Sie daran, was in der Einleitung zu den Unterrichtsmitschnitten gesagt wurde: Es geht um Erfahrungen, die Sie durch die Beobachtung von Unterricht machen, unabhängig von dem gewählten Beispiel. Seien Sie also bitte bei der ersten Videosequenz nicht negativ überrascht, wenn wir ein Beispiel mit Kindern gewählt haben und Sie aber Erwachsene unterrichten.

Sehen Sie sich nun auf der Videokassette die Sequenz 1a an.

1. Notieren Sie bitte alles, was Sie beobachtet haben.

_____

_____

_____

_____

_____

_____

_____

_____

_____

2. Sehen Sie sich nun bitte Ihre Äußerungen noch einmal genau an und unterscheiden Sie,

a) in welchen Äußerungen Sie das Gesehene ausschließlich durch neutrales Beschreiben widerspiegeln – bitte unterstreichen (oder markieren) Sie diese Äußerungen grün.

b) in welchen Äußerungen Sie interpretieren, vermuten, spekulieren, Ihre persönliche Meinung äußern, bewerten usw. – bitte unterstreichen (oder markieren) Sie diese Äußerungen rot.

Wahrscheinlich werden Sie festgestellt haben, wie sehr sich diese beiden Ebenen vermischen und wie schwer es ist, ganz sachlich und neutral nur zu beschreiben, was man sieht. Doch es ist sehr wichtig, *Beschreibung* von *Interpretation* zu unterscheiden und sich bewusst zu machen, wann man beginnt zu interpretieren oder zu bewerten.

1. *Bitte vermuten Sie: Was könnte die Lehrerin vor dem eben gesehenen Unterrichtsschritt (in Videosequenz 1a) mit den Lernenden gemacht haben?*

_____

_____

_____

2. *Wir zeigen Ihnen nun, wie die Lehrerin vor dieser Phase die Unterrichtsstunde begonnen hat. Schauen Sie sich bitte Videosequenz 1b an.*

Was sehen Sie?	**Was vermuten Sie?**

3. *Schauen Sie sich nun die Sequenz 1c an (das ist derselbe Unterrichtsausschnitt, diesmal mit Ton). Was erfahren (sehen und hören) Sie?*

_____

_____

_____

Wir wissen nicht, worauf Sie bei Ihren Beobachtungen Ihre Aufmerksamkeit hauptsächlich gerichtet haben: Waren es die Lernenden und ihr Verhalten? War es die Lehrerin? Ihre Sprache? Ihre Fragen und Anweisungen? Waren es die behandelten sprachlichen Strukturen? Das Tafelbild? Die eingesetzten Materialien? Der Unterrichtsaufbau? Oder ...?

Sie haben völlig unvorbereitet, ohne genauer zu wissen, was Sie erwartet, einen Unterrichtsausschnitt gesehen. Dann haben Sie – ohne irgendwelche Anhaltspunkte, ohne Kriterien oder Fragestellungen – Ihre ersten, spontanen Eindrücke dazu zunächst ungeordnet und unreflektiert geäußert. Diese Form der Beobachtung wird ungesteuertes* globales Beobachten genannt.

Sie haben gesehen, dass es viele Aspekte gibt, die Sie genauer betrachten und über die Sie sich Gedanken machen und austauschen können. Jedoch: Es ist nicht möglich, alles gleichzeitig gut zu beobachten.

Deshalb möchten wir im nächsten Schritt ein paar Leitfragen für die globale Beobachtung vorgeben und dadurch Ihre Beobachtung ein wenig steuern.

2.2 Beobachten anhand von globalen Leitfragen*

Aufgabe 10

Bitte lesen Sie die folgenden Beobachtungsaufgaben aufmerksam durch. Was können Sie nach dem bereits in den Videosequenzen 1a – 1c Gesehenen schon jetzt zu den Fragen eintragen?

1. Was erfahren Sie über die Lerngruppe? Was sehen und was vermuten Sie (Anzahl der Lernenden, Jungen, Mädchen, Alter, Herkunftsland, Sprachniveau, Lernmotivation usw.)?

_____

_____

_____

_____

_____

_____

2. Wie nehmen Sie das Verhalten der Lehrerin wahr? (Was sagt/macht sie? Wie spricht sie? Wie reagiert sie auf Äußerungen, Fragen usw. der Lernenden?)

_____

_____

_____

_____

_____

_____

3. Wie empfinden Sie die Lernatmosphäre/das Arbeitsklima in der Gruppe? (Stimmung in der Lerngruppe, Aktivitäten der Lernenden? Sprechen und handeln sie eher aktiv oder reaktiv? Gibt es eher aktivere oder passivere Lernende? Wie ist das Verhältnis von Lehreraktivität zur Aktivität der Lernenden? usw.)

_____

_____

_____

_____

_____

_____

4. Sehen Sie sich nun die Videosequenz 1d an, die in derselben Lerngruppe wie die Videosequenzen 1a – 1c aufgenommen wurde. Vervollständigen Sie danach Ihre Antworten.

Videosequenz 1d

➤ Natürlich konnten Sie allein aufgrund der Beobachtung nicht alle Fragen vollständig beantworten. Informationen zur Lerngruppe etwa müssen Ihnen in der Regel der oder die Unterrichtende geben – falls Sie die Zielgruppe nicht selber gut kennen.

➤ Sicher haben Sie auch gemerkt, dass Sie viel genauer beobachten, wenn Ihre Aufmerksamkeit gezielter auf bestimmte Aspekte des Unterrichts gelenkt wird. Zu Beginn von Unterrichtsbeobachtungen sollten Sie jedoch zunächst immer ganz ungesteuert einfach nur zuschauen – unbelastet von irgendwelchen Schwerpunkten oder Fragestellungen, um sich in die Gruppe „hineinzuschauen" und mit der Unterrichtssituation vertraut zu werden.

➤ Die sehr globalen Leitfragen zur Lerngruppe, zum Verhalten der Unterrichtenden und zur Lernatmosphäre sollten Ihnen einen ersten Eindruck vermitteln, dass selbst eine nur leicht gesteuerte* Beobachtung hilfreich sein kann.

➤ Bei jeder Beobachtung sollten Sie sich bewusst machen, was Sie persönlich aus der Beobachtung gelernt haben. Dazu kann Ihnen der Beobachtungsbogen 1 (s. S. 147) hilfreich sein, auf dem Sie Ihre Eindrücke und Fragen für sich schriftlich festhalten können. Da Sie den Beobachtungsbogen 1 bei jeder Beobachtung, sei es im Rahmen dieser Fernstudieneinheit oder sei es, wenn Sie real Unterricht beobachten, einsetzen können, empfehlen wir Ihnen, sich von diesem Bogen mehrere Kopien anzufertigen.

Aufgabe 11/
Beobachtungsbogen 1

→ Bitte kopieren Sie nun Beobachtungsbogen 1 (S. 147) und füllen Sie ihn aus – und zwar für die gesehenen Videosequenzen 1a – 1d.

Bevor wir uns mit der nächsten Unterrichtssequenz auf Video beschäftigen, möchten wir Ihnen an dieser Stelle

– einige zusammenfassende Tipps zur Unterrichtsbeobachtung geben und

– einige generelle Hinweise aus der Einleitung aufgreifen, die für die Bearbeitung der gesamten Fernstudieneinheit nützlich sind.

Generelle Tipps und Hinweise

1. Schauen Sie gerade am Anfang von Unterrichtsbeobachtung (aus den in der Reflexion genannten Gründen) dem Unterricht einfach nur zu – ohne Steuerung. Notieren Sie mithilfe des Beobachtungsbogens 1 Ihren persönlichen Eindruck, Ihre Fragen und machen Sie sich bewusst, was Sie persönlich aus dem gesehenen Unterricht lernen können.

2. Bei der Arbeit mit Videomitschnitten kann es sehr hilfreich sein, die Videokassette zwischendurch anzuhalten, um etwas notieren zu können oder bestimmte Ausschnitte mehrmals anzusehen.

3. Wir möchten Ihnen empfehlen, alle von Ihnen ausgefüllten Beobachtungsbögen und zusätzliche Aufzeichnungen als eine Art **Beobachtungslogbuch** oder **Lerntagebuch** in einem Ordner zu sammeln.

4. Versuchen Sie eine Kollegin, einen Kollegen oder eine Gruppe zu finden, mit denen Sie die Unterrichtsmitschnitte ansehen und diskutieren können.

Vielleicht ermutigt Sie das folgende Beispiel zur Nachahmung:

Eine Gruppe aus Portugal, die die Erprobungsfassung dieser Fernstudieneinheit bearbeitet hat, hat anstelle eines Abschlusstests ein Lerntagebuch zu dieser Fernstudieneinheit verfasst. Die Teilnehmenden gestalteten Ihre Zusammenarbeit so:

> „Da die Koordination sich zunächst doch ein wenig schwierig gestaltete, beschlossen wir, zunächst jeder für sich das Begleitheft [d. h. die Erprobungsfassung für diese Fernstudieneinheit] zu lesen und die Videos dazu anzuschauen. Dann diskutierten wir in der Gruppe und schauten uns gleichzeitig nochmals Teile des Videos gemeinsam an, anschließend übernahm jede von uns eine Sequenz des Buches bzw. Videos und formulierte unsere gemeinsam gewonnenen Ergebnisse dazu."

Kietzmann Lopes u. a. (2000)

Die nächsten drei Unterrichtsausschnitte (Videosequenzen 2a, 2b und 4), die Sie sehen werden, sind unsere „historischen", ältesten Mitschnitte: Sie wurden zu Beginn der 1980er-Jahre aufgenommen – einer Zeit also, in der es darum ging, die sich stufenweise weiterentwickelnde kommunikative Didaktik in die Unterrichtspraxis umzusetzen. Natürlich wurden weiterhin einzelne Elemente aus anderen Methoden eingesetzt – Sie werden selbst sehen, um welche Methoden es sich dabei handelt.

Die zeitliche Distanz zwischen der Aufnahme des Unterrichts und ihrer heutigen Betrachtung im Rahmen dieser Fernstudieneinheit ist bei den folgenden Beobachtungsaufgaben von Vorteil und hilfreich: Sie werden diese Unterrichtsmitschnitte hauptsächlich dafür nutzen, um Ihr eigenes Beobachtungsverhalten zu schulen und Beobachtungstechniken zu üben. Zusätzlich haben Sie dadurch Gelegenheit, methodisch-didaktische Ansätze, die heute zumindest in der wissenschaftlichen Theorie so nicht mehr vertreten werden, im Unterricht zu sehen – Ansätze, die vielleicht dennoch aus den unterschiedlichsten Gründen in den aktuellen Unterricht noch mit einfließen.

Obwohl die Bild- und Tonqualität durch das fortgeschrittene Alter und häufiges Kopieren des Videomaterials in einigen Fällen deutlich gelitten hat, bitten wir Sie, sich davon nicht beeinträchtigen zu lassen. Sie werden merken, wie ergiebig die Arbeit mit diesen Unterrichtsbeispielen auch trotz der nicht einwandfreien Filmqualität ist.

Informationen
zu den Videosequenzen
2a, 2b, 4

Zunächst geben wir Ihnen einige Vorinformationen zu diesen Unterrichtsdokumentationen*. In den Videosequenzen sehen Sie Ausschnitte aus einem zweimonatigen Intensivkurs für Anfänger, der im Januar und Februar 1982 am Goethe-Institut, München mit dem Ziel durchgeführt wurde, so viel Unterricht wie möglich auf Video mitzuschneiden. Die Lernenden wurden vorher darüber informiert und es wurde ihr Einverständnis eingeholt. Die drei Videokameras waren ständig mit im Unterrichtsraum und schon bald nahmen Lernende und Unterrichtende sie gar nicht mehr wahr.

Von den insgesamt 146 Unterrichtsstunden (je 60 Minuten) wurden 85 ungekürzt auf Video aufgezeichnet, sodass also ganz normaler Unterrichtsalltag – und kein vorbildhafter Modellunterricht – sowohl mit schwierigen Situationen und Pannen als auch mit gelungenen Unterrichtssequenzen zu sehen ist. Ein derart umfangreiches und aufwändiges Aufzeichnen von Unterricht für Deutsch als Fremdsprache ist bis heute einmalig geblieben.

Die 17 Teilnehmer und Teilnehmerinnen, die keine oder nur geringe Deutschkenntnisse hatten, waren zum Zeitpunkt des Kurses 18 bis 33 Jahre alt (Durchschnittsalter 23) und kamen aus 9 Ländern. Die Gruppe wurde im Wechsel von Sabine Hagemann, Heinz Wilms und Ralf Baltzer unterrichtet, die gemeinsam den Unterricht mit Materialien aus acht verschiedenen Lehrwerken (darunter *Deutsch aktiv*, *Themen* und *Sprachkurs Deutsch*) sowie mit selbst erstellten Materialien vorbereiteten.

Den folgenden Unterrichtsausschnitt (= Videosequenz 2a) bitten wir Sie, sich zunächst ohne Beobachtungsauftrag, also global und ungesteuert anzusehen. Nach dem Anschauen der Videosequenz schreiben Sie bitte sofort in Stichworten alles auf, was Ihnen aufgefallen ist. Wenn Sie schon während des Ansehens etwas aufschreiben wollen, drücken Sie kurz auf die Pausentaste Ihres Videorekorders. Da zunächst nur Ihre ersten persönlichen Eindrücke wichtig sind, tauschen Sie bitte Ihre Eindrücke – falls Sie die Gelegenheit dazu haben – erst dann mit Ihren Kolleginnen und Kollegen aus, wenn Sie Ihre Eindrücke notiert haben. In der Videosequenz 2a sehen Sie Ausschnitte aus den letzten 12 Minuten aus der 89. Unterrichtsstunde des eben beschriebenen Projektes.

---

1. *Sehen Sie sich nun bitte auf der Videokassette die Sequenz 2a an.*

2. *Schreiben Sie in Ihr Beobachtungslogbuch in Stichworten alles auf, was Ihnen zu diesem Unterricht einfällt.*

3. *Sehen Sie sich die Sequenz, die technische Mängel aufweist, zum besseren Verständnis gegebenenfalls zweimal an.*

Aufgabe 12/
Videosequenz 2a

Nachdem Sie zunächst Ihren Gesamteindruck zu dem aufgezeichneten Unterricht notiert haben, möchten wir Ihnen jetzt noch einige globale Fragen stellen.

Aufgabe 13

1. Notieren Sie bitte zu Videosequenz 2a in Stichpunkten etwas

    a) zur Lernatmosphäre:

_____

_____

    b) zum Verhalten des Lehrers:

_____

_____

    c) zum Verhalten der Lernenden:

_____

_____

2. Wie wurde die Übungsphase gestaltet? Wie finden Sie das?

_____

_____

3. Halten Sie das Gesehene für eine gelungene Unterrichtssequenz? Warum? Warum nicht?

_____

_____

Im Folgenden finden Sie eine Auswahl von Äußerungen von Seminarteilnehmern und -teilnehmerinnen zu dem gesehenen Unterricht. Vielleicht finden Sie Ihre Eindrücke und Positionen wieder? Vielleicht wundern Sie sich aber auch über einige Wahrnehmungen oder Sie möchten einigen Positionen deutlich widersprechen? Dann möchten wir Sie auffordern, sich einzumischen und Ihre Meinung zu vertreten.

Aufgabe 14

Lesen Sie bitte die folgenden Äußerungen von Kolleginnen und Kollegen zu dieser Unterrichtssequenz (Videosequenz 2a).

1. Stimmen Sie den Äußerungen zu, so tragen Sie ein Pluszeichen (+) ein.

2. Bei den Äußerungen, denen Sie nicht zustimmen oder die Sie ablehnen, tragen Sie ein Minuszeichen (–) ein.

3. Haben Sie eine andere Meinung, haben Sie etwas nicht bemerkt oder wundert Sie etwas, so tragen Sie ein Fragezeichen (?) ein.

Äußerungen der Kolleginnen und Kollegen	+	–	?
I. Zur Lernatmosphäre			
1. Toll fand ich die sehr lockere und angstfreie Atmosphäre.			
2. Ja, es wurde auch viel gelacht.			

Äußerungen der Kolleginnen und Kollegen	+	–	?
3. Das war zu locker. Die Schüler haben zum Teil sogar die Beine hochgelegt und Kaugummi gekaut. Also, mir ist das zu undiszipliniert.			

II. Zum Verhalten des Lehrers

	+	–	?
1. Dem Lehrer ist es gut gelungen, dass die Schüler sehr aktiv waren. Alle haben mal was gesagt.			
2. Er ist auf die Probleme der Schüler immer eingegangen. Das fand ich gut.			
3. Er war viel zu schnell und zu hektisch.			
4. Mir ist der Lehrer den Schülern manchmal zu nahe getreten. Zum Beispiel als er gesagt hat, sie verhielten sich wie ein „Papagei". Er ist auch immer sehr dicht auf sie zugegangen und hat sie ganz direkt und plötzlich aufgerufen.			
5. Einmal hat er ganz scharf zu einer Schülerin gesagt: „Falsch! Das müssen Sie ganz vergessen." Da fand ich seine Reaktion zu hart. Das verschreckt die Schüler.			
6. Ich glaube, die Schülerin hat das nicht persönlich genommen.			

III. Zum Verhalten der Lernenden

	+	–	?
1. Die Schüler hatten keine Angst, Fragen stellen.			
2. Meiner Meinung nach hatten die Schüler zu wenig Zeit zum Nachdenken.			
3. Ich finde, man konnte nicht sehen, wer von den Schülern viel oder wenig gesprochen hat. Die Kamera hat uns doch immer nur Ausschnitte gezeigt. Ich hatte den Eindruck, dass manche Schüler sehr wenig oder sogar fast gar nichts gesagt haben.			
4. Ich würde gerne mal die Schüler fragen, wie sie das empfunden haben.			

IV. Zur Gestaltung der Unterrichtsphase

	+	–	?
1. Es war eine reine Übungsphase, Pattern-Drill-Übungen zum Einschleifen der Verwendungszusammenhänge und der Satzstrukturen mit Modalverben.			
2. Für eine reine Übungsphase war es sehr interessant und abwechslungsreich. Ich wünschte, ich könnte meine Übungsphasen auch so lebendig gestalten.			
3. Ich empfand es viel zu lang in dieser Form. Die Schüler konnten sich gar nicht mehr konzentrieren.			
4. Wenn das eine Phase am Ende einer ausführlichen Erarbeitung der verschiedenen Modalverben war, war das eine gelungene Übungs- und Festigungsphase.			

Äußerungen der Kolleginnen und Kollegen	+	–	?
5. Es war überhaupt nicht kommunikativ. Die Schüler mussten nur möglichst schnell und nach einem vorgegeben engen Muster reagieren: So lernen sie nicht, in einer realen Situation selbstständig sprechen zu können.			
6. Manchmal haben die Schüler auf den Inhalt der Frage direkt reagiert, zum Beispiel als sie nur mit „Warum?" oder „Doch, ich habe aber einen Koffer" geantwortet haben. Könnte man diese „reale Kommunikation" nicht irgendwie in den Unterricht mit einbeziehen?			
7. Ja, ich würde das auch ganz anders machen. Kleine Rollenspiele zum Beispiel oder so.			
8. Vor der freien Anwendung können solche „Drillübungen" zum „Einschleifen" sehr sinnvoll sein.			
9. Aber dann sollte er doch auch mal die Schüler eigene Sätze vorgeben lassen und dann eine Schüler-Schüler-Ketten-Übung daraus machen.			
10. Das würde viel zu lange dauern, neue Probleme schaffen, z. B. Fehler in der Frageform oder wer wen aufruft usw. Den Übungseffekt, den er haben will, würde das kaputt machen. So konnten die Schüler sehr intensiv üben und sind garantiert sicherer geworden.			
11. Ich denke auch, dass diese Form des Übens und Einschleifens für manche Schüler vielleicht gut ist und für andere vielleicht nicht.			
12. Vielleicht sollten wir uns mal ausführlicher damit beschäftigen, ob, mit welchen Lernergruppen, an welcher Stelle des Unterrichts und in welcher Form solche Drillübungen im heutigen kommunikativen Fremdsprachenunterricht sinnvoll sein können.			

Sie haben nun verschiedene Stellungnahmen zu der Videosequenz gelesen und vielleicht auch diskutieren können. Wir gehen jetzt noch einmal zurück zu Ihren ursprünglichen Äußerungen in den Aufgaben 12 und 13.

Aufgabe 15

1. *Sehen Sie sich nun bitte noch einmal genau an, was **Sie** in den Aufgaben 12 und 13 aufgeschrieben haben.*

   Ordnen Sie zuerst Ihre Äußerungen der ersten Spalte („Ihre Äußerungen") in der folgenden Tabelle zu. Machen Sie parallel für jede Ihrer Äußerungen in der zweiten Spalte („Summe") einen Strich.

2. *Schauen Sie dann noch einmal die in Aufgabe 14 zitierten Meinungen durch und ordnen Sie diese unten der dritten Spalte („zitierte Lehreräußerungen") zu. Machen Sie parallel in der vierten Spalte („Summe") für jede Ihrer Äußerungen einen Strich.*

Ihre Äußerungen	Summe	zitierte Lehreräußerungen	Summe
persönlicher Eindruck (ohne Bewertung)		II.6	I
Beschreibung			
Lob			
Kritik			
Veränderungsvorschlag			
Frage			
Diskussionspunkt			

3. In welchen Bereichen liegt die Mehrheit Ihrer Äußerungen?

Wir möchten nun auf einige Aspekte des Vorangegangenen näher eingehen.

Methodisch-didaktische Einordnung von Videosequenz 2a

Sie haben selbst gesehen, dass die Übungsphase in Videosequenz 2a als Drillphase gestaltet wurde. Das passt gut in die methodischen Vorstellungen der audiolingualen Methode, in deren Mittelpunkt das Einüben von Sprachmustern durch Imitation und häufiges Wiederholen stand. Interessant scheint uns die Reaktion einer Lernenden in dem gesehenen Unterricht, die selbst das kommunikative Element einbezogen hat, indem sie auf die Frage des Lehrers („Sie haben keinen Koffer mit?") nicht mit dem vorgegebenen Sprachmuster („Leider habe ich keinen Koffer mit") geantwortet hat, sondern kommunikativ („Ich habe einen Koffer").

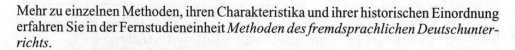

Mehr zu einzelnen Methoden, ihren Charakteristika und ihrer historischen Einordnung erfahren Sie in der Fernstudieneinheit *Methoden des fremdsprachlichen Deutschunterrichts*.

Wahrnehmung und Interpretation

In den Lehrerseminaren löst diese Unterrichtssequenz immer eine sehr lebhafte Diskussion mit sehr unterschiedlichen Wahrnehmungen und Positionen aus. Wie Sie einigen der Äußerungen in Aufgabe 14 entnehmen konnten, reichen die Meinungen von großer Begeisterung über diese lebendige Übungssequenz bis hin zu völliger Ablehnung, weil die Übungssequenz als einengender, unnatürlicher, lehrerzentrierter und unkommunikativer Drill empfunden wird.

Auch die Lehrerpersönlichkeit wird von sehr erfrischend, motivierend und sympathisch über eher unangenehm und zu dominant bis hin zu aufdringlich und distanzlos empfunden. Meist hat jeder für seine Einschätzung gute Gründe und einsichtige Argumente und wundert sich, dass andere Lehrerkollegen das Gleiche völlig anders sehen oder etwas sehen, was man selber überhaupt nicht wahrgenommen hat.

➤ Wie kommt es zu diesen völlig gegensätzlichen Wahrnehmungen?

Die vielen Diskussionen zeigen, dass es keine „richtige" Einschätzung dieser Unterrichtssequenz gibt und auch nicht geben kann. Sie machen auch eindrücklich deutlich, dass jede Wahrnehmung sehr subjektiv und von vielen Faktoren abhängig ist, zum Beispiel

– von der Kultur, den Verhaltensnormen und der Lerntradition in Ihrem Land,

– von der Unterrichtsform, die in Ihrem Land vorherrscht oder erwünscht ist,

– von Ihren persönlichen Lern- und Lehrerfahrungen,

– von Ihren Erwartungen an Lehrerverhalten,

– von Ihren Kriterien für „guten" und „schlechten" Unterricht und Ihren Ansichten über wünschenswertes und weniger wünschenswertes Lehrerverhalten.

Hinweis Auf den Aspekt von „gutem" und „schlechtem" Unterricht gehen wir in Kapitel 2.3.1 (S. 25f.) näher ein; auf wünschenswertes und weniger wünschenswertes Lehrerverhalten in Kapitel 4.1 (S. 90ff.) und auf die Einflussfaktoren nochmals in Kapitel 4.1 (S. 93f.).

➤ Was ist das Ziel von Unterrichtsbeobachtung?

In Aufgabe 13.3 (S. 20) haben wir Ihnen die Frage gestellt, ob Sie die gesehene Unterrichtssequenz für gelungen halten oder nicht. Die Frage war bewusst an Ihre subjektive Wahrnehmung gerichtet – deshalb haben wir nicht gefragt: *War das nun guter Unterricht oder nicht?* Diese Frage lässt sich nämlich so nicht beantworten, und das soll auch nicht das Ziel von Unterrichtsbeobachtung sein. Sieht man Unterricht, so werden oft Urteile gefällt („Das war ..."). Unser Ziel ist, dass Sie sich bewusst machen, **dass** Sie urteilen. Ein weiteres Ziel ist die Fokussierung der Unterrichtsbeobachtung darauf hin, was **Sie** von der Unterrichtsbeobachtung gelernt haben.

Reflexion Nach der ungesteuerten Beobachtung haben Sie in einem zweiten Schritt Ihre globale Beobachtung bestimmten Aspekten der Unterrichtsbeobachtung zugeordnet und eventuell ergänzt. Dann hatten Sie Gelegenheit, die verschiedenen Wahrnehmungen von Kolleginnen und Kollegen auf die Unterrichtssequenz kennen zu lernen und mit Ihrer eigenen Wahrnehmung zu vergleichen. Dadurch haben Sie erfahren, welche unterschiedlichen und auch gegensätzlichen Reaktionen es auf Unterricht gibt, d. h., wie subjektiv Ihre Wahrnehmung ist.

Hinweis Auf den Aspekt der Subjektivität jeder Unterrichtsbeobachtung gehen wir auch in Kapitel 2.3.1 (S. 25f.) näher ein.

Sie haben nun erste Eindrücke über die Funktionen, Möglichkeiten und Grenzen von zwei Beobachtungstechniken bekommen – über das globale, ungesteuerte Beobachten und über die durch globale Leitfragen geleitete Beobachtung. In der folgenden Aufgabe 16 können Sie sich diese Aspekte bewusst machen.

2.3 Möglichkeiten und Grenzen des ungesteuerten Beobachtens und des Beobachtens mit globalen Leitfragen

Aufgabe 16

1. *Was haben Sie persönlich aus dieser Selbsterfahrung mit globalem, ungesteuertem und unter bestimmten Aspekten geleitetem Beobachten gelernt? Vergegenwärtigen Sie sich bitte, was Sie dabei erlebt haben.*

2. *Worin sehen Sie die **Funktionen** und **Vorteile des Beobachtens**?*

global und ungesteuert	*durch globale Leitfragen geleitet*

3. *Worin sehen Sie die **Grenzen des Beobachtens**?*

global und ungesteuert	*durch globale Leitfragen geleitet*

Als übereinstimmende Erfahrung bei globaler, ungesteuerter Unterrichtsbeobachtung stellen Unterrichtende immer wieder als **Vorteile** fest:

➤ Die freie Form ist zunächst der beste Ausgangspunkt, um sich an die Möglichkeiten der Arbeit mit Unterrichtsbeobachtung erst einmal heranzutasten.

Sowohl für die ungesteuerte Beobachtung wie auch für die durch globale Leitfragen gelenkte Beobachtung zeigen die Erfahrungen in Seminaren

➤ das Erstaunen darüber, wie viele unterschiedliche Einschätzungen von Unterricht es gibt und wie umfassend eine Gruppe insgesamt beobachtet;

➤ die Spannung, die Eindrücke und Meinungen der anderen Beobachtenden zu hören und sie mit den eigenen zu vergleichen;

➤ dass durch die Beiträge der anderen plötzlich vieles mit anderen Augen gesehen und die eigene Meinung erweitert oder sogar völlig verändert wird.

Die **Grenzen** des ungesteuerten Beobachtens formulierten Unterrichtende (neben den im Lösungsschlüssel zu Aufgabe 16 angegebenen Meinungen) in Seminaren so:

➤ Die anschließenden Diskussionen über den gesehenen Unterricht fänden häufig keinen befriedigenden Abschluss, weil zu viele verschiedene Aspekte angesprochen würden und ein gemeinsames Bezugssystem und einheitliche Kriterien fehlten.

➤ Sie hätten das Bedürfnis nach Orientierungs- und Strukturierungshilfen für ihre Beobachtungen.

2.3.1 Zur Subjektivität jeder Unterrichtsbeobachtung

Sie haben gesehen: In die Beobachtung und Auswertung von Unterricht fließen unsere Erwartungen, Meinungen, Maßstäbe, Erfahrungen und (Vor-)Urteile – mehr oder weniger unbewusst – immer mit ein. So stehen auch hinter den Äußerungen zu dem Unterrichtsausschnitt auf Videosequenz 2a bestimmte Vorstellungen über „guten" Unterricht.

Hinter der Äußerung „Ich hatte den Eindruck, die Lehrer- und Schüleraktivitäten waren sehr ausgeglichen. Alle Schüler sollten und konnten viel sprechen, sich dabei erproben und die erworbenen Modalverben in unterschiedlichen Zusammenhängen üben" könnte folgendes Kriterium für „guten" Unterricht stehen:

Es sei erstrebenswert, dass möglichst alle Lernenden zu Wort kommen und dass der Aktivität der Lernenden viel Raum gegeben werde. Damit wird die Aktivität der Unterrichtenden reduziert: so viel Aktivität wie nötig und so wenig wie möglich. Wir möchten solchen versteckten Wertungen in der folgenden Aufgabe nachgehen.

<u>Aufgabe 17</u>

> 1. *Welche Bewertungsmaßstäbe bzw. Kriterien entdecken Sie hinter den folgenden Äußerungen? Notieren Sie Ihre Auffassung.*
>
> a) „Mir ist der Lehrer den Schülern manchmal zu nahe getreten. Zum Beispiel als er gesagt hat, sie verhielten sich wie ein ‚Papagei'. Er ist auch immer sehr dicht auf sie zugegangen und hat sie ganz direkt und plötzlich aufgerufen."
>
> _____
>
> _____
>
> _____
>
> b) „Die Atmosphäre war sehr locker. Die Schüler haben zum Teil sogar die Beine hochgelegt und Kaugummi gekaut. Also, mir ist das zu undiszipliniert."
>
> _____
>
> _____
>
> _____
>
> c) „Die Schüler hatten keine Angst, Fragen zu stellen, und der Lehrer ist auf die Probleme der Schüler immer eingegangen. Das fand ich gut."
>
> _____
>
> _____
>
> _____
>
> d) „Ich denke, dass diese Form des Übens und Einschleifens für manche Schüler vielleicht gut ist und für andere vielleicht nicht."
>
> _____
>
> _____
>
> _____
>
> 2. *Welche Bewertungsmaßstäbe bzw. Kriterien entdecken Sie hinter Ihren eigenen Äußerungen zu dieser Unterrichtssequenz?*

Es ist wichtig, dass Sie sich zunächst Ihre eigenen Vorstellungen von „gutem" Unterricht so bewusst wie möglich machen. Das ist natürlich am besten im Austausch mit Kolleginnen und Kollegen möglich, weil Sie dann am ehesten herausfinden können, wie Sie zu anderen Beurteilungskriterien stehen und ob Sie sich einigen können. Für die folgende Aufgabe 18 bedeutet das, dass Sie die dort notierten Äußerungen von Kolleginnen und Kollegen durch die von Ihnen gefundenen Merkmale ersetzen können.

1. *Was macht für Sie „guter" Unterricht aus? Wann halten Sie eine Unterrichtsstunde für gelungen? Notieren Sie in Stichworten die drei für Sie wichtigsten Merkmale.*

   a) _____

   b) _____

   c) _____

2. *Eine Kollegin hat die folgenden drei Merkmale aufgeschrieben:*

   a) „Wenn der Unterricht logisch strukturiert ist und die Lernziele erreicht werden."

   b) „Wenn die Lernenden konzentriert mitarbeiten."

   c) „Wenn die Lernenden etwas gelernt haben, was sie auch tatsächlich anwenden können, und wenn sie noch mehr lernen wollen."

3. *Wählen Sie nun bitte aus Ihren Kriterien und den Kriterien der Kollegin vier Merkmale aus, die Sie für wichtig halten.*

   a) _____

   b) _____

   c) _____

   d) _____

4. *Lesen Sie die folgenden vier Kriterien, auf die sich zwei Kolleginnen geeinigt haben.*

   a) „Es sollte lebendiger Unterricht mit einer angenehmen Arbeitsatmosphäre sein."

   b) „Die Unterrichtende sollte möglichst viele verschiedene Aktivitäten, Arbeits- und Sozialformen einsetzen."

   c) „Die Lernenden sollten wissen, warum sie was wofür lernen."

   d) „Die Lernenden sollten auch lernen, wie sie am besten lernen (Lernstrategien), und zum selbstständigen Weiterlernen angehalten werden."

5. *Wählen Sie nun bitte aus Ihren vier Kriterien und diesen vier Kriterien der Kolleginnen sechs Merkmale aus, die Ihrer Meinung nach einen gelungenen Unterricht ausmachen.*

   a) _____

   b) _____

   c) _____

   d) _____

   e) _____

   f) _____

6. *Überlegen Sie nun bitte:*

   – *Wie ist Ihre Entscheidungsfindung verlaufen?*

   – *Wo war es für Sie leicht, sich schnell zu entscheiden?*

   – *Wo hatten Sie Probleme?*

Reflexion

Alle aufgeführten Merkmale eines „guten" Unterrichts sind nur ein Ausschnitt aus vielen Antwortmöglichkeiten – es sind Beispiele, wie man diese Frage beantworten kann. Sie selbst können also, wie schon im Lösungsschlüssel angesprochen, ganz andere Kriterien genannt haben, die in Ihrem Land und für Ihre Lerngruppe relevant sind.

Die Merkmale, auf die Sie sich individuell oder als Gruppe geeinigt haben, sollten Sie bei der weiteren Arbeit mit dieser Fernstudieneinheit zur Verfügung haben: Notieren Sie sie auf einem gesonderten Blatt (das Sie später oder als Kopie in Ihr Logbuch heften) oder auf eine Wandzeitung, die Sie sichtbar aufhängen. Dabei ist es hilfreich, wenn Sie die Äußerungen Oberkategorien zuordnen, wie z. B. *Aktivitäten der Lernenden, Aktivitäten der Unterrichtenden, Methoden, Lernziele, Lernstrategien* usw. Bei allen zukünftigen Unterrichtsbeobachtungen sollen Sie dadurch nun bewusst daran erinnert werden, dass diese, Ihre persönlichen Kriterien für „guten" Unterricht den Hintergrund für Ihre Wahrnehmung und Einschätzung von Unterricht bilden. Dabei ist es durchaus möglich und wahrscheinlich, dass Sie im Verlauf der weiteren Arbeit einige diese Kriterien auch verändern, erweitern, streichen und ergänzen werden.

2.3.2 Sich eine fragende Beobachtungshaltung zulegen

Eine Analyse der spontanen Äußerungen von Hospitierenden nach dem Unterricht zeigt, dass es sich häufig um vage Verallgemeinerungen und subjektive (Vor-)Urteile über „schlechtes" und „gutes" Unterrichten handelt, mit einer deutlichen Tendenz, eher das Negative wahrzunehmen und nach Fehlern zu suchen. Wir wollen im Folgenden der Frage nachgehen, was passiert, wenn Sie eine Kritik gegenüber der oder dem Beobachteten äußern oder wenn Ihnen gegenüber Kritik geäußert wird.

Aufgabe 19

> 1. *Stellen Sie sich vor, ein Kollege hat Ihren Unterricht beobachtet und sagt im Anschluss zu Ihnen:*
>
> „Sie waren viel zu schnell und hektisch. Die Lernenden hatten zu wenig Zeit zum Nachdenken."
>
> *Wie reagieren Sie?*
>
> 2. *Stellen Sie sich nun vor, der Kollege würde nach dem Unterricht*
>
> *Folgendes zu Ihnen sagen:*
>
> „Ich habe Ihr Arbeitstempo als recht schnell empfunden. Wie haben Sie das empfunden? Sind die Lernenden an das Tempo gewöhnt?"
>
> *Wie reagieren Sie nun?*

Reflexion

Wir können uns gut vorstellen, dass Sie sich bei der ersten Äußerung des Kollegen angegriffen fühlen und sich verteidigen möchten. Die Äußerung von Kritik löst also Abwehr aus. Beim genaueren Betrachten von Kritikpunkten der Beobachtenden stellt sich jedoch oft heraus, dass ein Großteil der Kritikpunkte und Veränderungsvorschläge eigentlich eher Fragen – z. B. an die Unterrichtenden – gewesen wären.

Über die Neigung zu Kritik brauchen wir uns nicht zu wundern oder uns dafür zu schämen, denn sie scheint ein verbreitetes und wohl sehr menschliches psychologisches Phänomen zu sein. Mängel bei anderen zu entdecken, ist einfacher und lässt uns selbst besser dastehen. Außerdem tendieren wir als Unterrichtende besonders dazu, mit dem Rotstift in der Hand auf Fehlerjagd zu gehen. Ob wir mit dieser Methode für uns selber aber viel lernen, ist sehr fraglich. Es lohnt sich, sich zu bemühen, eine offene, fragende Beobachtungshaltung einzunehmen und hinter einem unguten Gefühl oder Kritikpunkt zunächst die dahinter liegende Frage zu suchen. Probieren Sie das doch einmal bei der nächsten Aufgabe aus.

Aufgabe 20

Lesen Sie die folgenden kritischen Äußerungen durch und versuchen Sie, die Kritikpunkte als offene Fragen an die Lehrenden zu formulieren.

1. „Ich fand es nicht gut, dass Sie die Fragen von einem Blatt abgelesen haben."

   _____

   _____

2. „Die Schüler haben zum Teil die Beine hochgelegt und Kaugummi gekaut. Also, mir ist das zu undiszipliniert."

   _____

   _____

3. „Ihre Übung war überhaupt nicht kommunikativ. Ich würde das ganz anders machen, mit kleinen Rollenspielen zum Beispiel."

   _____

   _____

4. „Mir sind Sie den Schülern manchmal zu nahe getreten. Sie sind zu dicht auf sie zugegangen und haben sie ganz direkt und plötzlich aufgerufen."

   _____

   _____

Unabhängig davon, ob die oder der Unterrichtende tatsächlich anwesend ist, um diese Fragen zu beantworten oder nicht, merken Sie sicher, dass diese zweite Haltung mehr Offenheit, Interesse, Diskussionsbereitschaft und Erklärungsmöglichkeiten enthält. Das hat Gründe:

Haben Sie schnell eine feste Position, z. B. einen Kritikpunkt an einem bestimmten Lehrerverhalten oder an einem speziellen Unterrichtsschritt, so sind Sie sehr festgelegt und nicht mehr offen für eventuelle Erklärungen und Begründungen für dieses Verhalten. Beurteilungen und Kritik setzen keine Denk- und Lernprozesse in Gang, sondern beenden sie, bevor sie angefangen haben. Sie brechen eventuelle Lernprozesse nicht nur bei sich selbst ab, sondern auch bei Ihren Gesprächspartnern.

Bei unserer Zielsetzung, sich ein fragendes Beobachtungsverhalten zuzulegen, könnte folgendes Missverständnis entstehen:

> „Die Schlussfolgerung, dass Kritik immer als Frage formuliert werden sollte, stieß auf einhellige Zustimmung, wobei aber eingewandt wurde, dass diese Taktik natürlich von erfahrenen Lehrern sofort durchschaut werde und somit ihre euphemistische Wirkung einbüße."
>
> Kietzmann Lopes u. a. (2000)

Es geht jedoch bei dem Vorgehen, aus Kritik Fragen zu machen, nicht um ein rein formales, äußeres Umformulieren, sondern um eine grundsätzlich veränderte

Beobachtungshaltung. Es geht um eine innere Haltung – nämlich die Bereitschaft, etwas offen zu lassen und es für möglich zu halten, dass Kritikpunkte der Beobachtenden eventuell gar keine Kritikpunkte sind, sondern Fragen. Diese Beobachtungshaltung kann man sich aneignen und üben.

Aufgabe 21

> *Schauen Sie sich bitte den Beobachtungsbogen 1 (S. 147) an, den Sie bereits kennen gelernt und erprobt haben. Inwieweit wird die fragende, offene Beobachtungshaltung und Vorgehensweise durch diesen Beobachtungsbogen unterstützt und initiiert?*

Zusammenfassung

Aus dem bisher Beschriebenen entwickelte sich in Fortbildungsseminaren – vielleicht auch bei Ihnen? – häufig das Bedürfnis, sich selbst die eigenen Wertmaßstäbe und Kriterien, die den unterschiedlichen Einschätzungen von ungesteuerter Unterrichtsbeobachtung zugrunde liegen, bewusst zu machen und untereinander auszutauschen. Es entwickelte sich die Einsicht, dass es notwendig ist, sich Beobachtungstechniken anzueignen und sich auf bestimmte Kriterien und Ziele der Beobachtung zu einigen.

Die bisher erarbeiteten Basisprinzipien gelten nicht nur für das globale bzw. durch globale Leitfragen gesteuerte Beobachten von Unterricht, sondern für **alle Techniken** des Beobachtens, d. h. auch für die folgenden Kapitel. Wir möchten diese **Prinzipien** deshalb hier zusammenfassen:

➤ Bei der Unterrichtsbeobachtung ist zu trennen zwischen einer Beschreibung des Gesehenen und der Interpretation bzw. Bewertung des Gesehenen.

➤ Die in die Unterrichtswahrnehmung unbewusst oder unausgesprochen mit einfließenden Kriterien (z. B. was „guter" bzw. gelungener Unterricht sei) müssen bewusst gemacht und offen gelegt werden.

➤ Viele Kritikpunkte sind eigentlich erst einmal Fragen. Deshalb sollten Sie versuchen, Kritikpunkte zunächst als Frage zu sehen und als Frage zu formulieren.

➤ Am Anfang von Unterrichtsbeobachtung sollte das Vertrautwerden mit der Kursgruppe und den Unterrichtenden durch erstes globales, ungesteuertes Beobachten stehen.

➤ Es kann und soll nicht alles auf einmal beobachtet und ausgewertet werden.

Im Rahmen unserer Beobachtungsprogression verlassen wir nun das globale bzw. durch globale Leitfragen gesteuerte Beobachten und gehen zu unserem nächsten Schritt, dem vorbereiteten und gezielten Beobachten.

2.4 Vorbereitetes, gezieltes* Beobachten

Sie werden gleich einen weiteren Unterrichtsausschnitt (Videosequenz 2b) auf Video ansehen. Dabei geht es um Textarbeit/Leseverstehen, genauer gesagt um die Vorbereitungsphase zur Textarbeit. Wir bitten Sie, Ihre Aufmerksamkeit gezielt nur auf diesen Aspekt zu richten, also Ihren Beobachtungsumfang zu reduzieren.

Informationen zu Videosequenz 2b

In dem in Videosequenz 2b gezeigten Ausschnitt werden Sie dieselbe Lerngruppe mit demselben Lehrer wie in Videosequenz 2a sehen – Sie sind also mit der Lerngruppe, dem Unterrichtenden und dem Lernstand der Schüler durch die erste Beobachtung bereits ein wenig vertraut. Sie sehen den unmittelbar an Videosequenz 2a nach der kurzen Pause anschließenden Stundenanfang. Die Lernenden sollen in dieser Stunde auf die Arbeit mit einem Text vorbereitet bzw. auf den Text eingestimmt werden. Diesen Text sollen Sie nun zunächst auch kennen lernen.

(Wir haben auf der folgenden Seite in der Aufgabe 22 den Text aus der Buchausgabe von 1997 abgedruckt. Dieser Text ist inhaltlich identisch mit dem Text, den der Lehrer in Videosequenz 2b benutzt hat.)

1. Bitte lesen Sie sich den Text aufmerksam durch und beantworten Sie dann die nachfolgenden Fragen. Wenn es Ihnen möglich ist, bearbeiten Sie die Aufgaben mit einer Kollegin oder einem Kollegen gemeinsam.

„Ja, ich weiß, was ich will" – diesen Satz können Sie täglich hören, der eine sagt ihn leise, aber bestimmt, der andere laut, der andere denkt ihn nur. Aber darf ich fragen: Wissen *Sie* genau, was Sie wollen?

Nehmen wir die Berufswahl. Familie X. wohnt direkt neben dem Zoo.

5 Der fünfjährige Hansi besucht täglich seine Freunde, die Affen. Fünfzehn Jahre später sagt er: Ich will Tierarzt werden. Ist es Zufall? Ist es seine Wahl?

Familie Y. wohnt in der Rosenstraße 60. Unten im Haus ist ein Konditorladen. Der kleine Moritz Y. steht täglich vor dem Schaufenster und studiert die

10 Torten: Schokoladetorte, Linzertorte, Käsetorte, Apfeltorte. „Ich will Konditor werden", sagt der kleine Moritz, und er wird es auch.

Die sechzehnjährige Alexa hat eine Freundin. Die verdient 400 Mark täglich als Fotomodell. Die Freundin hat schon einen ganzen Koffer voll Parfüms, Cremes, Schmuck. Das ist Alexas Traum. Sie wird Fotomodell. Wie viele

15 Menschen wissen, was sie tun?

Und wie ist es mit der Partnerwahl? Wer wählt? Wir? Zwei, die sich lieben – wie hell sind sie noch im Kopf? Aber sie treffen eine Wahl – *die* Wahl für ihr Leben! „Gibt es einen Menschen, der frei von Wahnsinn ist?" fragt Erasmus von Rotterdam. Hat er recht mit seiner Frage?

Häussermann u. a. (1997), 182

2. Stellen Sie sich vor, Sie wollten diesen Text mit der Gruppe, die Sie in Videosequenz 2a (s. auch die Informationen zu dieser Gruppe auf S. 19) gesehen haben, bearbeiten.

- *Was sollen die Lernenden tun, bevor sie den Text lesen?*
- *Was würden Sie tun, bevor Sie den Lernenden den Text geben?*
- *Welche Leseaufgabe(n) geben Sie den Lernenden?*

_____

_____

_____

_____

_____

_____

_____

_____

3. Lesen Sie nun die Unterrichtsvorschläge im Lösungsschlüssel. Finden Sie Ihren Vorschlag dort wieder? Möchten Sie die Planung Ihrer Vorbereitungsphase daraufhin noch verändern?

Wenn Sie sich entschieden haben, wie Sie die Vorbereitungsphase gestalten möchten, können Sie es sich nun vor dem Videogerät bequem machen.

Sehen Sie sich nun bitte auf der Videokassette Sequenz 2b an. (Da die Sequenz technische Mängel aufweist, müssen Sie sich diese zum besseren Verständnis eventuell zweimal ansehen.)

1. Schreiben Sie danach in Stichworten auf, was Sie zu dieser Vorbereitung auf die Textarbeit sagen möchten.

_____

_____

_____

2. Beantworten Sie nun folgende Fragen zu der Sequenz:

a) Finden Sie in Ihren und in den Planungsvorschlägen im Lösungsschlüssel Überlegungen, die sich auf den gesehenen Unterrichtsausschnitt anwenden lassen? Welche?

_____

_____

b) Was haben Sie durch die gesehene Vorbereitungsphase gelernt:
– vor dem Hintergrund Ihrer eigenen Planungsüberlegungen,
– unter Einbeziehung Ihrer Kriterien für „guten" Unterricht?

Vielleicht interessiert es Sie, was andere Kolleginnen zu diesem Unterrichtsmitschnitt meinten? Im Folgenden fassen wir zusammen, was 1995 in einem Lehrerfortbildungsseminar zur Unterrichtsbeobachtung in Bratislava/Slowakei zu dem Unterricht, den Sie in Sequenz 2b gesehen haben, gesagt wurde. Die Teilnehmerinnen sind Lehrerinnen im Fach Deutsch als Fremdsprache, die auch in der Lehrerausbildung und Lehrerfortbildung arbeiten.

1. Lesen Sie bitte die Äußerungen der Kolleginnen aus Bratislava zu einzelnen Aspekten.

2. Was für eine Meinung haben Sie dazu?

Aspekte	Äußerungen der Kolleginnen	Ihre Meinung dazu
Einstieg	*war spannend; hat mir gut gefallen; gut die Differenzierung in „private, persönliche, nicht intime Frage";* *Frage war fürs Sprachniveau zu hoch;* *Bruch zum nachfolgenden Text: Das Gespräch, das so spannend begann, stockte.*	
Aufgabenstellung	*Die Aufgabenstellung „Nehmt euer Wörterbuch und lest den Text" war inadäquat, demotivierend und unterschätzt die Lernenden. „Fremdsprachenlesen mit Wörterbuch ist kein Lesen mehr."*	

Aspekte	Äußerungen der Kolleginnen	Ihre Meinung dazu
Sprachniveau	*Eingangsfrage war zu schwer: Lernende waren vom Sprachstand (Wortschatz und Grammatik) her nicht in der Lage, auf die Frage zu antworten. Möglichkeit: Beispiel (Modellsatz) geben und sich selber einbringen.*	

Reflexion

Im Mittelpunkt der Diskussion der Lehrenden aus der Slowakei stand die Beobachtung des „Bruchs" in dem Unterrichtsablauf (Videosequenz 2b): Nach einem sehr gelungenen Einstieg, der die Lernenden persönlich ansprach und neugierig machte, flachte die Spannung sehr ab. Bei genauerer Beobachtung gibt es dafür mehrere Gründe:

1. Die Frage des Lehrers „Wissen Sie immer, was Sie wollen?" war zu schwer. Die Lernenden hatten durchaus das Bedürfnis, sich dazu zu äußern, konnten das aber nicht auf Deutsch.

   ➤ Verallgemeinert lässt sich festhalten: Die Diskrepanz zwischen dem Inhalt der Frage und dem Sprachstand der Lernenden war zu groß. Eine Möglichkeit, damit umzugehen, wäre es, die Lernenden in ihrer Muttersprache antworten zu lassen.

2. Der ausgewählte Text erfüllt die aufgebauten Erwartungen nicht. Für den Lernprozess der Lernenden ist es in der Regel nicht förderlich, nach einer sehr anregenden und motivierenden Einstimmungsphase mit einem für sie ungeeigneten oder uninteressanten Text konfrontiert zu werden. Die aufgebaute Spannung und Motivation wird dann enttäuscht und die Lernenden fühlen sich „verschaukelt". Sie werden sich eventuell in Zukunft nicht mehr so leicht mitreißen lassen.

   ➤ Verallgemeinert lässt sich festhalten: Die Entwicklung einer geeigneten Vorbereitungsphase hängt auch stark davon ab, wie sprachlich und inhaltlich angemessen und motivierend ein Text für die entsprechende Gruppe von Lernenden ist. Sie sollten durchaus den Mut haben, ungeeignete Texte aus ihren Lehrwerken nicht zu behandeln und sie eventuell durch andere zu ersetzen.

3. Die Aufgabenstellung für die Textarbeit war keine wirkliche Aufgabenstellung. Die Aufforderung, den Text mithilfe eines Wörterbuchs zu lesen, war so allgemein, dass sie keine Neugier auf diesen Text wecken konnte – und entsprechend verunsichert waren einige der Lernenden.

   ➤ Verallgemeinert lässt sich festhalten: Unterricht muss genau geplant werden; es genügt nicht, eine interessante Motivationsphase aufzubauen. Zu der Planung gehört die Überlegung einer präzisen Aufgabenstellung.

Wir möchten abschließend noch auf einen methodischen Aspekt zum Leseverstehen eingehen: Die Empörung über die Verwendung eines Wörterbuches als *ersten* Schritt zur Bedeutungserschließung ist aus heutiger Sicht sehr gut begründbar: Es ist lernpsychologisch sinnvoll, die Benutzung des Wörterbuchs als letzte Möglichkeit des Verstehensprozesses heranzuziehen und globales und detailliertes Leseverstehen zu trennen.

Mehr zum Leseverstehen finden Sie in den Fernstudieneinheiten *Fertigkeit Lesen* und *Lesen als Verstehen*; zur Bedeutungserschließung in der Fernstudieneinheit *Probleme der Wortschatzarbeit*.

Aus jedem Unterrichtsbeispiel können Sie etwas lernen. Sie können etwas übernehmen, was Ihnen gut gefallen hat. Vielleicht sind Fragen aufgetaucht, deren Klärung Ihnen bei vergleichbaren anderen Unterrichtssituationen helfen kann. Oder Sie haben durch das Beispiel neue Ideen und Anregungen bekommen, was Sie in ähnlichen Unterrichtssequenzen noch verbessern könnten. Es lohnt sich, dies für sich selbst schriftlich festzuhalten. Hierfür eignet sich ebenfalls der Ihnen schon bekannte Beobachtungsbogen 1 (s. S. 147).

2.5 Kriterien für eine gezielte Beobachtung entwickeln

Bei der Bearbeitung der Videosequenz 2b taucht in den Lehrergruppen immer wieder die Frage auf, was alles genau in der Vorbereitungsphase erreicht werden soll. Zuerst müssen Sie sich über die Aufgaben dieser Phase, ihre Ziele und die entsprechenden Unterrichtsschritte im Klaren sein. Erst dann können Sie gut planen, wie Sie diese Unterrichtsphase gestalten wollen und wie Sie beim Zuschauen gezielt beobachten, was in einer solchen Phase gut oder weniger gut gelaufen ist.

In der Literatur über den Unterricht in Deutsch als Fremdsprache und über Unterrichtsplanung finden sich für diese Phase und ihre Funktion verschiedene Bezeichnungen, die wir hier im Überblick auflisten.

Name der Phase	Funktion
Vorbereitungsphase	Vorbereitung auf das Thema
Einstiegsphase	Einstieg ins Thema
Hinführungsphase	Hinführung zum Thema
Einstimmungsphase	Einstimmung auf das Thema
Einleitungsphase	Einleitung des Themas
Einführungsphase	Einführung in das Thema

In dem Überblick sehen Sie schon die wichtigsten Funktionen, die diese Phase hat. Von der Bezeichnung *Einführungsphase* soll hier abgeraten werden, da der Begriff *Einführung* doppeldeutig und somit missverständlich ist: Er wird auch für die Einführung neuen Stoffes, etwa die Einführung des Akkusativs verwendet – meint also die Präsentation einer neuen Struktur, die Konfrontation mit dem Neuen und nicht die Hinführung dahin. Der Begriff *Einführung* taucht allerdings in der Fachliteratur für die beiden verschiedenen Phasen immer wieder auf. Wir verwenden in dieser Fernstudieneinheit den Begriff *Vorbereitungsphase*, weil er eindeutig ist und die Funktion dieser Phase am umfassendsten ausdrückt.

In der Fernstudieneinheit *Unterrichtsplanung. Arbeit mit Lehrwerklektionen* finden Sie detaillierte Anregungen zu den einzelnen Phasen.

Aufgabe 25

> 1. Notieren Sie bitte, welche Unterrichtsschritte für eine optimale Vorbereitung auf eine Textarbeit erforderlich sind.
>
> _____
>
> _____
>
> _____
>
> _____
>
> 2. Vergleichen Sie Ihre Unterrichtsschritte mit dem Vorschlag im Lösungsschlüssel.

Aus den Schritten, die Sie für eine optimale Gestaltung der Vorbereitungsphase auf eine Textarbeit formuliert haben, lassen sich (Ihre) Kriterien für die Unterrichtsbeobachtung ableiten, d. h., dass aus jedem Unterrichtsschritt ein Beobachtungskriterium wird. Haben Sie z. B. in Ihren Schritten notiert: *Aufbau einer angenehmen Lernatmosphäre*, so wird dieser Schritt das Beobachtungskriterium *U* (= Unterrichtende/Unterrichtender) *hat eine angenehme Lernatmosphäre aufgebaut*. Möchten Sie einen eigenen Beobachtungsbogen formulieren, so müssen dann noch Kriterien hinzugefügt werden, die bei der Beobachtung anzukreuzen sind, also etwa *ja/nein/nicht beobachtbar* usw. Probieren Sie das in der nächsten Aufgabe doch einmal aus. Die anzukreuzenden Kriterien haben wir der Einfachheit halber schon hinzugefügt, Sie können natürlich auch andere wählen.

Aufgabe 26

Entwickeln Sie bitte einen Beobachtungsbogen zur Vorbereitungsphase für Textarbeit. Es hilft Ihnen, wenn Sie sich auch Oberkategorien ausdenken, denen Sie detaillierte Beobachtungsaufträge zuordnen.

Unsere Vorschläge für die anzukreuzenden Kriterien:

+ = „ja, erreicht"　　　? = „unklar"

☯ = „nicht beobachtbar"　✂ = „nicht nötig"

– = „fehlt/sollte noch gemacht werden"

	+	?	☯	✂	–
1. Lernbereitschaft hergestellt					

Beobachtungsbogen 2

Ein Beispiel für einen Beobachtungsbogen zur gezielten Beobachtung der Vorbereitungsphase einer Textarbeit finden Sie auf S. 148 (Beobachtungsbogen 2). Dieser Bogen eignet sich auch als „Checkliste" für die Unterrichtsplanung dieser Phase.

Natürlich kommen nicht alle aufgeführten Schritte und Aufgaben in einer Vorbereitungsphase auf einmal vor. Sie wählen jeweils aus und setzen die Prioritäten – d. h., für Ihre Unterrichtsplanung markieren Sie sich auf dem Beobachtungsbogen, welche der aufgeführten Schritte und Ziele Sie in der jeweiligen Vorbereitungsphase umsetzen möchten. Wird diese Phase dann von jemandem beobachtet, kann anhand des modifizierten Beobachtungsbogens im Nachhinein darüber gesprochen werden, wie die vorgesehenen Schritte verlaufen sind.

Wir wenden uns nun der nächsten Videosequenz zu.

Informationen zu Videosequenz 3

Sie sehen als Nächstes einen Unterrichtsausschnitt (Videosequenz 3) mit der Lerngruppe, die Sie schon kennen – diesmal jedoch mit einem anderen Lehrer. Die Gruppe ist mittlerweile weiter, es ist die 127. Unterrichtsstunde und Sie nehmen wiederum an einer Vorbereitungsphase für einen Text teil. Wieder erhalten Sie vor dem Ansehen des Unterrichts den Text, auf den in der Unterrichtssequenz vorbereitet wird. Und wieder erhalten Sie die Aufgabe, sich selbst einen Einstieg für die Arbeit mit diesem Text zu überlegen. Nach all den Erfahrungen und Vorüberlegungen, die Sie bisher dazu gemacht haben, sind Sie nun noch besser auf diese Aufgabe vorbereitet.

Aufgabe 27

1. *Sehen Sie sich bitte den folgenden Text und die Bilder an und planen Sie dann eine* **Vorbereitungsphase** *zu dem Beispiel „Der Hase und der Igel". Überlegen Sie dabei auch, wie Sie den Text den Lernenden so präsentieren können, dass es der Textsorte „Märchen" entspricht.*
    Sie können auf Beobachtungsbogen 2 (S. 148) die Schritte und Ziele markieren, die Sie in Ihrer Vorbereitungsphase berücksichtigen möchten.

Der Hase und der Igel

Nach einem Märchen der Brüder Grimm

✴

Es war an einem schönen Sonntagmorgen im Herbst. Frau Igel wusch gerade ihre Kinder, trocknete sie ab und zog sie an. Inzwischen ging ihr Mann im Feld spazieren.

✴

Er war noch nicht weit weg, da traf er den Hasen. Er grüßte ihn höflich: "Guten Morgen, Meister Lampe!" Aber der Hase, der ein ebenso vornehmer wie unhöflicher Herr war, antwortete ihm nicht. Er sagte erst nach einer Weile: "Was machst du hier schon so früh im Feld?" – "Ich gehe spazieren", sagte der Igel. "Spazieren?" lachte der Hase, "Du, mit deinen krummen Beinen?" Das ärgerte den Igel sehr, und er sagte: "Glaubst du, daß du mit deinen Beinen schneller laufen kannst als ich?" – "Aber natürlich", antwortete der Hase. Da sagte der Igel: "Machen wir einen Wettlauf, und ich werde dich überholen!" – "Das ist ja zum Lachen", rief der Hase, "du mit deinen krummen Beinen! Aber wir können es versuchen. Was kriegt der Sieger?" – "Ein Goldstück und eine Flasche Schnaps." – "Gut, fangen wir gleich an!" – "Moment", sagte der Igel, "ich muß erst frühstücken, in einer halben Stunde bin ich wieder hier."

✴

Als der Igel zu Hause ankam, rief er seine Frau und sagte: "Ich habe mit dem Hasen um ein Goldstück und eine Flasche Schnaps gewettet, daß ich schneller laufen kann als er; zieh dich schnell an und komm mit!" – "Ach du lieber Gott, bist du verrückt . . . . ." – "Sei ruhig, das ist meine Sache, zieh dich an und komm mit!" Unterwegs sagte der Igel zu seiner Frau: "Paß gut auf! Wir machen den Wettlauf auf dem langen Acker. Der Hase läuft in der einen Furche, und ich laufe in der anderen Furche, und wir fangen da oben an. Stell du dich hier unten hin; und wenn der Hase ankommt, dann rufst du: 'Ich bin schon da!' "

✴

Der Igel ging nach oben zum Hasen. "Fangen wir an?" – "Ja, fangen wir an!" – "Eins – zwei – drei", zählte der Hase und rannte los. Der Igel machte nur drei, vier Schritte und blieb dann sitzen. Als der Hase unten ankam, rief die Igelfrau: "Ich bin schon da!" Der Hase war total überrascht, dann rief er: "Noch einmal!" – und rannte wieder zurück. Als er oben ankam, rief der Igelmann: "Ich bin schon da!" – "Noch einmal!" schrie der Hase und rannte wieder los. Und "Noch einmal!" und "Noch einmal!". So lief der Hase noch dreiundsiebzigmal, und immer hörte er: "Ich bin schon da!"

✴

Beim vierundsiebzigstenmal blieb der Hase tot liegen. Der Igel nahm das Goldstück und die Flasche Schnaps, rief seine Frau, und beide gingen vergnügt nach Hause. Und wenn sie nicht gestorben sind, dann leben sie noch heute.

Neuner u. a. (1980), 12

2. *Schauen Sie sich nun im Lösungsschlüssel die Vorschläge von Kollegen und Kolleginnen eines Fortbildungsseminars an.*

Wenn Sie sich nach einem Vergleich mit den im Lösungsschlüssel vorgestellten Einstiegsmöglichkeiten über Ihre Planung dieser Phase im Klaren sind, können Sie sich nun den Unterrichtsausschnitt auf Video (Videosequenz 3) ansehen.

Aufgabe 28/
Videosequenz 3

Sehen Sie sich nun bitte auf der Videokassette die Sequenz 3 an.

1. *Notieren Sie danach zunächst in Stichworten wieder alles, was Sie zu dieser Vorbereitungsphase sagen möchten.*

_____

_____

_____

_____

_____

2. *Vergleichen Sie nun, wo Sie Übereinstimmungen mit Ihrer Unterrichtsplanung oder mit den im Lösungsschlüssel zu Aufgabe 27 (S. 122f.) aufgeführten Vorschlägen finden.*

3. *Schauen Sie sich die Sequenz 3 noch einmal an und bearbeiten Sie jetzt dazu den Beobachtungsbogen 2 (S.148) – während des Sehens oder direkt nach dem Sehen.*

4. *Wie schätzen Sie die gesehene Vorbereitungsphase nun ein:*
   - *vor dem Hintergrund Ihrer Kriterien für „guten" Unterricht und Ihrer eigenen Planungsüberlegungen?*
   - *unter Einbeziehung der Kriterien für die Vorbereitungsphase (Beobachtungsbogen)?*
   - *im Vergleich zu der zuvor gesehenen Vorbereitungsphase auf den Text „Ja, ich weiß, was ich will" (Videosequenz 2b)?*

5. *Auf Beobachtungsbogen 1 (S. 147) können Sie wiederum notieren, was Sie aus dieser Beobachtung festhalten möchten.*

Zu diesem Unterricht haben wir Ihnen auf Videosequenz 4 Ausschnitte aus einer Diskussion der Lehrergruppe in Bratislava zusammengestellt, die Sie aus den Äußerungen zu Videosequenz 2b bereits kennen.

Aufgabe 29/
Videosequenz 4

1. *Sehen Sie sich auf der Videokassette die Diskussion der Kolleginnen an.*

   Welche Meinungen werden zu den im Raster genannten Aspekten vertreten? Notieren Sie zu jedem Aspekt einige Stichpunkte.

2. *Was für eine Meinung haben Sie?*

Aspekte	Äußerungen der Kolleginnen	Ihre Meinung dazu
Aktivierung der Lernenden		

Aspekte	Äußerungen der Kolleginnen	Ihre Meinung dazu
Vorentlastung des Textes		
Wortschatzarbeit		
Anderes		

3. *Haben Sie durch diese Diskussion neue Informationen oder neue Erkenntnisse gewonnen? Welche?*

Reflexion

In Lehrerfortbildungsseminaren wird der in Videosequenz 3 gezeigte Unterricht (zu *Der Hase und der Igel*) von den meisten Kollegen und Kolleginnen positiv aufgenommen. Dafür gibt es mehrere Gründe:

➤ Die Hinführung zum Märchen über die Hauptfiguren ermöglicht eine emotionale Einstimmung in das Thema. Die Frage nach dem Charakter der Tiere und besonders nach deren Darstellung in der Literatur der Lernenden weckt starkes Interesse und kann persönliche Betroffenheit hervorrufen. Diese Phase hatte ein festes Ziel – die Hauptfiguren semantisch zu erklären – und wurde konsequent als Phase der freien Äußerung konzipiert – keine Tafelanschrift, kein Mitschreiben der Lernenden.

➤ Der Text wurde durch mehrere Methoden vorentlastet: Bilder, Gestik und Mimik und das Erzählen des Textes. Die erzählerische Form ist sprachlich leichter als der schriftliche Märchentext und außerdem der Textsorte der mündlich überlieferten Märchen sehr gemäß.

➤ In der Diskussion (Videosequenz 4) haben Sie gehört, dass der Vorschlag gemacht wurde, die Wörter an die Tafel zu schreiben. Das hätte jedoch bei der Zielsetzung dieser Phase (Verstehen) gestört und die Aufmerksamkeit auf das Problem der Aussprache und der Schreibweise verlagert.

➤ Methodisch möchten wir noch eine Anmerkung zum Einstieg der Textvorbereitung machen: Der Unterrichtende hat ihn als Phase der freien Äußerung konzipiert. Er hat die Bilder auf den Tageslichtprojektor gelegt und zunächst keine Frage gestellt (das wird auf der Videokassette nicht ganz deutlich). Die Bereitschaft der Lernenden, auf einen solchen *stummen Impuls* zu reagieren, ist etwas, was man in seiner Lerngruppe zielbewusst aufbauen muss.

Aber natürlich sind auch bei diesem Unterrichtsbeispiel der Textvorbereitung die Meinungen nicht immer einheitlich. Viele Unterrichtende – insbesondere aus Ländern mit eher lehrerzentrierten Unterrichtsformen und disziplinierteren Teilnehmern – empfinden den Geräuschpegel und das Sprechen mehrerer Lernender gleichzeitig als störend. Anhand der hier aufgetauchten Frage, ob es sich bei diesem Beispiel um sehr lebhafte, aktive und produktive Beteiligung der Lernenden oder schon um ein unproduktives Durcheinander handelt, möchten wir einen wesentlichen Beobachtungsgrundsatz festhalten.

Wesentlich für die Aussagen über gesehenen Unterricht (z. B. *die Lautstärke war okay* bzw. *es war mir viel zu unruhig*) ist, dass Sie sich Ihre Grundeinstellung und damit die Ausgangsposition Ihrer Reaktion bewusst machen:
Wenn Sie sich (mit sich oder mit anderen Beobachtenden) darauf geeinigt haben, dass Sie einen kommunikativen Unterricht befürworten, dessen Bestandteil eine hohe Aktivität und Sprechbereitschaft der Lernenden ist, **dann** werden Sie bei dem Beispiel der Lautstärke diese als okay einschätzen.
Wenn Sie einen lehrerzentrierten Unterricht, in dem die Lernenden nacheinander sprechen, befürworten, **dann** werden Sie die Lautstärke als störend einordnen.
Die Beurteilung richtet sich also immer nach Zielsetzung und Prämissen.

Beobachtungs-
grundsatz

Im Vergleich zu der Vorbereitungsphase in Videosequenz 2b (zu dem Text *Ja, ich weiß, was ich will*) wird die Vorbereitung in Videosequenz 3 von Seminarteilnehmern als eindeutig zielgerichteter und gelungener beschrieben, wobei aber auch sehr deutlich zum Ausdruck gebracht wird, dass der Märchentext wesentlich einfacher vorzubereiten, zu präsentieren und zu bearbeiten ist.

2.6 Vorteile und Nachteile der Vorbereitung auf eine Unterrichtsbeobachtung

Sie werden bei der Betrachtung der beiden Videosequenzen zur Textvorbereitung (Sequenz 2b und 3) bemerkt haben, wie schnell Sie durch Ihre eigene Vorbereitung auf die Beobachtung mitten in der Unterrichtsrealität sind – bei Fragen zur Planung und Durchführung von Unterricht, bei Fragen zum Lehrerverhalten usw. Da fällt es schwer, sich auf den gewählten Aspekt der Unterrichtsbeobachtung zu konzentrieren und die dabei gemachten Erfahrungen und gelernten Techniken zu reflektieren und auszuwerten.

Es gibt verschiedene **Möglichkeiten** für eine vorbereitete* Unterrichtsbeobachtung. Wir möchten hier einige auflisten.

➤ Sie erhalten im Voraus das zentrale Lernmaterial, mit dem in der Stunde gearbeitet wird – z. B. einen Text zum Lesen oder Hören, Übung(en), Teile einer Lehrwerklektion u. Ä.

➤ Sie sammeln eigene Ideen, wie Sie mit diesem Material arbeiten würden. Sie formulieren klare Lernziele zu dem Material, didaktisieren es und bereiten selbst eine Phase/Stunde damit vor.

➤ Es liegt Ihnen die konkrete Unterrichtsplanung (Lehrskizze) zu einer Unterrichtssequenz oder zu der ganzen Unterrichtsstunde vor. Sie machen sich Überlegungen zur praktischen Umsetzung, zu eventuell zu erwartenden Schwierigkeiten usw.

➤ Sie nehmen sich die Unterrichtsplanung zu einem Ausschnitt einer Unterrichtsstunde (Unterrichtssequenz) vor. Sie überlegen und halten fest: Was muss vorher in der Stunde passieren und was kann danach kommen?

➤ Material-Puzzle: Sie erhalten das gesamte Lernmaterial einer Stunde ungeordnet und undaktisiert (d. h. ohne Aufgabenstellungen). Sie überlegen sich eine sinnvolle Reihenfolge für den Einsatz im Unterricht, formulieren Aufgabenstellungen dazu und entwerfen mit den Materialien eine Unterrichtsstunde.

➤ Sie kennen nur das Thema und/oder das Lernziel der Stunde. Sie sammeln Ihre Ideen, Umsetzungsmöglichkeiten, Erwartungen usw. an die Stunde. Sie suchen geeignete Lernmaterialien zum Thema und zu den Lernzielen der Stunde.

1. Welche Vorteile hat Ihrer Meinung nach eine Vorbereitung auf den zu beobachtenden Unterricht? Notieren Sie einige Stichpunkte.

_____

_____

2. Welchen der folgenden Äußerungen verschiedener Kolleginnen und Kollegen würden Sie zustimmen? Kreuzen Sie bitte an.

☐ a) „Der Einstieg in die Beobachtung war dadurch viel leichter."

☐ b) „Ich war gleich mitten im Unterrichtsgeschehen drin."

☐ c) „Für mich war es sehr hilfreich, dass ich den Text und seine möglichen Probleme kannte."

☐ d) „Ich war neugierig, wie der Lehrer diese Phase gestalten würde und habe mich stark mit ihm identifiziert."

☐ e) „Ich fand es gut, meine eigenen Erwartungen und Überlegungen bewusster und gezielter zu dem gesehenen Unterricht in Beziehung zu setzen."

☐ f) „Ich konnte diesmal viel gezielter beobachten."

☐ g) „Ich hatte den Eindruck, wir haben den Lehrer nicht mehr so stark kritisiert und waren viel offener für Selbstkritik."

3. Welche Gefahr birgt Ihrer Meinung nach eine solche Vorbereitung auf eine Unterrichtsbeobachtung?

_____

_____

Reflexion

Es wird Ihnen deutlich geworden sein, dass es nicht genügt, Unterricht **einfach nur** so zu beobachten und zu meinen, das Wichtige würde Ihnen schon auffallen. Es geht auch darum, neu sehen zu lernen:

> „Das erneute Sehen-lernen sollte stufenweise erfolgen, wobei [...] ein stufenweises Vorgehen von breiteren, offenen zur gezielten Detailbeobachtung nahegelegt wird. Differenzierte Beobachtungsbögen sollten daher nicht am Anfang, sondern höchstens am Ende eines Beobachtungstrainings stehen – zu früh angewandt verstellen sie die Vielfalt und Interdependenz der im Unterricht wirkenden Faktoren ebenso wie sie unsere kreative Fähigkeit zur Wahrnehmung des Wichtigen zu stark lenken."
>
> Krumm (1982), 1

Schön wäre es, wenn Sie schon jetzt Lust und Mut bekommen haben, die durchgeführten Beispiele und die dabei gewonnenen praktischen Erfahrungen und neuen Beobachtungstechniken als Modell für eigene Unterrichtsbeobachtungen – allein oder gemeinsam mit Ihren Kollegen und Kolleginnen – praktisch auszuprobieren.

2.7 Möglichkeiten und Grenzen der Unterrichtsbeobachtung

Ziel der vorangegangenen Unterrichtsbeobachtungen war es in erster Linie, Ihnen die Möglichkeit zu geben, durch die Beobachtung etwas für Ihren eigenen Unterricht dazuzulernen. Dazu haben Sie Unterrichtsmitschnitte auf Video gesehen. Aber es gibt natürlich auch eine andere Möglichkeit der Unterrichtsbeobachtung: Sie können bei Kolleginnen und Kollegen hospitieren und deren Unterricht „live" erleben.

Es ist jedoch ein großer Unterschied, ob Sie aufgezeichneten Unterricht beobachten oder selbst im Unterricht hospitieren und beobachten. Um bei beiden Beobachtungssituationen alle Möglichkeiten voll nutzen und ausschöpfen zu können, die Grenzen und Einschränkungen jedoch nicht zu übersehen, lohnt es sich, diesen Aspekt einmal genauer zu betrachten.

2.7.1 Unterrichtsbeobachtung anhand von Videoaufzeichnungen

Aufgabe 31

Bitte tragen Sie in die folgende Tabelle die Möglichkeiten bzw. Vorteile und die Grenzen bzw. Nachteile von Unterrichtsbeobachtung anhand von Videomitschnitten ein, die Ihnen jetzt einfallen.

Unterrichtsmitschnitte auf Video

Möglichkeiten/Vorteile	Grenzen/Nachteile

Wir wissen nicht, was Sie notiert haben, möchten Ihnen aber gerne im Folgenden unsere Aspekte zur Kenntnis geben. In Aufgabe 33 (S. 44) haben Sie die Gelegenheit, Ihre eigenen und unsere Aspekte zu vergleichen. In dem abschließenden Überblick (S. 44f.) stellen wir die Vor- und Nachteile noch einmal gegenüber.

• Möglichkeiten/Vorteile

Sie können den gesamten Unterricht oder Teile daraus wiederholt anschauen, und zwar so oft Sie möchten.

Die Projektion des Videos auf eine große Leinwand ist eine gute Alternative zu kleinen Monitoren.

Sie können die Videokassette anhalten, erhalten so ein Standbild, auf dem Sie Einzelheiten genau beobachten können (zumindest bei neueren Geräten, bei denen das Standbild nicht mehr wackelt).

Sind in Ihrer Institution mehrere (oder transportable) Videorekorder vorhanden, so kommt als (ökonomischer) Vorteil hinzu, dass Mitschnitte nicht nur beliebig oft, sondern überall und für viele Beobachter gleichzeitig einsetzbar sind.

Der Unterricht kann mit zwei Kameras aufgenommen werden, dabei kann sich eine Kamera auf das Lehrerverhalten konzentrieren, die andere Kamera auf die Lernenden. Diese beiden Perspektiven können zusammengeschnitten und nebeneinander auf dem Monitor gezeigt werden. Durch solche Zusammenschnitte ist die Möglichkeit zur Beobachtung der Interaktion von Unterrichtenden und Lernenden gegeben.

Sie können gezielt Unterrichtsausschnitte bzw. spezifische Unterrichtsaspekte auswählen.

technische Möglichkeiten

didaktische Möglichkeiten

41

Da die Unterrichtenden (in der Regel) nicht anwesend sind, gibt es weniger Hemmungen, sich zum Unterricht auch kritisch zu äußern.

Die Unterrichtsdokumentationen lassen sich didaktisieren, wodurch – wie in dieser Fernstudieneinheit vorgestellt – stufenweise in die Techniken der Unterrichtsbeobachtung eingeführt und gezielter beobachtet werden kann. Damit eignet sich die Arbeit mit Mitschnitten auch für die Hinführung zu realen Unterrichtsbesuchen.

Da man seinen eigenen Unterricht aufnehmen lassen kann, lassen sich Unterrichtsmitschnitte auch zur Selbstbeobachtung einsetzen.

• Grenzen/Nachteile

Wir sollten uns jedoch auch der Grenzen und Nachteile von Unterrichtsdokumentationen deutlich bewusst sein. Krumm (1979) beschreibt einige sehr bedenkenswerte Einschränkungen:

> „Es wäre ein Irrtum zu glauben, mit Hilfe der Fernsehtechnik könne die Unterrichtsbeobachtung nicht nur technisch, sondern auch in der Wahrnehmungstechnik objektiviert werden. Auch die Videokamera verfälscht und interpretiert die Wirklichkeit in hohem Maße:
>
> – der Bildausschnitt (Kameraführung) lenkt die Aufmerksamkeit des Beobachters,
>
> – durch die Kameraeinstellung (Nahaufnahme, Totale) wird eine andere Unterrichtsstruktur erreicht, als sie z. B. Lehrern und Schülern bewußt ist,
>
> – während Lehrer und Schüler durch Weggucken Pausen überbrücken können, werden diese in der visuellen und akustischen Wiedergabe verstärkt ins Bewußtsein gehoben,
>
> – empfindliche Mikrophone hören erheblich mehr vom Unterrichtsgeschehen als der die Laute unbewußt filternde und selegierende Lehrer oder Schüler, so daß Unterricht in der Aufzeichnung oft lauter und unruhiger wirkt als in der direkten Beobachtung."

Krumm (1979), 73

technische
Nachteile

Ein bedeutsamer Nachteil ist also die Abhängigkeit der Beobachtungsmöglichkeiten von der Kameraführung und den Schnitten: So können wir nicht selbst entscheiden, wann wir wohin schauen. Auch sehen wir nur einen Ausschnitt und haben keinen Überblick über die gesamte Unterrichtssituation; der Gesamteindruck ist nicht authentisch wahrnehmbar.

Videoaufnahmen reißen immer ein Stück Unterricht aus der „Geschichte" des Unterrichtenden mit seiner Lerngruppe heraus.

Auswirkungen

Die Aufnahmen können zu einer künstlichen Unterrichtssituation führen: Die Kameras, Mikrofone und Kameraleute können die Unterrichtenden wie die Lernenden beeinträchtigen, was zu unnatürlichem Verhalten führen kann.

Bei der Unterrichtsbeobachtung selbst kann das Schauen auf den Monitor eine konsumorientierte „Fernseh-Haltung" begünstigen und leicht zu Ermüdungen führen. Kleine Monitore oder schlechte Bildqualität erschweren – insbesondere bei größeren Zuschauergruppen (etwa in Seminaren) – das genaue Beobachten.

Von Nachteil ist es häufig auch, dass die oder der Beobachtete nicht anwesend ist, also nicht gefragt werden, nichts erläutern und sich nicht „verteidigen" kann. Auch die Lernenden stehen für Fragen, Rückmeldungen oder Diskussionen nicht zur Verfügung. Allerdings könnten Unterrichtende und Lernende direkt nach dem Unterricht befragt und dies aufgezeichnet werden.

Wie sieht es nun mit den Möglichkeiten und Vorteilen einerseits und andererseits mit den Grenzen und Nachteilen von Unterrichtsbeobachtung bei realen Unterrichtsbesuchen aus?

2.7.2 Unterrichtsbeobachtung bei Hospitationen

Aufgabe 32

Bitte tragen Sie in die folgende Tabelle die Möglichkeiten bzw. Vorteile und die Grenzen bzw. Nachteile von Unterrichtsbeobachtung bei realen Unterrichtsbesuchen (Hospitationen) ein, die Ihnen jetzt einfallen.

Hospitationen

Möglichkeiten/Vorteile	Grenzen/Nachteile

• Möglichkeiten/Vorteile

Die Vorteile liegen auf der Hand: Mitten im Unterricht zu sitzen und ihn mitzuerleben, ermöglicht eine direkte, „hautnahe" Beobachtung. Sie erhalten einen ganzheitlichen, authentischen Eindruck, die Gesamtheit des Unterrichtsgeschehens ist für Sie sichtbar.

Außerdem bietet sich die Möglichkeit, in bestimmten Unterrichtsphasen, z. B. bei Partner- oder Gruppenarbeit, mitzuarbeiten (= teilnehmende Unterrichtsbeobachtung*). Dies sollte jedoch immer mit der oder dem Unterrichtenden vorher abgesprochen und verabredet worden sein.

Sie entscheiden als Beobachtende selbst, was Sie sehen, wann Sie wohin schauen oder wegschauen usw.

Im Auswertungsgespräch zu der Beobachtung wird man eventuell mit Kritik vorsichtiger umgehen als bei den anonymen Videodokumentationen. Im Anschluss kann der oder die Unterrichtende Fragen zum Unterricht oder zu den Lernenden beantworten, Einzelheiten erläutern und das eigene Vorgehen – wenn nötig – „verteidigen". Auch die Lernenden können zum Unterricht befragt werden. Es besteht durch die Möglichkeit des Austausches und der Diskussion bei den Beobachtenden mehr Bereitschaft zur Einbeziehung der Perspektive der Unterrichtenden und dadurch zu Meinungsänderungen und zur Selbstreflexion.

• Grenzen/Nachteile

Naturgemäß ist bei der Beobachtung des realen Unterrichts alles einmalig und vergänglich, also nichts „anhaltbar" oder wiederholbar. Unterschiedliche Wahrnehmungen und Erinnerungen lassen sich nicht mehr überprüfen.

Für die Beobachtung gibt es keine Auswahlmöglichkeiten wie auf einer Videokassette, die mehrere Unterrichtsdokumentationen anbieten kann.

Es gibt keine unmittelbaren Vergleichsmöglichkeiten mit anderen Unterrichtsbeispielen – es sei denn, man hospitiert hintereinander bei verschiedenen Kollegen oder Kolleginnen.

> *Markieren Sie in den vorangegangenen Ausführungen zu den Vor- und Nachteilen der beiden Beobachtungsmöglichkeiten diejenigen Aspekte, die Sie selbst in den Aufgaben 31 und 32 nicht erwähnt haben.*
> *Sie können diese Aspekte auf Ihren Listen ergänzen.*

• Überblick

Im Folgenden geben wir Ihnen einen zusammenfassenden Überblick über Vor- und Nachteile der Unterrichtsbeobachtung anhand eines Videomitschnittes oder bei einer Hospitation.

Möglichkeiten/Vorteile bei Videomitschnitten von Unterricht	Grenzen/Nachteile bei Hospitationen
1. Videomitschnitte sind überall und beliebig oft einsetzbar.	Hospitationen sind nicht überall realisierbar (Raumgröße usw.).
2. Viele Beobachter können den Unterricht gleichzeitig sehen (z. B. mit Großbildprojektion).	Es ist nur eine begrenzte Zahl von Beobachtenden möglich.
3. Auswahlmöglichkeit von spezifischen Unterrichtsaspekten und Sequenzen.	Keine Auswahlmöglichkeiten.
4. Möglichkeit zum Anhalten und wiederholtem Anschauen (Standbild).	Nicht wiederholbar, einmalig.
5. Möglichkeit zu unmittelbaren Vergleichen (Zusammenschnitte).	Vergleiche sind nur nacheinander möglich.
6. Möglichkeit zur Didaktisierung, z. B. stufenweiser Aufbau von Beobachtungstechniken und Vorbereitung auf Hospitationen.	Stufenweiser Aufbau wäre nur mit vielen Hospitationen möglich; daher begrenzt didaktisierbar, etwa durch Beobachtungsbögen.
7. Keine Hemmungen, den Unterricht kritisch zu kommentieren, da die Kritik keine Anwesenden trifft.	Hemmungen bei Kritik, wenn Unterrichtende und/oder Lernende anwesend sind.
8. Möglichkeit zur Selbstbeobachtung.	

Möglichkeiten/Vorteile bei Hospitationen	Grenzen/Nachteile bei Videomitschnitten von Unterricht
1. Ganzheitlicher, authentischer Eindruck.	Kein Überblick; die Gesamtstimmung ist nicht authentisch wahrnehmbar.
2. Gesamtheit des Unterrichts ist sichtbar.	Nur Ausschnitte sind sichtbar.
3. Beobachter entscheidet, was er sieht.	Beobachtung ist abhängig von der Kameraführung, dem Schnitt usw.
4. Nebengeräusche werden weniger störend empfunden.	Hohe Nebengeräusche (durch Mikrofone).
5. Beobachtende stören (evtl.) weniger.	Neben Beobachtenden sind noch Kameraleute und Kameras da; das stört (evtl.) mehr.
6. Unterrichtende können ihren Unterricht erläutern, Fragen beantworten und sich „verteidigen".	Unterrichtende können ihren Unterricht nicht erläutern – es sei denn, es ist direkt nach dem Unterricht ein Interview aufgezeichnet worden.

Möglichkeiten/Vorteile bei Hospitationen	Grenzen/Nachteile bei Videomitschnitten von Unterricht
7. Lernende können sich zum Unterricht äußern.	Äußerungen von Lernenden zum Unterricht sind nur möglich, wenn Interviews mit ihnen aufgezeichnet wurden.
8. Ermöglichen eine „hautnahe" und teilnehmende Beobachtung.	Begünstigen eine Fernsehkonsumhaltung und führen leicht zur Ermüdung.

Reflexion

Nachdem Sie nun die Vor- und Nachteile der beiden Möglichkeiten zur Unterrichtsbeobachtung kennen gelernt haben, möchten wir noch auf zwei Aspekte eingehen, die auf beide Formen der Beobachtung zutreffen:

1. Eine Unterrichtsbeobachtung – sei es durch Videoaufnahmen oder durch Hospitation – kann zu Ablenkung, Beeinflussung oder Störung (Nebengeräusche) der Lernenden führen. Dadurch kann es zu unnatürlichem Verhalten von allen Beteiligten kommen. Vielleicht stören „lebendige" Beobachter den Unterricht weniger als Kameras und Kameraleute – das wird unterschiedlich empfunden.

2. Sowohl für Videoaufnahmen wie auch für Beobachtende muss genügend Platz im Unterrichtsraum vorhanden sein.

Zusammenfassung

Die Beobachtung **aller** Faktoren und Bestandteile einer ganzen Unterrichtsstunde ist zu komplex: Sie übersteigt sowohl die Aufnahmefähigkeit der Beobachtenden als auch die Aufnahmekapazität des Beobachteten bei einem Auswertungsgespräch.

Um die Beobachtung sinnvoll durchführen und auswerten zu können, müssen wir unsere Aufmerksamkeit auf bestimmte Aspekte des Unterrichts fokussieren – z. B. auf die *Sprache des Unterrichtenden* (Beobachtungsaspekte*). Der ausgewählte Aspekt kann weiter spezifiziert werden – in unserem Beispiel etwa *Klarheit der Arbeitsanweisungen* (Beobachtungskriterium*).

Darüber hinaus können Sie eine Beobachtungstechnik* auswählen, etwa

– Beobachtung mit Leitfragen,
– Beobachtung mit Beobachtungsbögen,
– ohne oder mit Vorbereitung auf die Beobachtung,
– real oder über einen Videomitschnitt

usw.

Eine Unterrichtsbeobachtung in einer Gruppe ist natürlich besonders intensiv, da Sie dann die Möglichkeit haben, mehrere Aspekte untereinander (nach Absprache) aufzuteilen: Je zwei Partner können etwa nur auf die Erklärungen (z. B. Wortschatz oder Grammatik) der oder des Unterrichtenden achten, zwei andere auf die Aufgabenstellungen usw.

3 Unterrichtsbeobachtung von methodisch-didaktischen Aspekten

Überblick

In den ersten beiden Kapiteln haben Sie verschiedene Techniken der Unterrichtsbeobachtung kennen gelernt. In diesem Kapitel sehen Sie anhand von Unterrichtsmitschnitten, wie Kolleginnen und Kollegen aus verschiedenen Ländern ihren Unterricht zu unterschiedlichen Bereichen des Unterrichts in Deutsch als Fremdsprache (Hörverstehen, Einsatzmöglichkeiten von Videofilmen, Gruppen- und Projektarbeit usw.) gestalten. Die Beobachtung der Unterrichtsausschnitte soll

- Ihnen ermöglichen, Ihre eigene Unterrichtsarbeit gezielt zu reflektieren,
- Ihr methodisch-didaktisches Repertoire vergrößern,
- Ihnen weitere Anregungen für Unterrichtsbeobachtungen geben.

3.1 Zum Hörverstehen

Schon von Anfang an sollten Sie Ihren Lernenden die Möglichkeit geben, verschiedene Sprecher in unterschiedlichsten Situationen und Rollen im Unterricht zu hören, um Hörverstehensstrategien zu entwickeln. Hierbei sind Sie – insbesondere in zielsprachenfernen Ländern – sehr stark auf Hörkassetten angewiesen. Obwohl die neueren Lehrwerke dies mit einer umfangreichen Anzahl didaktisierter Hörszenen bereits berücksichtigen, stehen Sie sicher immer mal wieder vor der Situation, vorgeschlagene Hörverstehensübungen abändern, für Ihre Lernenden abstimmen oder sogar neue entwickeln zu müssen.

Der Verstehensprozess hat beim Hören – wie beim Lesen – mit der Vorbereitung auf den Text zu tun: Die besten Voraussetzungen für eine hohe Verstehensleistung sind gegeben, wenn sich die Lernenden bereits inhaltlich und sprachlich mit dem Themenbereich des Hörtextes befasst haben – und dadurch motiviert und neugierig sind und vielleicht sogar ein gezieltes Interesse haben, etwas Bestimmtes aus dem Text herauszuhören. Aus diesem Grund können Ihnen die in Aufgabe 25 (S. 34) und Beobachtungsbogen 2 (S. 148) erarbeiteten Schritte der Vorbereitung auf eine Textarbeit auch als Grundlage für die Hinführung auf einen Hörtext dienen.

Sollten Sie sich speziell für die Fertigkeit *Hörverstehen* und die Arbeit mit Hörtexten interessieren, sei an dieser Stelle auf die Fernstudieneinheit *Fertigkeit Hören* hingewiesen, die im Einzelnen aufzeigt, wie die Hörverstehensfähigkeiten gezielt geübt, trainiert und verbessert werden können. Dort finden Sie auch eine mit vielen praktischen Beispielen veranschaulichte Typologie von Übungen, die – je nach Lernziel und angestrebtem Hörstil – *vor* dem Hören, *während* des Hörens oder *nach* dem Hören gemacht werden. Da sich die folgenden Aufgaben auf diese Inhalte stützen, empfiehlt sich ihre Bearbeitung im Zusammenhang mit der genannten Fernstudieneinheit.

3.1.1 Hörverstehen im Anfängerunterricht mit Erwachsenen

Im Folgenden geht es um eine Übung zum Hörverstehen, die in einem Grundstufenlehrwerk nach der Bearbeitung des Präteritums von *haben* und *sein* vorgeschlagen wird.

Aufgabe 34/
Videokassette nach
Sequenz 4

1. *Hören Sie bitte zunächst den Hörtext „Eine Lebensgeschichte" auf der Videokassette nach Sequenz 4 an.*

2. *Sehen Sie sich dann die folgenden Materialien an:*

   (1) das Transkript des Hörtextes (auf der folgenden Seite 47),

   (2) eine Aufgabe zum Hörverstehen aus dem Arbeitsbuch (S. 47),

   (3) die Gestaltung der Übung im Lehrbuch (S. 49).

(1)

Eine Lebensgeschichte

Früher hatte ich keine Zeit. Ich hatte Geld, ein Auto, ein tolles Auto, ein Haus, eine Villa.
Ich war verheiratet, und ich hatte Kinder, und Freunde, ja, ich hatte Freunde, 'ne Menge Freunde, hm. Aber ich hatte keine Zeit. Nie hatte ich Zeit.
Ich war Schauspieler. Ich hatte 'ne Menge Erfolg. Ich war berühmt. Und ich hatte viele Termine. Überall. In Rom, Paris, in London und Hollywood.
Ja, und dann – dann war ich Politiker. Ha, ja, da hatte ich Macht. Ich hatte ein dickes Flugzeug und viele Telefone. Aber dann hatte ich Pech.
Jetzt, jetzt hab ich keine Freunde mehr. Meine Villa ist weg, mein Geld ist weg, meine Frau ist auch weg, alles ist weg. So ist das eben.
Jetzt hab ich nichts mehr.
Ich bin allein. Aber ich hab 'ne Menge Zeit.

Neuner u. a. (1988), 148

(2)

6 **Ü12** **Hören Sie den Text und ergänzen Sie** 🔑

1. Früher hatte ich keine _____ .

   Ich hatte _____, ein _____, _____ tolles

   _____, ein _____, eine Villa.

   Ich _____ verheiratet, und ich _____

   Kinder, und _____, ja, ich _____

   _____, 'ne Menge _____, hm.

   Aber ich hatte _____ Zeit. Nie _____

   _____ Zeit.

2. Ich war _____ .

   Ich hatte 'ne Menge _____. Ich war _____

   _____. Und ich hatte viele _____ .

   Überall. In _____, _____,

   in _____ und Hollywood.

3. Ja, und dann - dann war ich _____ .

   Ha, ja, da hatte ich _____ . Ich hatte ein

   dickes _____ und _____ _____ .

Neuner u. a. (1987), 44

Eine Lebensgeschichte

6

Früher hatte ich keine Zeit.
Ich hatte Geld, ein Auto, ein Haus.
Ich war verheiratet und hatte Kinder.
Und ich hatte Freunde, viele Freunde.
Aber ich hatte keine Zeit.
Nie hatte ich Zeit.

Ich war Schauspieler.
Ich hatte Erfolg.
Ich war berühmt.
Ich hatte viele Termine – in Rom und Paris, in
London und Hollywood.

Dann war ich Politiker.
Da hatte ich Macht.
Ich hatte ein Flugzeug und viele Telefone.

Aber dann hatte ich Pech!

Jetzt habe ich keine Freunde mehr.
Mein Haus ist weg, mein Geld ist weg, meine Frau
ist weg – alles ist weg!
Jetzt habe ich nichts mehr – ich bin allein und ich
habe viel Zeit . . . . .

Jetzt habe ich	Zeit.	Früher hatte ich keine Zeit.
	kein Geld.	Aber ich hatte Geld, ein
	nichts.	Auto, ein Haus, ...
	Ich bin allein.	Ich war verheiratet. Ich war Schauspieler. Ich war berühmt.

Ü13 **Sammeln Sie:**

– Was war der Mann?
– Was hatte er?

B3 ▶

Ü14 **Hören Sie den Text zweimal und lesen Sie ihn mit: Was ist jetzt anders?**

Neuner u. a. (1986), 55

3. Entwickeln Sie nun eine eigene Unterrichtseinheit mit diesem Hörtext. Verwenden Sie dazu Aufgabenblatt 1 (S. 49/50).

Aufgabenblatt 1

Hörverstehenstexte: Vorüberlegungen

1. *Vor der konkreten Planung einer Unterrichtseinheit zum Hörverstehen sollten Sie die folgenden Aspekte für sich klären. Lesen Sie diese Aspekte bitte durch.*

a) Analyse des Hörtextes	Eignet sich der Hörtext für die Zielgruppe (Thema, Sprachstand usw.)? Um was für eine Hörtext-Sorte (Interview, Wetterbericht, Reportage usw.) handelt es sich? Welche Hörintentionen und Hörstile passen dazu? Wie ist der Schwierigkeitsgrad (Länge, Informationsdichte, Wortschatz usw.)?
b) Hörstile, Lernziele	Welche Hörstile (global, detailliert) und welche Lernziele streben Sie an?
c) Vorbereitungsphase	– Wie wecken Sie Motivation, Neugierde, Lernbereitschaft? – Wie lenken Sie die Konzentration auf das Neue? – Wie entlasten Sie vor? Wie aktivieren Sie das Vorwissen? Wie bauen Sie eine konkrete Hörerwartung auf? Usw.
d) Hörphase	**Höraufgaben** Geben Sie den Lernenden Höraufgaben? Wann: vor, während oder nach dem Hören? Was für Höraufgaben sollen die Lernenden erhalten? In welcher Form (mündlich, schriftlich)? **Aktivitäten der Lernenden** Was sollen die Lernenden genau tun: sich etwas merken, etwas ankreuzen, ordnen, (mit)schreiben? **Sozialformen** Sollen die Lernenden in Einzel-, Partner- oder Gruppenarbeit arbeiten? **Darbietung** Wie oft und wie (ganz, abschnittsweise) wollen Sie den Text hören lassen?
e) Verständniskontrolle	Wie soll eine Verständnis- bzw. Ergebniskontrolle erfolgen (mündlich, schriftlich, an der Tafel, mit Tageslichtprojektor)?
f) Weiterarbeit/Transfer	Soll es eine Nachbereitung und/oder Weiterarbeit mit dem Text geben?

2. *Überlegen Sie nun, wie Sie mit dem Hörtext (s. Transkript auf S. 48) arbeiten möchten (etwa, ob Sie den Vorschlag aus dem Arbeitsbuch übernehmen oder andere Übungen entwickeln wollen usw.). Tragen Sie Ihre Planung in das Raster auf S. 50 ein.*

Aufgabenblatt 1 (Fortsetzung)

Hörverstehenstexte: Unterrichtsplanung

	Ihre Aktivitäten (als Unterrichtende)	Aktivitäten der Lernenden
1. Vorbereitungsphase		
2. Hörphase		
3. Verständniskontrolle		
4. Weiterarbeit/Transfer		

3. *Wenn Sie die Möglichkeit dazu haben, vergleichen und diskutieren Sie Ihre eigenen Unterrichts-vorschläge und die Vorschläge im Lösungsschlüssel mit Kolleginnen und Kollegen.*

In dem nächsten Unterrichtsausschnitt (Videosequenz 5) aus dem Jahre 1992 sehen Sie, wie ein Kollege diesen Hörtext in einer Grundstufe 1 am Goethe-Institut in San José/Costa Rica eingesetzt hat.

Informationen zu Videosequenz 5

Die Lernenden waren Anfänger und hatten zu diesem Zeitpunkt ca. 60 Unterrichtsstunden in Deutsch als Fremdsprache. In den ersten 12 Minuten direkt vor dieser Unterrichtsphase hat der Unterrichtende die Präteritumsformen *war* und *hatte* anhand von Beispielen aus dem Leben der Lernenden und einiger bekannter Persönlichkeiten eingeführt und geübt.

Aufgabe 36/ Viseosequenz 5

1. Sehen Sie sich die Videosequenz 5 bitte zunächst einmal ganz an und notieren Sie, was Ihnen dazu einfällt.

_____

_____

_____

_____

_____

_____

2. Besprechen Sie Ihre Notizen mit Ihren Kolleginnen und Kollegen, wenn Sie die Möglichkeit dazu haben.

3. Sehen Sie sich die Videosequenz 5 noch einmal an und füllen Sie das Raster auf Beobachtungsbogen 3 (S. 149) aus. Halten Sie den Videorekorder mit der Stopptaste an, um sich Notizen zu machen.

Beobachtungsbogen 3

4. Überlegen Sie sich zu den einzelnen methodischen Schritten, welche Sie übernehmen würden bzw. was Sie anders machen würden. Begründen Sie Ihre Meinung. Im Lösungsschlüssel finden Sie dazu in der Spalte „Bemerkungen" einige Hinweise. Stimmen Sie mit diesen Bemerkungen überein?

5. Welche Fragen hätten Sie an den Unterrichtenden?

Vier Fragen, die in Seminaren beim Beobachten dieses Unterrichtsmitschnitts aufgetaucht sind, haben wir im Nachhinein mit dem Unterrichtenden besprochen. Im folgenden Interview finden Sie die Erläuterungen des Unterrichtenden, Paul Meyermann.

Interview mit Paul Meyermann

Frage 1:

Als die Lernenden die Umschläge mit den Bildern erhalten, entsteht sofort Interesse und Spannung; die Lernenden sind motiviert, die Bilder anzuschauen und eventuell auch über eine sinnvolle Reihenfolge und eine dazu passende Lebensgeschichte nachzudenken. Warum haben Sie nicht schon hier und noch vor dem Hörverstehen Spekulationen dazu von den Lernenden gesammelt?

Paul Meyermann:

Aus den Bildern ergibt sich keine zwangsläufige Reihenfolge, sodass nicht nur eine Lebensgeschichte, sondern alle Kombinationen möglich gewesen wären. Es wäre sicher ein interessanter Schritt gewesen, bis zu fünf verschiedene Lebensläufe zu erhalten. Bei der Präsentation durch die Teilnehmer hätte dies aber viel Zeit gefordert. Eine andere Möglichkeit und zeitlich ökonomischer wäre es gewesen, die Bilder einzeln – ohne eine Ordnung festzulegen – beschreiben und dann durch das Hören der Kassette die Reihenfolge finden zu lassen. Da ich jedoch vorher schon eine Einstimmung in das Thema durch ein Gespräch über Politiker, Stars und das Tagesprogramm der Teilnehmer durchgeführt hatte, wollte ich gern direkt in das Hörverstehen einsteigen und keine weitere Phase vorschalten. Beim nächsten Mal würde ich jedoch diesen Vorschlag ausprobieren.

Frage 2:

Warum haben Sie die muttersprachliche Übersetzung von „Lebenslauf" gegeben?

Paul Meyermann:

In der Kursgruppe hatte es sich gegen meinen Willen eingebürgert, dass die Teilnehmer häufig für sich ins Spanische übersetzten und diese Übersetzungen halblaut im Raum kursierten. So habe ich in der Regel, obwohl ich es eigentlich ablehne, durch diese geflüsterten Übersetzungen erfahren, ob die Teilnehmer mich verstanden hatten. Da das Wort *Lebensgeschichte* ein zentraler Begriff für das Verständnis ist und die Teilnehmer – diesmal wohl verunsichert durch Kameras und Besucher – sehr still waren und damit keine Reaktion auf *Lebensgeschichte* durch geflüstertes Spanisch zeigten, war ich verunsichert und wollte sicherstellen, dass die Teilnehmer wirklich verstanden hatten. Das hätte ich aber auf jeden Fall auch anders kontrollieren können.

Frage 3:

Wäre zu den Aufgaben während des Hörverstehens eventuell der Hinweis, etwas schriftlich zu notieren, hilfreich gewesen?

Paul Meyermann:

Da fast alle Teilnehmer sehr stark aufs Schriftliche fixiert waren und immer viel notierten, ich aber während des Hörverstehens ein eventuelles Verpassen von Informationen durch sofortiges Niederschreiben vermeiden wollte und außerdem der Prozess des Hörens so authentischer ist, habe ich dementsprechend keinen Auftrag gegeben. Wie sich zeigte, haben sich einige trotzdem aus Gewohnheit Notizen gemacht.

Frage 4:

Die Ergebnisse, die die Lernenden an die Tafel geschrieben hatten, haben Sie selbst vorgelesen. Aus welchem Grund haben Sie sich so entschieden?

Paul Meyermann:

Da die Teilnehmer die Ergebnisse nicht im Heft hatten, hätten Sie von der Tafel vorlesen müssen. Da an der Tafel die Aufzeichnungen nicht sehr geordnet waren und ich hier eine Phase der Zuordnung und Überprüfung des Geschriebenen eingeplant hatte, habe ich selbst die Ergebnisse vorgelesen, dabei zugeordnet und korrigiert. Sinnvoller – im Nachhinein – finde ich aber das Vorlesen durch die Teilnehmer.

Oft fühlen sich die Unterrichtenden durch Wahrnehmung und Interpretation derjenigen, die ihren Unterricht beobachten, nicht richtig verstanden. Der Unterrichtende hat sich natürlich gut überlegt, wie er eine Stunde aufbaut, und kann sein Vorgehen begründen. Den Beobachtenden fehlen oft wichtige Informationen für eine umfassende Einschätzung und deshalb können sie eventuell zu ungeeigneten Vorschlägen kommen: So ist der Vorschlag in Frage 3 – die Lernenden während des Hörens zu schriftlichen Notizen aufzufordern – bei dieser sowieso schon stark aufs Schriftliche fixierten Lerngruppe nicht angemessen.

Am Beispiel dieses Interviews wird deutlich, wie wichtig es ist, die Unterrichtenden zu ihrem Unterricht zu hören und eventuelle Kritikpunkte und Veränderungsvorschläge als Fragen zu verstehen und zu formulieren. Vielleicht greifen die Unterrichtenden die Fragen auf, um ihr Verhalten zu reflektieren, oder vielleicht verändern die Beobachtenden ihre Meinung.

Reflexion

Sie haben nun über verschiedene Möglichkeiten, mit einem Hörtext zu arbeiten, nachgedacht. Wir möchten Sie auf zwei methodische Aspekte beim Hörverstehen aufmerksam machen.

➤ Nach der Information der Lernenden, was sie erwartet, und dem Aufbau einer Spannung (hier: durch die Bilder) ist es sinnvoll, mit dem ungesteuerten Hören („Sie hören jetzt die Lebensgeschichte von einem Mann") zu beginnen. Damit wird den Lernenden die Möglichkeit gegeben, die Geschichte zunächst als Ganzes zu hören (globales Verstehen).

➤ Das zweite Hören war gesteuert – durch die Aufgabenstellung („Welcher Text passt zu welchem Bild?") und führte damit zum selektiven Verstehen.

Auch wenn das Hörverstehen im Mittelpunkt der Stunde stand, wurden andere Fertigkeiten (Schreiben, Lesen und Sprechen) nicht vernachlässigt. Wir greifen *Schreiben* und *Wortschatzerklärung* heraus:

➤ Das Anschreiben durch den Unterrichtenden spart Zeit, vermeidet Rechtschreibprobleme und hat seine Berechtigung, da die Lernenden in dem Unterricht ja bereits in einer anderen Phase selbst an die Tafel geschrieben haben. Außerdem waren sie, als der Unterrichtende an die Tafel schrieb, dadurch aktiv beteiligt, dass sie ihm das Anzuschreibende diktiert haben.

➤ Das Verstehen des Wortschatzes wird durch Beispiele und durch Übersetzungen gesichert. Der Redeanteil des Unterrichtenden ist dabei sehr hoch; vielleicht hätte er zunächst die Lernenden nach Erklärungen fragen können.

3.1.2 Hörverstehen im Anfängerunterricht mit Jugendlichen

Mit dem folgenden Unterrichtsmitschnitt (Videosequenz 6) geben wir Ihnen die Möglichkeit zu beobachten, wie eine französische Kollegin einen Unterrichtsvorschlag aus der Fernstudieneinheit *Fertigkeit Hören* mit ihrer Lerngruppe umsetzt. Als Unterrichtsmaterial hat die Kollegin aus der Fernstudieneinheit eine kleine Hörszene *(In der Telefonzelle)* und eine Bildgeschichte, in der die Reihenfolge der einzelnen Bilder gepuzzelt wurde, ausgewählt. Wir bitten Sie, sich zunächst diese Materialien anzusehen bzw. anzuhören, und dann damit eine Unterrichtsstunde für Ihre Lerngruppe zu planen.

---

1. Hören Sie bitte die Hörszene „In der Telefonzelle" auf der Videokassette an. Sie können das Transkript hinzuziehen.

Aufgabe 37/
Videokassette
nach Sequenz 5

Hörszene 18

In der Telefonzelle

1. … (*summt vor sich hin*) … So, jetzt ruf ich Heidi an und frag', ob sie Lust hat, mit mir ins Kino zu gehen …
2. … Na, wo hab' ich denn mein Kleingeld? … Rechte Hosentasche? … Nee … Linke Hosentasche? … Auch nicht! …
3. Totale Ebbe! … Na, so was! … Keinen Pfennig in den Taschen! … Hmm!
4. Ah, vielleicht in der Aktentasche?! Moment mal, da unten sind doch immer ein paar Telefongroschen …
5. … Hrr … verflixt noch mal! … nirgendwo Kleingeld! … Hrr.
6. … Was mach' ich denn nun? Ich hatte mich doch so gefreut!
…

Dahlhaus (1994), 148

Arbeitsblatt

1. Ordnen Sie bitte die Bilder in der wahrscheinlichen Reihenfolge.
2. Hören Sie dann das kleine Selbstgespräch, und vergleichen Sie mit Ihrer Reihenfolge.

1	2	3	4	5	6

nach: Dahlhaus (1994), 64; Zeichnungen hier: Uli Olschewski

3. Planen Sie nun mit dem Hörtext (S. 53) und der Bildgeschichte (S. 54) eine Unterrichtsstunde zum Hörverstehen für Ihre eigene Lerngruppe.

Sie können für Ihre Planungen die Kriterien aus Aufgabenblatt 1 (S. 49) hinzuziehen: Vorbereitungsphase, Hörphase, Verständniskontrolle und Weiterarbeit/Transfer.

Notieren Sie Ihre Planung in Ihr Beobachtungslogbuch oder auf ein Extrablatt.

Bevor Sie sich den Unterricht auf der Videokassette (Videosequenz 6) ansehen, geben wir Ihnen einige Informationen zu der Lerngruppe und zeigen Ihnen die Unterrichtsvorbereitung der Unterrichtenden, Frau Mauran.

Informationen zur Lerngruppe

Die Unterrichtsstunde wurde am 28. 4. 1998 in Toulouse/Frankreich aufgezeichnet, in einer 4. Klasse am Collège Jolimont, das entspricht einer 8. Klasse in Deutschland. Die Lernenden, 10 Jungen und 3 Mädchen, sind zwischen 14 und 16 Jahre alt. Sie lernen seit der 6. Klasse Englisch als 1. Fremdsprache und seit acht Monaten Deutsch als 2. Fremdsprache mit drei Unterrichtsstunden pro Woche. Zum Zeitpunkt der Aufnahme hatten sie 23 Wochen Unterricht, also 69 Deutschstunden.

Unterrichtsplanung für Videosequenz 6

Frau Mauran, deren Unterricht Sie in Videosequenz 6 sehen, hat für ihren Unterricht folgende Schritte geplant:

1. Schritt: Einstieg ins Thema (ganze Gruppe)

Eine Folie wird über den Tageslichtprojektor projiziert: Man sieht zwei Telefonzellen und zwei Menschen – einer von ihnen telefoniert, einer wartet. Die Lernenden besprechen kurz das Foto, verwenden den schon bekannten Ausdruck *Geld suchen/ brauchen*. Eine Telefonkarte und 10-Pfennig-Stücke werden gezeigt, das Wort *Groschen* [= 10 Pfennig] eingeführt.

Ziel: sich in die Situation hineinarbeiten

2. Schritt: Ordnen der einzelnen Bilder, Hypothesen aufstellen (6 Paare)

Die Bilder der Bildgeschichte (S. 54) sind in sechs Einzelbilder zerschnitten. Die Gesamtgruppe ist unterteilt, jeweils zwei Lernende erhalten alle sechs Einzelbilder. Sie sollen die Bilder in ihrer wahrscheinlichen Reihenfolge ordnen und raten, was der Mann bei jedem Bild wohl (zu sich selbst) sagen kann. Die Paare füllen die sechs entsprechenden Sprechblasen aus (s. Abbildung).

Ziel: aktive Vorbereitung auf das Selbstgespräch

Mauran (1998)

3. Schritt: Vorbereitung auf das erste Hörverstehen (ganze Gruppe)

Jeweils ein Paar liest nun vor, was es in die Sprechblasen eingetragen hat. Die anderen hören zu. Sie tragen für jedes Paar auf dem unten abgebildeten Arbeitsblatt ein, welches Bild (= welcher Buchstabe) zu den vorgegebenen Zahlen passt.

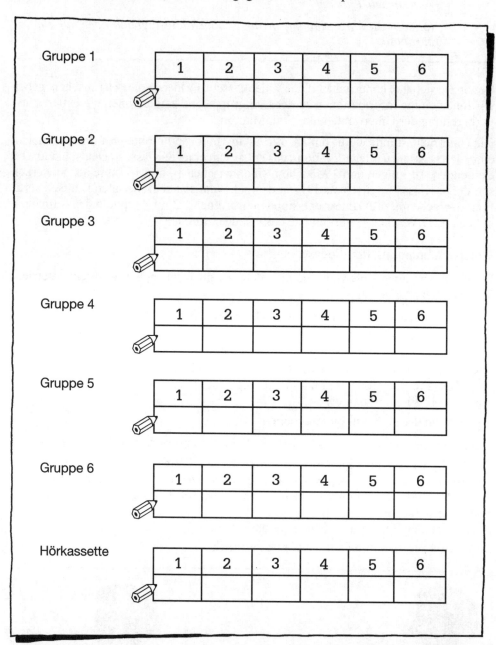

Mauran (1998)

Da es sich um die eigene Produktion der Lernenden handelt, kennt die Lerngruppe den benutzten Wortschatz.

4. Schritt: Hörverstehen von der Kassette (ganze Gruppe)

Die Schüler hören sich nun die Kassette an – einmal die ganze Szene, dann mit Pause nach jedem Satz, damit sie Zeit zum Nachdenken haben. Sie füllen gleichzeitig das Raster aus (s. „Hörkassette" auf dem Arbeitsblatt oben).

5. Schritt: Kontrolle (ganze Gruppe)

Die Reihenfolge der Bilder wird kontrolliert und besprochen. Die Schlüsselwörter *(Kleingeld – Hosentaschen – Telefongroschen)* werden gegeben: Die Lernenden sollen erklären, was ihnen beim Verstehen geholfen hat.

6. Schritt: Rollenspiel

Die Lernenden erfinden ein Telefongespräch und spielen es vor.

Aufgabe 38

> 1. *Vergleichen Sie diese Unterrichtsplanung mit dem Vorschlag in der Fernstudieneinheit „Fertigkeit Hören" (s. S. 54/55 in dieser Studieneinheit). Was hat die Kollegin übernommen? Wo hat sie etwas variiert oder ergänzt?*
>
> 2. *Wo finden Sie Übereinstimmungen oder Abweichungen von Ihrer eigenen Unterrichtsplanung?*
>
> 3. *Gibt es Teile der Unterrichtsplanung, die Sie bei der der praktischen Umsetzung in Videosequenz 6 am meisten interessieren? Welche sind es? Was möchten Sie gerne gezielt beobachten?*
>
>   *Wählen Sie einen Beobachtungsbogen aus (1, 2 und 3, S. 147ff. eignen sich sehr gut) oder erstellen Sie gegebenenfalls einen eigenen Beobachtungsbogen.*

In dem Videomitschnitt in Videosequenz 6 zeigen wir Ihnen alle Phasen der Unterrichtsstunde, allerdings nicht vollständig, sondern gekürzt. Die Unterrichtszeit betrug 42 Minuten, Sie sehen 21 Minuten.

Aufgabe 39/
Videosequenz 6

> 1. *Sehen Sie sich nun den Unterricht (Videosequenz 6) an. Entscheiden Sie selbst, an welchen Stellen Sie die Videokassette für Ihre Notizen oder das Ausfüllen der Beobachtungsbögen anhalten möchten.*
>
> 2. *Inwieweit waren Sie durch Ihre eigene Unterrichtsplanung und/oder die vorliegende Planung der Kollegin bei der Beobachtung festgelegt und eingeschränkt?*
>
> 3. *Was haben Sie aus diesem Unterrichtsbeispiel für Ihr eigenes Unterrichten gelernt?*

Äußerungen
der Unterrichtenden

Als die unterrichtende Kollegin sich selbst auf dem Unterrichtsmitschnitt beobachtete, stellte sie fest, dass sie so gut wie kein Französisch mit den Lernenden gesprochen habe. Sie freute sich darüber, dass ihr dies sogar in einer Anfängergruppe gelungen sei. Es fiel ihr auf, dass die Lernenden und auch sie selbst konzentrierter und angespannter gearbeitet haben als normalerweise ohne Kameras. Dass diese Unterrichtseinheit außerhalb des Lehrbuchs lag, habe weder die Lernenden noch sie selbst gestört. Im Gegenteil, es sei eine angenehme Abwechslung und Ergänzung zum Lehrwerk gewesen. Die Stunde habe gut geklappt und die Lernenden hätten alle Aufgaben ohne Probleme ausführen können.

Hinweis

Auf die Beobachtung speziell von Lehrerverhaltensweisen werden wir in Kapitel 3.2.2 und besonders in Kapitel 4 noch ausführlicher eingehen.

Reflexion

In Ergänzung zur Umsetzung von Hörverstehen in Videosequenz 5 haben Sie im Unterricht der französischen Kollegin zwei weitere methodische Möglichkeiten kennen gelernt:

➤ Vor dem Hören des Textes wurden die Lernenden in einer Phase der freien Äußerung zu einem Bild auf das Thema *telefonieren* vorbereitet. Zusätzlich haben die Lernenden anhand der einzelnen Bilder der Bildgeschichte Vermutungen darüber angestellt, was der Mann (zu sich selbst) sagen könnte. Diese Methode der Textvorentlastung wird als *Hypothesenbildung* (Vermutungen aufstellen und überprüfen) oder auch *Antizipation* (= „mögliche, wahrscheinliche usw. Vorwegnahme des Textinhalts", Dahlhaus 1994, 61) bezeichnet. Frau Mauran, die den Unterricht auf Videosequenz 6 durchgeführt hat, hat im Gespräch nach ihrem Unterricht betont, dass dadurch besonders im Anfängerbereich die Strategien und die Kompetenz im Hörverstehen sehr gefördert würde.

➤ Nach dem Hörverstehen wurde das Thema zunächst inhaltlich weitergeführt: Die Lernenden spekulierten darüber, was der Mann machen könnte, um doch noch zu telefonieren. Dann wurde das Telefonat improvisiert – das freie Sprechen ist methodisch eine sinnvolle Konsequenz des Hörens.

Über das Hörverstehen hinausgehend haben Sie eine weitere Möglichkeit der Wortschatzerklärung gesehen: Dinge mitbringen und durch Veranschaulichung erklären (Telefonkarte, Aktentasche, Tasche, Geld). Vielleicht ist Ihnen auch die große Aktivität der Lernenden aufgefallen, die durch die sorgfältige Planung möglich war.

3.2 Zur Arbeit mit Video

Die Grundlage des folgenden Unterrichtsmitschnitts (Videosequenz 7) ist ein kurzer Videofilm (Werbespot).

Hinweis zu Video-
sequenz 7c + 7d

Nach den Sequenzen zur Unterrichtsbeobachtung finden Sie das didaktisierte Material dieses Werbespots – d. h. mit Standbildern, Abspielung in Zeitlupe usw. – in Videosequenz 7c. Den Originalwerbespot finden Sie in der Videosequenz 7d.

Anhand dieser Unterrichtsdokumentation haben Sie nun die Gelegenheit, folgende methodisch-didaktischen Aspekte genauer zu beobachten und zu bearbeiten:

1. Möglichkeiten zur Präsentation eines Videos

   Dabei geht es einerseits um die technischen Möglichkeiten der Arbeit mit Videofilmen im Unterricht, wie etwa die Art der Präsentation des Films; andererseits geht es um mögliche Aufgabenstellungen zum Film.

   Wenn Sie sich ausführlicher mit diesem Thema beschäftigen möchten, empfehlen wir Ihnen die Fernstudieneinheit *Video im Deutschunterricht.* An den dort beschriebenen Arbeitsmöglichkeiten *vor, während* oder *nach dem Sehen* orientiert sich auch die Bearbeitung dieses Aspektes in dieser Fernstudieneinheit.

2. Lehrerverhalten
   a) zum Korrekturverhalten,
   b) zur Aktivierung der Lernenden.

Informationen zu
Videosequenz 7

Der Unterricht wurde in der Oberstufe eines Gymnasiums in Parentis-en-Born in Frankreich im Mai 1997 aufgezeichnet. Die Lerngruppe – 12 Schüler und Schülerinnen zwischen 16 und 17 Jahren – lernt Deutsch als 1. Fremdsprache im 6. Lernjahr und befindet sich am Ende des vorletzten Schuljahres *(Première).*

Wir bitten Sie zunächst, den Unterricht insgesamt und völlig unvoreingenommen anzusehen und dabei die Rolle der Lernenden zu simulieren, d. h., sich in die Lernenden hineinzuversetzen.

Aufgabe 40/
Videosequenz 7a

---

1. Sehen Sie sich die Unterrichtsstunde einmal ganz an. Versuchen Sie dabei, sich mit der Rolle der Lernenden zu identifizieren und den Unterricht aus der Lernerperspektive wahrzunehmen:

a) Beantworten Sie dazu die Fragen, Aufforderungen und Impulse des Lehrers an die Klasse für sich (so als wären Sie ein Lernender).

b) Wie ist es Ihnen in dieser Unterrichtsstunde ergangen? Wie haben Sie sich in der Rolle der Lernenden gefühlt?

2. Notieren Sie sich nun – in Ihrer Rolle als Unterrichtende – was Sie aus diesem Unterrichtsbeispiel für sich gelernt haben. Sie können hierfür den Beobachtungsbogen 1 (S. 147) benutzen.

3.2.1 Möglichkeiten zur Präsentation eines Videos

Bei der Präsentation eines Videofilmes stehen Ihnen als Unterrichtende eine Reihe verschiedener Möglichkeiten zur Verfügung, z. B. können Sie

➤ den Film ganz zeigen – ohne oder mit Unterbrechungen,

➤ den ganzen Film oder Ausschnitte daraus mehrmals zeigen,

➤ nur Ausschnitte aus dem Film oder nur den Anfang, die Mitte oder das Ende des Films zeigen,

- den Film (oder Ausschnitte daraus) ohne Ton vorspielen,

- nur den Ton des Films (oder von Ausschnitten) ohne Bild vorspielen (dazu verdecken Sie den Fernseher mit einer Decke oder einem Stück Pappe),

- den Film in Zeitlupe oder mit Zeitraffer abspielen,

- ein Standbild zeigen (dazu drücken Sie auf die *Pause*-Taste des Videorekorders),

- den Lernenden Aufgaben oder Fragen stellen, die sie vor, während oder nach dem Anschauen beantworten.

Diese Möglichkeiten können Sie nun anhand des vorliegenden Unterrichtsbeispiels in Videosequenz 7b genauer beobachten und auswerten. Um die Tabelle in der nächsten Aufgabe ausfüllen zu können, ist es hilfreich, die Videokassette jeweils an der Stelle anzuhalten, an der Sie eine schwarze Tafel sehen, die den Unterrichtsablauf in seine Phasen strukturiert.

Aufgabe 41

1. *Überlegen Sie bitte kurz, was Sie vom ersten Sehen der Videosequenz 7a in Erinnerung behalten haben.*
   - *Wie oft und an welchen Stellen hält der Unterrichtende den Film an?*
   - *Wie oft und wie zeigt er jeweils die Ausschnitte?*
   - *Welche Aufgaben formuliert er dazu?*

Videosequenz 7b

2. *Sehen Sie sich nun die Videosequenz 7b an. In Spalte 1 der folgenden Tabelle sehen Sie, wie der Film präsentiert wird, wo er angehalten wird usw.*

   Notieren Sie in Spalte 2, welche Aufgabenstellung der Unterrichtende dazu gibt.

   *Kreuzen Sie in Spalte 3 oder 4 an, ob er die Aufgabenstellung **vor** oder **nach** dem Sehen gibt.*

1 *Stelle im Film*	*2* *Aufgaben (= A)*	*3* A <u>vor</u> dem Sehen	*4* A <u>nach</u> dem Sehen
1. *2 Standbilder: Uhr/Frau am Fenster*	„Beschreibt, was ihr seht!"	X	
2. *Zeitlupe: Filmanfang – bis die Frau auf dem Bett liegt*			
3. + 4. *Normales Tempo: Film- anfang – bis der Mann in der Tür er- scheint*			
5. *Normales Tem- po: Filman- fang – bis zur Ohrfeige (Sze- ne mit Mann ohne Ton)*			

1 Stelle im Film	2 Aufgaben (= A)	3 A _vor_ dem Sehen	4 A _nach_ dem Sehen
6. Normales Tempo: Film-anfang – bis zur Antwort der Frau (Szene mit Mann mit Ton; Antwort der Frau ohne Ton)			
7. Normales Tempo: der ganze Film mit Ton			
8. Information des ADAC	_ohne Aufgabe_		

3. Wie schätzen Sie diese Vorgehensweise ein? (Ist sie motivierend, führt sie zu Aktivitäten der Lernenden usw.?)

Es ist immer hilfreich, den Entstehungszusammenhang einer Unterrichtseinheit zu kennen. Wir wollen deshalb wiedergeben, was der Unterrichtende zu seiner Stunde (Videosequenz 7a) gesagt hat.

Äußerungen des Unterrichtenden

Der unterrichtende Lehrer, Dominique Lafargue, erläuterte uns zu dieser Stunde (Videosequenz 7a), dass er den Auftrag gehabt habe, in einer Unterrichtsstunde möglichst viele verschiedene Möglichkeiten für die Arbeit mit Videofilmen zu zeigen. Dies habe seine Unterrichtsplanung maßgeblich beeinflusst. Normalerweise hätte er sonst z. B. der Gruppenarbeit und deren Präsentation mehr Zeit und Raum gegeben. Auch die durch die Aufnahme bedingten räumlichen und technischen Bedingungen hätten zu Einschränkungen geführt. So würde er sich gewöhnlich mehr im Raum bewegen und beim Anschauen von Filmen im Raum hinten, hinter den Lernenden, stehen. Obwohl zwischen ihm und der Klasse eine große Vertrautheit bestanden und er in dieser Lerngruppe schon häufiger mit Videofilmen gearbeitet habe, seien die Lernenden wegen der Kamera zurückhaltender und schüchterner gewesen als sonst.

Reflexion

In Videosequenz 7b haben Sie gesehen, wie Möglichkeiten der Videopräsentation dazu genutzt werden, um die Lernenden zur Sprachproduktion anzuregen: Die Lernenden äußern sich zu jeder der gezeigten Sequenzen. Die geäußerten Spekulationen über den Fortgang beinhalten implizit die Fragestellung für den jeweils als Nächstes zu sehenden Ausschnitt. Die Spannung, den weiteren Verlauf des Filmes sehen zu wollen, bleibt erhalten und wird durch diese Vorgehensweise sogar noch gesteigert.

Durch das progressive Vorgehen in kleinsten Schritten – Standbild, Zeitlupe, ohne Ton, abschnittsweises Anhalten, wiederholtes Anschauen usw. – wird noch ein zweites wichtiges Ziel erreicht, nämlich die Wahrnehmungsschulung. Indem das Anschauen und damit die Wahrnehmung verlangsamt und fokussiert wird, werden die Unterschiede zwischen Beschreibung und Interpretation bzw. Spekulation bewusst gemacht. Das, was normalerweise beim Anschauen eines Filmes oder einer realen Begebenheit in Sekundenschnelle und zum größten Teil unbewusst abläuft – das Verschwimmen von Wahrnehmung und Interpretation – wird hier künstlich verlangsamt und damit erfahrbar gemacht.

Diese Unterrichtsstunde leistet also auch einen wichtigen Beitrag zur Medienerziehung, denn Kinder und Jugendliche verbringen immer mehr Freizeit vor dem Fernseh- und Videogerät und werden überhäuft mit visuellen Reizen. Wenn wir uns vor Augen führen, dass insbesondere in Actionfilmen und Videoclips im Durchschnitt alle 4 – 8 Sekunden ein Schnitt und eine neue Einstellung folgen, wird die Relevanz von Wahrnehmungsschulung im unterrichtlichen Kontext besonders deutlich.

Aber die Kleinschrittigkeit und genaue Planung der einzelnen Schritte bedeutet auch eine starke Steuerung des Unterrichts. Manche Beobachtende meinten: Der Lehrer habe die ganze Stunde stark gesteuert und die Lernenden durch seine Fragen und die Bestärkung und Auswahl bestimmter Äußerungen „manipuliert" und auf den Inhalt des Werbespots eingegrenzt. Besonders nach der Szene, als der Mann zur Tür hereinkommt, habe die Fortführung des Frontalunterrichts – das weitere Sammeln auf dem Tageslichtprojektor und die Festlegung auf *Ausreden* – die Motivation und Entfaltungsmöglichkeiten der Lernenden behindert. An dieser Stelle wünschten sich die Beobachtenden mehr Offenheit für andere, vielleicht auch witzige Ideen (z. B. der Mann sei der verschwundene Bruder, der Vermieter, ein Einbrecher usw.). Auch ein Wechsel der Sozialform und mehr Eigentätigkeit der Lernenden (z. B. das Spielen des weiteren Herganges durch die Lernenden) sei schon an dieser Stelle angebracht gewesen.

Hinweis zu Videosequenz 7c + 7d (Werbespot)

Den Mitgliedern der Lerngruppe aus Portugal, deren Lerntagebuch wir schon mehrmals zitiert haben, gefiel die Unterrichtsstunde in Videosequenz 7a so gut, dass sie beschlossen, dieselbe Stunde in ihrer Lerngruppe auszuprobieren und das Verhalten der Unterrichtenden und der Lernenden zu vergleichen. Wenn Sie das auch ausprobieren möchten, so finden Sie

- in Videosequenz 7c den Werbespot so, wie ihn der Unterrichtende in Sequenz 7a präsentiert hat, also mit Standbildern und in Zeitlupe,
- in Videosequenz 7d den Originalwerbespot.

Wenn Sie deutschsprachige Fernsehsendungen empfangen können, so können Sie darauf achten, ob Sie für Ihre Gruppe geeignete Werbung finden.

Unterrichtsbeispiele auf Video als Anregungen zu benutzen, die beobachtete Stunde oder Teile davon für den eigenen Unterricht zu adaptieren, halten wir für eine empfehlenswerte Methode, aus Unterrichtsbeobachtung zu lernen.

Hinweis

In der Fernstudieneinheit *Video im Deutschunterricht* finden Sie in Kapitel 3.4.2 eine Analyse des Kurzspielfilms *Vis-à-vis*. Dieser Film, der auf der Videokassette der genannten Fernstudieneinheit ist, eignet sich sehr gut zur Unterrichtsbeobachtung.

Wir möchten die Videosequenz 7 jetzt noch nutzen, um gezielter das Korrekturverhalten des Unterrichtenden und die Aktivierung der Lernenden zu beobachten.

3.2.2 Zum Korrekturverhalten der Unterrichtenden

Wir schlagen Ihnen nun vor, das Korrekturverhalten des Lehrers genauer zu beobachten, um eventuell daraus für Ihren Unterricht zu lernen. Bei der mündlichen Fehlerkorrektur stehen Ihnen verschiedene Möglichkeiten und Techniken zur Verfügung, auf die wir im Folgenden kurz eingehen wollen. Wir orientieren uns dabei an der Fernstudieneinheit *Fehler und Fehlerkorrektur*.

Mehr zum Thema der Korrektur mündlicher und schriftlicher Äußerungen erfahren Sie in der Fernstudieneinheit *Fehler und Fehlerkorrektur*.

Sie haben als Unterrichtende die Möglichkeit, selbst den Fehler zu korrigieren (= *Lehrerkorrektur*) oder die Lernenden zur *Selbstkorrektur* oder gegenseitigen Korrektur aufzufordern. Sie können dies verbal oder nonverbal, direkt oder indirekt tun – Sie können sofort beim Auftreten eines Fehlers, nach Abschluss der Äußerung eines Lernenden oder zu einem späteren Zeitpunkt korrigieren.

- **Möglichkeiten der mündlichen Fehlerkorrektur** (nach: Kleppin 1998, 94 – 99)

1. **Aufforderungen zur Selbstkorrektur**

   ➤ **Verbale Aufforderungsarten**

a) Signal:		Lehrer signalisiert mit Worten, dass ein Fehler in der Äußerung des Lernenden vorkommt.
b) Fehlerort:		Lehrer kennzeichnet den Ort des Fehlers durch Wiederholung des Fehlers (mit Frageintonation) oder durch Wiederholung der Äußerung der Lernenden, und zwar bis direkt vor den aufgetretenen Fehler.
c) Fehlerkennzeichnung:		Lehrer macht z. B. durch einen metasprachlichen Hinweis auf den Fehler aufmerksam.
d) Fehlerursache:		Lehrer weist auf mögliche Fehlerursache hin.
e) Lernzusammenhang:		Lehrer erinnert daran, wann oder wie das sprachliche Phänomen im Unterricht gelernt oder geübt wurde.
f) Logik:		Lehrer weist auf inhaltliche, pragmatische oder logische Zusammenhänge hin.

   ➤ **Nonverbale Aufforderungsarten**

g) Mimik, Gestik:		Lehrer weist durch *Kopfschütteln, Naserümpfen, Stirn-in-Falten-legen* usw. darauf hin, dass ein Fehler vorliegt.
h) Signal:		Lehrer signalisiert den Fehler und/oder dessen Korrektur durch ein den Lernenden bekanntes nonverbales Signal (z. B. *Vergangenheit:* hinter sich weisen; *Inversion:* Vertauschen von Fingern/Händen usw.).

2. **Lehrerkorrektur**

i) direkt:		Lehrer korrigiert direkt, explizit – er nennt die richtige Struktur.
j) indirekt:		Lehrer korrigiert indirekt, implizit, im Rahmen seiner Antwort oder einer Frage u. Ä. Er nimmt die Äußerung eines Lernenden auf und wiederholt sie richtig oder fragt nach.

In dem vorliegenden Unterrichtsbeispiel (Videosequenz 7a) macht der Lehrer die Lernenden überwiegend direkt beim Auftreten des Fehlers oder am Ende der Äußerung der Lernenden auf Fehler aufmerksam und initiiert eine Selbstkorrektur der Lernenden. Es lohnt sich, einmal genauer zu beobachten und zu analysieren, welche Techniken er hierbei anwendet.

Aufgabe 42

> 1. *Ordnen Sie bitte die folgenden Beispiele von Korrekturverhaltensweisen des Unterrichtenden aus Videosequenz 7a den oben aufgezählten Techniken a) – j) zu.*
>
>   **U = Unterrichtender; L = Lernende**
>
> | A | L sagt: „ein rote Kleid"; U signalisiert: „das Kleid"; L sagt: „ein rotes Kleid". | *d* |
> |---|---|---|
> | B | L sagt: „ins Party"; U wiederholt: „Ja, sie geht zu einer Party". | |
> | C | U sagt: „Neidisch ist nicht das richtige Wort." L sagt: „eifersüchtig". | |

D	L sagt: „an das Fenste"; U wirft ein: „Dativ." L sagt: „am Fenster".	
E	U sagt: „Rock? Nein, es ist ein ...?" L sagt: „Kleid."	
F	L sagt: „Sie wartet ein Mann."; U fragt: „Sie wartet ...?" L reagiert: „auf einen Mann".	
G	L sagt: „Sie geht in Restaurant."; U wirft ein: „ins"; L ergänzt: „ins Restaurant".	
H	L sagt: „Er hat nicht mehr Lust."; U wirft ein: „Er hat nicht mehr ...?"; L korrigiert: „Er hat keine Lust mehr."	
I	L sagt: „Telefonstelle"; U fragt: „Telefon...? Es ist eine Zelle."; L reagiert: „Es gab keine Telefonzelle."	
J	U fragt: „Halb elf am Abend – Kinder?"	
K	L sagt: „Sie macht sich besorgt."; U reagiert: „Nein."; L reagiert: „Sie macht sich Sorgen."	
L	U sagt: „Probleme mit ihrem Auto? Mit ihrem Auto? Warum ‚ihrem'?"; L sagt: „mit seinem Auto".	
M	U fragt: „Wie heißt das, ‚Probleme mit dem Auto'?"; L sagt: „Panne".	
N	U fragt: „Halb elf Uhr nachmittags?" (Naserümpfen, Stirn in Falten)	
O	L sagt: „Sie aufsteht."; U fragt: „Sie ...?" (Finger signalisieren Umstellung) L reagiert: „Sie steht auf."	
P	L sagt: „Seine Mutter ist tot."; U wirft ein: „Besser: seine Mutter ist ...?"; L sagt: „gestorben".	

2. Wenn Sie Hinweise und Anregungen für Ihr eigenes Korrekturverhalten bekommen haben, notieren Sie sich dazu Erinnerungsstützen für Ihren eigenen Unterricht in Ihr Beobachtungslogbuch.

Manche Beobachtende hielten das Bestehen des Unterrichtenden (in Videosequenz 7a, 7b und 7e) auf sprachlicher Richtigkeit und die vielen Korrekturen für überzogen.

Möchten Sie in anderen Stunden das Korrekturverhalten der oder des Unterrichtenden beobachten, so hilft Ihnen dazu Beobachtungsbogen 4 (S. 150).

Hinweis zu Beobachtungsbogen 4

3.2.3 Zur Aktivierung der Lernenden

Wir möchten die Aktivierung der Lernenden durch den Unterrichtenden einmal genauer beobachten.

Aufgabe 43

Finden Sie einige (gelungene) Beispiele für die in der folgenden Liste aufgeführten Möglichkeiten, die Lernenden zum Sprechen aufzufordern. Eventuell müssen Sie sich dazu die Videosequenz 7a noch einmal ansehen.

U = Unterrichtender; L = Lernende

1. Aufforderung durch Mimik oder Gestik

   U: „Sie bleibt nicht auf dem Boden sitzen, sie ..."
   (U zeigt gestische Darstellung von „aufstehen").

_____

_____

2. Direkte Frage

_____

_____

3. Unvollständiger Satz

_____

_____

_____

4. Aussage(satz) mit Intonation einer Frage

_____

_____

5. Aufgreifen einer Äußerung der Lernenden
   a) dazu eine Frage stellen

_____

_____

   b) dazu auffordern, eine Äußerung zu begründen

_____

_____

   c) dazu auffordern, eine Äußerung zu spezifizieren

_____

_____

   d) dazu auffordern, eine Äußerung fortzusetzen

_____

_____

Reflexion

Sicher ist Ihnen aufgefallen, dass dieser Lehrer sehr viele Aufforderungen an die Lernenden, sich zu äußern, durch seine Gestik und Mimik initiiert. Es herrscht ein ruhiges Arbeitstempo mit vielen langen Gedankenpausen für die Lernenden, während derer der Lehrer selber nachzudenken scheint und die Lernenden ermunternd und freundlich auffordernd anschaut.

Die verbalen Aufforderungen sind sprachlich sehr einfach und ermuntern zu weiteren Spekulationen über die beiden Filmfiguren und deren Gedanken, Gefühle und Verhaltensweisen. An den Antworten der Lernenden ist ablesbar, dass sie sich ganz in die Situation hineindenken. Alles, was die Lernenden selber ausdrücken können, lässt der Lehrer sie selbst formulieren.

Eine weitere Möglichkeit zur Aktivierung der Lernenden ist die Wahl der Sozialform. Verfolgt man das Ziel eines lerner- und handlungsorientierten* Fremdsprachenunterrichts – eines Unterrichts, der hohe Eigenaktivität und eigenverantwortliche Kommunikation der Lernenden befürwortet – so ist ein Wechsel der Sozialformen erforderlich. Wir möchten an dieser Stelle Ihre Aufmerksamkeit auf die Sozialform *Partnerarbeit* in dem zuletzt gesehenen Unterricht lenken.

Aufgabe 44/
Videosequenz 7e

Schauen Sie sich die Partnerarbeit in Videosequenz 7e an.

1. *Wie werden die Paare zusammengestellt?*
   Was ist das Ziel dieser Partnerarbeit?
   Ist zur Lösung der Aufgabe eine Zusammenarbeit sinnvoll?

2. *Wie ist die Beteiligung der Lernenden während der Partnerarbeit?*
   Wie verhält sich der Lehrer während der Partnerarbeit? Was tut er?
   Wie bereiten die Paare die Vorstellung des Dialogs vor?

3. *Wie werden die Ergebnisse vorgestellt?*
   Ist die Präsentation für die anderen Lernenden interessant?
   Was wird durch diese Partnerarbeit für das Anschauen des weiteren Filmverlaufs erreicht?

Obwohl die Lernenden größtenteils auf den Unterrichtenden konzentriert waren, war in Videosequenz 7e aber auch sichtbar, dass sie Partnerarbeit gewohnt sind.

Im folgenden Kapitel 3.3 gehen wir auf die Sozialform *Gruppenarbeit* ein. Viele der Kriterien zur Beobachtung von Gruppenarbeit sind auch zur Planung und Beobachtung von Partnerarbeit geeignet (s. dazu die von Ihnen zu entwickelnden Beobachtungsbögen bzw. unsere Beobachtungsbögen 5a – 5c (S. 151 – 153).

3.3 Zur Gruppenarbeit

Überblick

Zunächst wollen wir einige praktische Tipps, Regeln und Techniken zur Planung und Durchführung von Gruppenunterricht geben – Tipps, die ebenso für Partnerarbeit anwendbar sind.
Anschließend wollen wir den Wechsel verschiedener Sozialformen innerhalb einer Unterrichtseinheit und dabei besonders die Gruppenarbeit beobachten. Als Basis nehmen wir dazu eine Unterrichtseinheit, die wir in verschiede Sequenzen aufgeteilt haben.

zum Begriff
Gruppenarbeit

Es gibt unterschiedliche Bezeichnungen für die Phasen im Unterricht, in denen die Lernenden in Gruppen arbeiten: Man spricht oft von *Gruppenunterricht* und berücksichtigt damit, dass es neben der Phase der eigentlichen Gruppenarbeit andere Phasen gibt, die zum Gruppenunterricht gehören. Dazu zählt z. B. die Phase der Einteilung der Gruppen, die Aufgabenstellung, die Auswertung der Ergebnisse der Gruppenarbeit usw. Wir übernehmen hier den Begriff *Gruppenarbeit* aus der entsprechenden Fernstudieneinheit.

Möglichkeiten zur Vertiefung des Themas finden Sie in der Fernstudieneinheit *Gruppenarbeit und innere Differenzierung.*

Merkmale der
Gruppenarbeit

Es gibt unterschiedlichste Gestaltungsmöglichkeiten von Gruppenarbeit – oft wird die gesamte Kursgruppe für eine begrenzte Zeit in Gruppen unterteilt. Diese Gruppen bearbeiten dann die ihnen gestellten Arbeitsaufträge selbstständig, ohne Steuerung der Unterrichtenden. Diese müssen bereit sein, in den Hintergrund zu treten.

Wir hatten den Stellenwert anderer Sozialformen als den Frontalunterricht bereits im Zusammenhang mit einem lernerorientierten Fremdsprachenunterricht angesprochen. Auch die neueren Erkenntnisse der Lerntheorie und Gedächtnispsychologie liefern einen wichtigen Begründungszusammenhang für die vermehrte Umsetzung von Sozialformen, die die eigenverantwortliche Kommunikation unter den Lernenden fördern. Trotz aller stichhaltigen Gründe für wechselnde Sozialformen und mehr Lernerautonomie lässt sich feststellen, dass frontale Lehrmethoden in der fremdsprachlichen

Unterrichtspraxis weiterhin dominieren; gruppenunterrichtliche Verfahren werden aus technischen, zeitökonomischen und auch methodischen Gründen nach wie vor seltener umgesetzt.

Die Vorherrschaft des Frontalunterrichts lässt sich erklären:
Da ist einmal die weltweit in langer Lerntradition entstandene Vertrautheit, Berechenbarkeit und Beherrschbarkeit des Frontalunterrichts – sowohl für Unterrichtende als auch für Lernende. Darüber hinaus werden den Unterrichtenden noch immer zu wenige praktische Hilfen zur direkten Umsetzung von Gruppenunterricht angeboten. Deshalb kommt der Unterrichtsbeobachtung beim Erproben und Einüben von gruppenunterrichtlichen Verfahren eine besonders wichtige Rolle zu.

Vier-Phasen-Planung

Gruppenarbeit lässt sich ohne gründliche Vorbereitung und gezieltes Vorgehen nicht erfolgreich verwirklichen. Wir schlagen Ihnen für die Planung von Gruppenunterricht vier Phasen mit konkreten einzelnen Schritten vor – wir orientieren uns dabei an Reich (o. J., 51 – 63).

Wir geben Ihnen zunächst eine Übersicht über die vier Phasen:

1. Phase: *Vorbereitung*
(Unterrichtende allein)
Vorbereitung der Gruppenarbeit durch Unterrichtende

2. Phase: *Information*
(Unterrichtende und Plenum)
Information der Kursgruppe über die Gesamtaufgabe, das Ziel und die Arbeitsaufträge für die einzelnen Gruppen

3. Phase: *Durchführung der Gruppenarbeit*
(Lernende allein; Unterrichtende stehen zur Verfügung)
Die einzelnen Gruppen arbeiten an ihrem Auftrag und bereiten vor, wie sie ihre Arbeitsergebnisse den anderen Gruppen mitteilen können.

4. Phase: *Präsentation und Auswertung*
(Unterrichtende und Plenum)
Die Gruppen stellen ihre Ergebnisse im Plenum vor.

● **1. Phase:** *Vorbereitung der Gruppenarbeit*

In dieser ersten Phase ist es für Sie als Unterrichtende sinnvoll, die folgenden Schritte (auf Aufgabenblatt 2, S. 67) durchzugehen und sie als eine Checkliste zu benutzen, auf der Sie die einzelnen Schritte abhaken können. Sie können die vorgegebenen Schritte um Ihre eigenen Kriterien erweitern.

Zur Vorbereitung gehört auch die Beschäftigung mit Anforderungen an Arbeitsaufträge: Wir hatten bei den Merkmalen von Gruppenarbeit betont, dass in dieser Sozialform die Lernenden die ihnen gestellten Aufgaben möglichst selbstständig bewältigen sollen. Ob dies gelingt, hängt sehr stark auch von der Art und Form der Aufgabenstellungen ab. Deshalb haben wir Ihnen einige Anforderungen zusammengestellt, die Arbeitsaufträge für Partner- und Gruppenarbeit erfüllen sollten und die Sie bei der Planung (und natürlich der Beobachtung) berücksichtigen sollten.

Arbeitsaufträge für Gruppenarbeit müssen

➤ von den Lernenden in einer Gruppe allein zu lösen sein,

➤ Kooperation fordern oder zumindest anregen,

➤ die Lernenden inhaltlich motivieren,

➤ die Lernenden sprachlich und inhaltlich nicht überfordern, aber auch nicht unterfordern,

➤ klar, eindeutig, verständlich und möglichst kurz formuliert sein,

➤ so gegeben werden, dass alle Lernenden sie aufmerksam aufnehmen können; sie sollten also möglichst mündlich und schriftlich gegeben werden und übersichtlich und äußerlich ansprechend gestaltet sein,

➤ in der vorgegeben Zeit zu bewältigen sein (Arbeitszeit angeben!).

Aufgabenblatt 2

Gruppenarbeit – 1. Phase: Vorbereitung

Gehen Sie bitte die folgende Checkliste durch. Ergänzen Sie die Liste um die Punkte, die für Sie wichtig sind.

Voraussetzungen und Ziele

1. Sie prüfen, ob in Ihrer Gruppe die Voraussetzungen für Gruppenarbeit vorhanden sind bzw. welche Voraussetzungen Sie noch erarbeiten müssen.

   Sie legen das Ziel des Gesamtvorgehens und der Gruppenarbeit fest.

   _____

Materialsichtung

2. Sie sichten das Material für den Unterricht, wählen aus und erstellen eventuell selbst Material.

   _____

Festlegung des Gesamtvorgehens

3. Sie legen fest, wie Sie insgesamt vorgehen wollen:

   a) Wollen Sie arbeitsgleich (alle haben den gleichen Arbeitsauftrag) vorgehen?

   b) Wollen Sie arbeitsteilig (die verschiedenen Gruppen haben unterschiedliche Aufträge) vorgehen?

   c) Wie viel Zeit steht den Gruppen zur Verfügung?

   d) Wie sollen die Ergebnisse der Gruppenarbeit präsentiert werden? Usw.

Festlegung der Gruppenbildung

4. Legen Sie fest, wie Sie die Gruppen bilden möchten: Teilen Sie die Lernenden ein? Machen diese das selbst? Differenzieren Sie nach Leistungsniveau? Usw.

   _____

   _____

   _____

Arbeitsaufträge und Material

5. Formulieren Sie die Arbeitsaufträge für die einzelnen Gruppen.
   Stellen Sie die erforderlichen Arbeitsmittel für die einzelnen Gruppen bereit.

   _____

   _____

   _____

Bei der Unterrichtsbeobachtung ist die Vorbereitung natürlich nicht direkt beobachtbar. Sie können aufgrund des Ablaufs des Unterrichts und der dort gesehenen Materialien, der Aufgabenstellungen usw. jedoch auf die Planung zurückschließen. Wenn etwas im Unterricht nicht so abgelaufen ist wie geplant, ist es interessant zu untersuchen, woran das gelegen hat. Bei beobachtetem Unterricht müssten dazu die Unterrichtenden gefragt werden.

Bei der Festlegung des Gesamtvorgehens (Punkt 3 auf Aufgabenblatt 2, S. 67) können die Lernenden einbezogen werden – das gilt insbesondere für Projektarbeit. Das müssen Sie selbst von Fall zu Fall entscheiden.

Für die nächsten drei Phasen zählen wir zunächst die an Reich angelehnten einzelnen Schritte auf. Auf dieser Informationsbasis bitten wir Sie dann, jeweils selbst eine Checkliste für die entsprechende Phase anzulegen. Diese Checkliste hilft Ihnen einerseits bei der Planung, andererseits kann sie auch als Beobachtungsbogen verwendet werden.

- **2. Phase: *Information der Lernenden***

In dieser Phase geht es um folgende Einzelschritte:

1. Das Plenum wird über die Gesamtaufgabe, das Ziel und die Aufgaben für die einzelnen Gruppen informiert; die Lernenden können Rückfragen stellen. Es soll sicher sein, dass Sinn, Ziel und Ablauf dieser Gruppenarbeit von allen verstanden worden sind.
2. Es werden Gruppen gebildet; die Gruppen nehmen ihre Arbeitsplätze ein.
3. Die Gruppen erhalten ihre Aufgabenstellungen (mit Zeitangabe!). Die Materialien und Arbeitsmittel werden an die einzelnen Gruppen gegeben.

1. *Entwickeln Sie bitte zu Phase 2 der Gruppenarbeit selbst eine Checkliste. Überlegen Sie die einzelnen Schritte und formulieren Sie dazu Fragen. Notieren Sie diese Fragen bitte auf ein Extrablatt oder in Ihr Beobachtungslogbuch.*

> Gruppenarbeit – 2. Phase: *Information*
>
> 1. *Was ist das Ziel der Gruppenarbeit?*
>
> ...

2. *Vergleichen Sie Ihre Checkliste mit dem Beobachtungsbogen 5a (S. 151). Ergänzen Sie dann Ihre Checkliste (oder den Beobachtungsbogen), sodass Sie einen individuellen Beobachtungsbogen erhalten, der Ihre Beobachtungswünsche erfüllt.*

Die Lernenden sollten, bevor sie in die Gruppen gehen, die Möglichkeit haben, noch Fragen zu stellen und Unklarheiten zu äußern. Auch wenn die Arbeitsaufträge im Plenum (aus der Sicht der Unterrichtenden zumindest) klar formuliert sind, so ist es wichtig, dass die Aufgaben schriftlich formuliert und an die Gruppen gegeben worden sind. So können sie auch während der Gruppenarbeit als Orientierungshilfe und Gedächtnisstütze dienen.

Vielleicht haben Sie sich darüber gewundert, dass wir die Aufgabenstellung mit einer Zeitangabe verbinden. Die Zeitangabe ist einerseits notwendig, damit die Gruppen lernen, sich ihre Arbeitszeit gut einzuteilen. Sie ist andererseits erforderlich, um die Spannung für einen Arbeitsauftrag aufrechtzuerhalten – Schwerdtfeger (2001, 141) spricht deshalb auch von dem *Spannungsbogen* für Gruppenarbeitsaufträge. Sind die Lernenden durch eine Aufgabe unterfordert, stellen sich leicht Langeweile, Gespräche in der Muttersprache und Ähnliches ein.

Auch die Überforderung demotiviert die Lernenden natürlich. Um dies zu vermeiden, sollten Sie als Unterrichtende genau überlegen, wie viel Zeit Ihre Lernenden vermutlich benötigen, ohne dass sich zur Lösung der Aufgabe eine Unter- oder Überforderung einstellt.

- **3. Phase:** *Durchführung der Gruppenarbeit*

In dieser Phase geht es um folgende Einzelschritte:

1. Die Gruppen einigen sich über ihr Vorgehen: Sie besprechen, wer welche Aufgaben übernimmt – wer eventuell ein Protokoll macht, die Ergebnisse den anderen vorstellt usw.
2. Arbeitsphase
3. Die Gruppen einigen sich auf ein Gruppenergebnis. Sie überprüfen es vielleicht im Hinblick auf das vorgegebene Gesamtarbeitsziel.
4. Die Gruppen bereiten die Präsentation ihrer Ergebnisse für das Plenum vor.

Aufgabe 47

> *1. Entwickeln Sie bitte zu Phase 3 der Gruppenarbeit selbst eine Checkliste. Überlegen Sie die einzelnen Schritte und formulieren Sie dazu Fragen. Notieren Sie diese Fragen bitte auf ein Extrablatt oder in Ihr Beobachtungslogbuch.*
>
> > Gruppenarbeit – 3. Phase: *Durchführung*
> > 1. Besprechen die Gruppen ihre Vorgehensweise? Wenn ja, wie?
> >
> > …
>
> *2. Vergleichen Sie Ihre Checkliste mit dem Beobachtungsbogen 5b (S. 152). Ergänzen Sie dann Ihre Checkliste (oder den Beobachtungsbogen), sodass Sie einen individuellen Beobachtungsbogen erhalten, der Ihre Beobachtungswünsche erfüllt.*

Beobachtungsbogen 5b

Reflexion

In dieser Phase, der „eigentlichen" Gruppenarbeit wird Ihre neue Rolle im Unterricht (s. auch S. 70) besonders deutlich. Wir gehen hier nur auf die Beendigung der Gruppenarbeit ein: Stellen Sie während der Arbeit fest, dass sich die Gruppen bei der Zeiteinteilung verkalkulieren, so sollten Sie auf die noch verbleibende Zeit hinweisen. In jedem Fall sollten Sie den Zeitpunkt 5 – 10 Minuten vor dem Ende der Gruppenarbeitsphase für alle bekannt geben, damit alle Gruppen versuchen, zum Abschluss zu kommen und ihre Präsentation noch vorzubereiten.

Nicht immer ist es erforderlich, Ergebnisse von Partner- oder Gruppenarbeit den anderen zu präsentieren. Bei mancher Gruppenarbeit geht es primär um den Lern- und Arbeitsprozess (prozessorientierte Arbeit). Wesentlich ist, dass Sie **planen**, ob Ergebnisse präsentiert werden sollen oder nicht, und dass Sie das den Lernenden mitteilen.

- **4. Phase:** *Präsentation und Auswertung*

In dieser Phase geht es um folgende Einzelschritte:

1. Die Gruppen stellen ihre Ergebnisse im Plenum vor.
2. Die Ergebnisse werden verglichen, diskutiert und ergänzt.
3. Die Einzelergebnisse werden (möglicherweise) zu einem Gesamtergebnis zusammengefasst.
4. Das (potenzielle) Gesamtergebnis wird festgehalten und eventuell für alle vervielfältigt.

Aufgabe 48

> *1. Entwickeln Sie bitte zu Phase 4 der Gruppenarbeit selbst eine Checkliste. Überlegen Sie die einzelnen Schritte und formulieren Sie dazu Fragen. Notieren Sie diese Fragen bitte auf ein Extrablatt oder in Ihr Beobachtungslogbuch.*
>
> > Gruppenarbeit – 4. Phase: *Präsentation/Auswertung*
> > 1. Wie werden die Arbeitsergebnisse vorgestellt?
> >
> > …

2. Vergleichen Sie Ihre Checkliste mit dem Beobachtungsbogen 5c (S. 153). Ergänzen Sie dann Ihre Checkliste (oder den Beobachtungsbogen), sodass Sie einen individuellen Beobachtungsbogen erhalten, der Ihre Beobachtungswünsche erfüllt.

Reflexion

Insbesondere bei ergebnisorientierten Gruppenarbeiten ist es für den Erfolg der Gruppenarbeit äußerst entscheidend, wie die Präsentationsphase verläuft. Die Arbeitsergebnisse möglichst aller Gruppen sollten gewürdigt, also in der Gesamtgruppe vorgestellt werden. Wird jedoch im Plenum über die Arbeitsgruppenergebnisse fast ausschließlich verbal berichtet oder gar vorgelesen, langweilt dies die Lernenden – besonders bei identischen Arbeitsaufträgen – und schon bald hört kaum noch jemand zu. Es gilt also, methodisch vielseitige und fantasievolle Formen der Präsentation einzusetzen. Diese müssen gezielt bei der Planung des Gruppenunterrichts mit einbezogen und den Lernenden in der Aufgabenstellung deutlich gemacht werden.

Im Gruppenunterricht kommen auf Sie als Unterrichtende auf der einen Seite und auf die Lernenden auf der anderen Seite neue Rollen und Tätigkeiten zu.

Aufgabe 49

Bei Partner- und Gruppenarbeit verändert sich Ihre Rolle: Sie sind nun nicht mehr die alleinigen Stoff-, Wissens- und Kompetenzvermittler.

Überlegen Sie bitte (allein oder mit anderen), welche Funktionen Sie als Unterrichtende zu übernehmen haben. Ordnen Sie sie vor allem der 3. und 4. Phase des Gruppenunterrichts zu.

Phase	Funktion der Unterrichtenden
1. Phase (Vorbereitung der Gruppenarbeit)	*Lernprozesse initiieren, etwa Lernziele festlegen, Material auswählen, Formulierung der Arbeitsaufträge für einzelne Gruppen*
2. Phase (Information der Lernenden)	*über den Lernablauf informieren und ihn organisieren, etwa über die Gruppenbildung entscheiden bzw. die Lernenden dabei beraten; Zeit für die Bearbeitung festlegen*
3. Phase (Durchführung der Gruppenarbeit)	
4. Phase (Präsentation und Auswertung)	

Wir wissen zwar nicht, was Ihre Überlegungen zu Ihrer veränderten Rolle waren, aber es gibt einige generelle Verhaltensweisen, die von den Unterrichtenden während der Gruppenarbeit beachtet werden sollten:

➤ Sie sollten nur in Ausnahmefällen in den Gruppenprozess eingreifen, können aber – wenn eine Gruppe darum bittet – Denkanstöße (keine Lösungen) geben.

➤ Sie können Hilfen zur Stabilisierung der Gruppen geben – etwa Lob und Kritik auf die ganze Gruppe verteilen.

➤ Sie können Lernprozesse initiieren, organisieren, beobachten und beraten – aber Sie sollten sich zurückhalten und vor allem nicht bewerten.

Zusammenfassung

Sie sehen, dass es als Ergänzung zu Frontalunterricht und Einzelarbeit durch den gezielten Einsatz von Partner- und Gruppenarbeit unzählige Möglichkeiten gibt, die Lernenden zu motivieren und vielseitig zu aktivieren. Mit zunehmender Erfahrung werden Sie und Ihre Lernenden sicher immer kreativer in der Entwicklung neuer Ideen und Variationen von Gruppenarbeit und von Vorstellungsmöglichkeiten der Gruppen-ergebnisse. Auf diese Weise werden Sie sich mit Ihren Lernenden immer mehr einer Arbeitsform annähern, die die Lernenden in den Mittelpunkt stellt (teilnehmer-zentrierter Unterricht) und freier arbeitet (projektorientierter Unterricht).

Beispiele dazu sehen Sie in den folgenden Unterrichtsmitschnitten (Videosequenz 8 und 9).

3.3.1 Zur Beobachtung von Partner- und Gruppenarbeit

Die folgenden Mitschnitte (Videosequenzen 8a – 8f) entstanden 1997 am Goethe-Institut Athen in einer Mittelstufenklasse (M 2) mit jungen griechischen Erwachsenen zwischen 19 und 25 Jahren. Die Lehrerin arbeitet in diesen Beispielen ohne Lehrwerk, d. h. lehrwerkunabhängig.

Als Erstes sehen Sie einen Ausschnitt (Videosequenz 8a) mitten aus der Unterrichts-stunde (die auf der Sequenz kurz eingeblendete Uhr weist darauf hin, dass bereits 36 Minuten vergangen sind) – Sie wissen also nicht, was vorher (zu Beginn der Stunde) geschah und wie es weitergehen wird.

Schauen Sie sich den Unterrichtsausschnitt in Videosequenz 8a an und beantworten Sie dazu bitte die folgenden Fragen:

1. Was passiert Ihrer Vermutung nach in dieser Kursgruppe?

   Was tun die Lernenden, was tut die Lehrerin?

   Was sind vermutlich die Lernaktivitäten und Lernziele?

   Wie empfinden Sie diesen Unterrichtsausschnitt?

   _____

   _____

   _____

   _____

   _____

   _____

2. Wie empfinden Sie es, dass während der Arbeit der Lernenden im Hintergrund Musik gespielt wird? (Im Lösungsschlüssel können Sie die Begründung der Lehrerin lesen, warum sie in dieser Phase Musik einsetzt.)

3. *Was ist wohl vor dieser Phase im Unterricht gemacht worden?*

_____

_____

_____

_____

_____

4. *Wie wird vermutlich nach dieser Phase weitergearbeitet werden?*

_____

_____

_____

_____

_____

5. *Vergleichen Sie Ihre Beobachtungen und Vermutungen mit den Angaben im Lösungsschlüssel.*

Im Folgenden werden Sie erfahren, was in diesem Unterricht vor und nach dem gesehenen Ausschnitt passiert.

Zu Beginn der Stunde – vor dem Unterrichtsausschnitt, den Sie in Videosequenz 8a gesehen haben – projiziert die Lehrerin die folgenden beiden Schlagzeilen mit Untertiteln aus einer Zeitung an die Wand:

Väter auf der Flucht

*Immer häufiger kommt der
Staat für Kinder auf,
weil ein Elternteil nicht zahlt.
1994 kostete das
1,3 Milliarden Mark*

Zwei Babys in Klinik vertauscht –
eine der Mütter ist noch ahnungslos

Die Lehrerin lässt die Lernenden die Schlagzeilen vorlesen; gemeinsam werden unbekannte Begriffe geklärt. Danach fragt die Lehrerin die Lernenden, was sie über den Textinhalt wissen möchten, und fordert sie auf, Fragen zu formulieren, die sie aufgrund der Überschriften an den jeweiligen Zeitungsartikel haben.

In der folgenden Videosequenz 8b sehen Sie Ausschnitte aus der Unterrichtsphase, die vor dem Lesen der Texte stattfand.

Aufgabe 51/
Videosequenz 8b

> *1. Was vermuten Sie, welche Fragen die Lernenden stellen werden?*
>
> *2. Beobachten Sie, welche Fragen die Lernenden an die Texte haben.*
>
> *3. Beantworten Sie bitte während des Anschauens oder direkt danach:*
>
> > *a) Was wird in dieser Unterrichtsphase erreicht?*
> >
> > *b) Was bedeutet die Vorarbeit für das folgende Lesen der Zeitungsarti-
> > kel? Wie werden die Lernenden die Artikel lesen?*

Reflexion

Für die **Vorbereitung auf eine Textlektüre** ist Folgendes methodisch bedenkens-
wert:

➤ Die Lernenden formulieren selbst zahlreiche Fragen an die Zeitungsartikel. Naturgemäß ist die Motivation bei selbst gestellten Fragen höher, als wenn die Lehrerin
diese Fragen formuliert hätte. Die Fragen werden von der Lehrerin an der Tafel
festgehalten und von den Lernenden abgeschrieben. Durch das explizite Formulieren ihrer eigenen Fragen und Interessen an den Text wird den Lernenden bewusst
gemacht, dass sie vor oder während des Lesens immer gewisse Erwartungen haben
und Hypothesen bilden. Dadurch wird das Leseverstehen gesteuert und erleichtert.

➤ Durch die Auseinandersetzung mit den möglichen Inhalten der Texte werden die
Lernenden sowohl thematisch als auch sprachlich auf die Lektüre vorbereitet.
Dadurch wird das Leseverstehen vorentlastet.

➤ Das Lesen hat nun das Ziel, zu schauen, ob und welche Antworten zu den an der
Tafel gesammelten Fragestellungen in den Zeitungstexten zu finden sind. Das
bedeutet, dass die Lernenden dazu angehalten werden, einen suchenden (oder
selektiven) Lesestil anzuwenden. Sie haben nun eine gezielte Leseerwartung und
sind auf einen Lesestil vorbereitet, der dem authentischen Zeitungslesen entspricht.

Mehr Informationen zum Lesen finden Sie in der Fernstudieneinheit *Fertigkeit
Lesen*.

Auf diese Vorbereitungsphase folgt die Lektüre der Zeitungsartikel. Dazu hat sich die
Lehrerin überlegt, in welcher Sozialform die Lernenden die Texte lesen und ob sie
arbeitsgleich oder arbeitsteilig bearbeitet werden sollen:

Beim *arbeitsgleichen* Vorgehen lesen alle Lernenden beide Texte unter denselben
Fragestellungen; beim *arbeitsteiligen* Vorgehen bearbeiten die Lernenden die Texte
unter verschiedenen Fragestellungen oder einige Lernende bearbeiten den einen Text,
die anderen den zweiten Text.

Diese Entscheidungen beinhalten unterschiedliche Möglichkeiten für die Weiterarbeit
nach der Lektüre.

Wir bilden die beiden Texte im Folgenden ab, damit Sie sich überlegen können, wie Sie
mit den Texten arbeiten würden, bevor Sie den weiteren Unterricht auf Video sehen.

Aufgabe 52

> *1. Lesen Sie nun bitte selbst die beiden Zeitungsartikel auf Seite 74/75.*
>
> *2. In welcher Sozialform würden Sie die Texte lesen und bearbeiten lassen
> (Einzel-, Partner-, Gruppenarbeit)?*
>
> *3. Würden Sie arbeitsteilig oder arbeitsgleich vorgehen?*
>
> *4. Würden Sie den Lernenden Aufgaben zum Lesen geben?
> Wenn ja, welche?*

Väter auf der Flucht

Immer häufiger kommt der Staat für Kinder auf, weil ein Elternteil nicht bezahlt. 1994 kostete das 1,3 Milliarden Mark

VON URSULA OTT

(A) Spanien – das klingt für die meisten nach Urlaub und Sonne. Doch für die Münchner Krankenschwester Peggy Klein* (27) klingt Spanien nach Wut und grenzenloser Enttäuschung. Dort ist der Vater ihrer vierjährigen Tochter untergetaucht, um keinen Unterhalt zahlen zu müssen. Seine Stelle in einem Münchner Restaurant hat er aufgegeben, jetzt jobbt er an der Costa del Sol als Koch in einem Touristen-Hotel.

(B) Auch der Vater der dreijährigen Tochter von Monika Nell* (31) hat dem kühlen Deutschland den Rükken gekehrt. Er veranstaltet Wandertouren auf Lanzarote und hat für seine Tochter noch keinen Pfennig gezahlt. [...]

(C) Immer mehr Väter drücken sich um ihre Pflicht, Unterhalt zu zahlen. Leidtragende sind nicht nur Kinder und deren Mütter, sondern auch die Steuerzahler, die für die Väter einspringen müssen. Denn das Jugendamt zahlt „Unterhaltsvorschuß" – maximal sechs Jahre lang und nur dann, wenn das Kind unter zwölf Jahre alt ist. Derzeit werden als monatlicher Höchstsatz 256 Mark für Kinder unter sechs und 318 Mark für Kinder zwischen sechs und zwölf Jahren gezahlt. Für die Kinder nicht eben viel. Doch schon dieser Vorschuß belastete die Finanzkasse im vergangenen Jahr mit 1,3 Milliarden Mark, das waren fast vier Millionen Mark mehr als noch 1993.

(D) Nur jeder dritte getrennt lebende Vater zahlt korrekt, so schätzt der Verband Alleinerziehender Mütter und Väter (VAMV). Rund 500 000 mal mußte deshalb 1994 das Jugendamt einspringen: für Väter, die sich auch anderer Tricks bedienen, als sich ins Ausland abzusetzen. Da wird der Firmeninhaber plötzlich zum Angestellten seiner neuen Freundin, die das Unternehmen übernommen hat, der selbständige Steuerberater zum Angestellten im Betrieb seines Vaters, und Arbeitgeber machen mit den Unterhaltsprellern gemeinsame Sache, indem sie zu niedrige Lohnbescheinigungen ausstellen. [...]

(E) Hat die Mutter Geld genug, kann sie selber einen Detektiv engagieren – für Stundensätze zwischen 70 und 240 Mark, dazu kommen Flug- und Hotelspesen. „Das kann sich kaum eine Kundin leisten", weiß der Kölner Detektiv Lothar Wenzel, „in der Regel ermitteln wir im Inland." Hier observieren die Detektive die Väter, forschen nach deren Autos, Häusern, versteckten „Vermögenswerten". Eine solche Recherche kostet zwischen 2500 und 5000 Mark und macht heutzutage einen guten Teil des Detektiv-Geschäftes aus – bei der Detektei Wenzel rund 15 Prozent des Auftragsvolumens.

(F) Besonders schlecht ist die Zahlungsmoral der Väter in Ostdeutschland. Konnten die westdeutschen Jugendämter im Jahr 1993 wenigstens 13 Prozent des vorgeschossenen Geldes eintreiben, gelang dies in Ostdeutschland nur zu drei Prozent. Allein in Brandenburg, klagte Sozialministerin Regine Hildebrandt, haben sich im vergangenen Jahr 20 000 Väter ihrer Unterhaltspflicht entzogen, 1000 mehr als im Jahr davor. „Das sind nicht alles schwarze Schafe", verteidigt Stefan Woll, Pressesprecher des Bildungsministeriums, das in Brandenburg für Unterhaltsfragen zuständig ist, seine Geschlechtsgenossen, „immer öfter gibt es bei den Vätern einfach nichts zu holen, weil sie arbeitslos sind."

(G) Sind denn schärfere Gesetze nötig, um flüchtige Väter an die Kandare nehmen zu können? Ein Blick in die Kriminalstatistik zeigt: Selbst die bestehenden Gesetze werden kaum ausgeschöpft. Auf „Verletzung der Unterhaltspflicht" stehen nach § 170b Strafgesetzbuch bis zu drei Jahre Haft. Doch obwohl es 1993 mindestens eine halbe Million säumige Zahler gab, wurden im selben Jahr nur 13 106 Verfahren eingeleitet, und nicht mehr als 4000 endeten mit einer Verurteilung. Als „Kavaliersdelikt" gelte die Unterhaltsflucht, beklagt Gunhild Gut-

schmidt vom VAMV. Bei Frauen wie bei Männern. Zwar sind die meisten (rund 86 Prozent) der Alleinerziehenden weiblich. Doch sei, so die Soziologin Gutschmidt, die Zahlungsmoral der Mütter genauso schlecht. „Die werden dann Hausfrau oder arbeiten halbtags, so daß sie unterhalb der Pfändungsgrenze liegen."

„Die lassen den Steuerzahler ihre Kinder unterhalten", sagt Jenny Deckert vom VAMV.
[...]

(H) Viel rigider geht man in den USA vor. „Wanted" steht in großen Lettern auf Steckbriefen, mit denen in amerikanischen Supermärkten und Postämtern *dead beat parents* gesucht werden, Zahlungsflüchtlinge. In den USA, wo vergangenes Jahr 34 Milliarden Dollar Unterhalt nicht bezahlt wurden, ist die Suche nach den flüchtigen Vätern zum großen Geschäft geworden. Während der Staat, ähnlich wie in Deutschland, nur eine Erfolgsquote von 18 Prozent hat, bringen es die privaten Firmen auf 50 Prozent. Dafür kassieren sie Provision: bis zu einem Drittel des eingetriebenen Unterhalts. In 19 Bundesstaaten kann den Zahlungsunwilligen außerdem der Führerschein oder der Gewerbeschein entzogen werden. Meistens reicht schon die Drohung: In Maine zahlte ein Fernfahrer nachträglich 20 000 Dollar Unterhalt, um seinen Führerschein nicht zu verlieren.
[...]

(I) In Deutschland ist Eigeninitiative gefragt. „Am besten", hat Monika Pabst erkannt, „man kauft sich Fax und PC und kämpft auf eigene Faust." Der Streit um Unterhalt für ihre beiden Töchter Stephanie (14) und Sibylle (13) ist für die gelernte Buchhalterin zum Full-time-Job geworden. Auf rund 30 000 Mark haben sich ihre Forderungen summiert.
[...]
Seine feste Stelle als Sozialarbeiter hat der Kindesvater längst gegen die eines „freien Vermögensberaters" eingetauscht. „Sobald Gehaltspfändungen drohen", so Monika Pabst, „hört er einfach auf zu arbeiten."

(J) Seit er eine neue Familie gegründet hat, ist sein Interesse an der alten vollends erloschen – „da kommt noch nicht mal eine Weihnachtskarte für die beiden Mädchen". Die 48jährige Mutter ist überzeugt: „Für manche Kinder ist ein toter Vater besser als ein zahlungsunwilliger."

*Namen von der Redaktion geändert

nach: Die Woche vom 31. 3. 1995

Zwei Babys in Klinik vertauscht – eine der Mütter ist noch ahnungslos

FRANKFURT – Ein Alptraum vieler Mütter ist in der Frankfurter Universitätsklinik für eine 34-jährige Frau Wirklichkeit geworden: Nach einer Behandlung auf der Intensivstation wurde ihr neugeborener Sohn mit einem anderen Baby im Krankenhaus vertauscht. „Seit etwa dreieinhalb Jahren zieht die Frau nun offenbar ein fremdes Kind auf", sagte Hubert Harth, Sprecher der Frankfurter Staatsanwaltschaft. Daraus ergibt sich, dass eine andere Mutter in derselben Lage ist, ohne es bislang zu wissen.

Nach Darstellung der Staatsanwaltschaft kam die Verwechslung überhaupt nur wegen eines Prozesses vor dem Vormundschaftsgericht ans Licht. Die allein erziehende Mutter hatte den vermeintlichen Vater des Jungen auf Zahlung von Unterhalt verklagt. Als der Mann sich weigerte, ordnete die Behörde ein Blutgruppengutachten an. „Der Test ergab, dass der angebliche Vater nicht der leibliche Vater des Kindes ist", sagte Harth in Frankfurt.

Daraufhin wurde der Fall an die Staatsanwaltschaft weitergeleitet, die ein Ermittlungsverfahren gegen die 34-jährige Angestellte eröffnete. Auch sie unterzog sich einem Bluttest. Der ergab, dass „auch die Mutter nicht die genetische Mutter des Kindes" ist.

Der Sprecher der Frankfurter Universitätsklinik, Hans Ditzel, zeigte sich angesichts der möglichen Verwechslung der Kinder in der Neugeborenenabteilung „rat- und hilflos". So etwas dürfe nicht passieren und sei in den vergangenen zehn Jahren in der Frankfurter Uni-Klinik auch nicht passiert. Mitarbeiter seines Hauses versuchten daraufhin, mit Hilfe der Aufnahmebücher zu klären, wo und wie die Verwechslung geschah. Üblich sei es, so Ditzel, dass in der Klinik jedes Kind gleich nach der Geburt ein Plastikband mit Namen und Geburtsdatum um das Handgelenk gebunden bekomme. Dies sei bei dem Säugling der 34-jährigen aber offenbar versäumt worden. Das Gleiche müsse wohl mit dem anderen Kind geschehen sein, gestand der Sprecher ein.

Nach ersten Ermittlungen der Klinik kämen für die Vertauschung etwa zehn Babys in Frage. Die Suche nach dem zweiten Baby kann laut Ditzel kompliziert werden, wenn die Eltern der in Frage kommenden Kinder eine Blutuntersuchung verweigern würden.

Der Fall sei ohnehin nicht einfach, weil die 34-jährige Mutter das Kind verständlicherweise jetzt nicht mehr hergeben wolle, sagte Ditzel. „Sie hat sich nun schon so lange um das Kind gekümmert und sieht es als ihr leibliches an", berichtete der Sprecher der Klinik.

Presse und Sprache

Bachmann u. a. (1995), 132

In der Unterrichtsstunde in Videosequenz 8a lässt die Lehrerin die Lernenden auswählen, welchen der beiden Zeitungsartikel jeder gerne lesen möchte. Diese Phase haben Sie nicht auf Video gesehen. Die Lehrerin achtet lediglich darauf, dass jeder Text von möglichst gleich vielen Lernenden bearbeitet wird. Eine explizite Aufgabenstellung zum Lesen gibt sie nicht mehr, es scheint für die Lernenden klar zu sein, dass sie sich an den zuvor formulierten Fragestellungen orientieren.
Im Anschluss an die Festlegung, wer welchen Text liest, folgt im Unterrichtsablauf die Lesephase, die Sie in Videosequenz 8b gesehen haben.

Die Lernenden haben nun jeweils einen Text gelesen; in der gesamten Gruppe hat also die eine Hälfte den Text *Väter auf der Flucht* und die andere Hälfte den Text *Zwei Babys in Klinik vertauscht* gelesen.

1. *Wie würden Sie nun die nächste Arbeitsphase nach dem Lesen gestalten? Was soll mit den Ergebnissen der Lektüre geschehen?*

Aufgabe 53

_____

_____

_____

2. *Sehen Sie sich nun bitte Videosequenz 8c an:*
   a) *Wie setzt die Lehrerin den Unterricht fort?*
   b) *Füllen Sie beim Anschauen oder direkt danach Ihren in Aufgabe 46 erstellten Beobachtungsbogen oder Beobachtungsbogen 5a (S. 151) zur Gruppenarbeit aus.*

Videosequenz 8c
Beobachtungsbogen 5a

Die Entscheidung für ein arbeitsteiliges Vorgehen bei der Lektüre der Texte gibt der Lehrerin die Möglichkeit zu einer sinnvollen Gruppenarbeit im Anschluss an die Textlektüre. Der unterschiedliche Informationsstand der Lernenden bildet die Grundlage für einen selbstständigen Informationsaustausch. Es entsteht eine echte Kommunikation zwischen den Lernenden, denn die einen wissen, was die anderen wissen möchten. Jeder hat etwas zu fragen und etwas zu sagen – einige haben Informationslücken und echte Fragen, und die anderen haben die zu den Fragen passenden Informationen (und umgekehrt).
Ein solches Vorgehen ist aufwändig, aber auch motivierend.

Vor Beginn der Gruppenarbeit nutzt die Lehrerin die Motivation der Lernenden zum Sammeln von Redemitteln, die man braucht, wenn man über einen Text spricht. Hierdurch sind die Lernenden nun bestens darauf vorbereitet, die Gruppenarbeit selbstständig in der Zielsprache durchzuführen. Die Aufgabenstellung gerät dadurch jedoch in den Hintergrund und muss deshalb von der Lehrerin wiederholt werden. Nicht gesagt wird, wie lange jeweils ein Austausch dauern kann und wie viel Zeit insgesamt zu Verfügung steht.

Nachdem die Aufgabenstellung den Gruppen vermittelt wurde, beginnen nun die einzelnen Gruppen zu arbeiten. Sie können den Verlauf der Gruppenarbeit in der nächsten Videosequenz beobachten.

1. *Sehen Sie nun die Gruppenarbeitsphase in Videosequenz 8d an und füllen Sie dabei oder danach Ihren eigenen oder Beobachtungsbogen 5b (S. 152) aus.*

2. *Gibt es eine Präsentation oder Auswertung der Ergebnisse im Plenum? Wenn nicht, was meinen Sie, warum nicht?*

3. *Vergleichen Sie Ihre Eintragungen in den beiden Beobachtungsbögen mit denen im Lösungsschlüssel. Stimmen Sie damit überein oder haben Sie abweichende Beobachtungen und Einschätzungen? Diskutieren Sie mit Kolleginnen und Kollegen darüber, wenn Sie die Möglichkeit dazu haben.*

4. *Haben Sie aus der Beobachtung und Ihren Notizen Anregungen für Gruppenarbeit für Ihren Unterricht erhalten? Welche? Tragen Sie sie in Ihr Beobachtungslogbuch ein.*

3.3.2 Zum Üben von freiem Sprechen: Rollenspiele

Unmittelbar im Anschluss an die Arbeit mit den beiden Zeitungsartikeln schließt die Lehrerin eine Arbeitsphase an, in der es um freies Sprechen geht. Natürlich nutzt Sie die gerade behandelten Themen hierfür.

Welche Aufgaben zum Üben des freien Sprechens fallen Ihnen ein, die Sie sich für den Anschluss an Videosequenz 8d vorstellen könnten?

Um mehr über methodisch-didaktische Möglichkeiten zur Entwicklung der Sprechfertigkeit im Unterricht Deutsch als Fremdsprache zu erfahren, können Sie die Fernstudieneinheit *Fertigkeit Sprechen* heranziehen.

In unserem Unterrichtsbeispiel (s. Videosequenz 8e) verteilt die Lehrerin zunächst kurze Situationsbeschreibungen, zu denen die Lernenden in Partnerarbeit kleine Rollenspiele entwickeln und durchspielen sollen. Die Lernenden erhalten schriftlich die Beschreibung von fünf verschiedenen Situationen, von denen wir Ihnen zwei zeigen möchten.

> **Rollenspiel: Eltern auf der Flucht (Partnerarbeit)**
>
> ① Ein Kind telefoniert mit seiner Mutter, die die Familie vor sechs Monaten verlassen hat. Das Kind kennt die Hintergründe nicht.
>
> ② Eine Frau telefoniert mit ihrem geschiedenen Mann, der seit sechs Monaten nichts mehr für die beiden gemeinsamen Kinder bezahlt.

nach: Boge (1997)

Nach dieser Vorbereitung des freien Sprechens macht die Lehrerin in Videosequenz 8e ein Rollenspiel mit der ganzen Lerngruppe gemeinsam. Hierfür wählt sie eine ganz besondere Arbeitsform, das *Zickzack*-Gespräch. Haben Sie schon eine Idee, wie das funktionieren könnte?

**Aufgabe 56/
Videosequenz 8e**

> *Schauen Sie sich bitte diese Unterrichtsphase (Videosequenz 8e) an.*
>
> 1. *Welche Situation für das „Zickzack-Gespräch" gibt die Lehrerin vor?*
> 2. *Wie verhält sich die Lehrerin während dieser Phase des freien Sprechens?*
> 3. *Wie funktioniert ein „Zickzack-Gespräch"?*
>   a) *Welche Vorteile hat diese Form des Rollenspiels?*
>   b) *Könnten Sie sich diese Arbeitsform auch mit Ihrer Zielgruppe vorstellen? Würden Sie eventuell Veränderungen vornehmen? Welche?*

Eine Variante für ein weiteres *Zickzack*-Gespräch ist es, den Lernenden Rollenkarten mit genaueren Informationen zu geben. Die Informationen auf den Karten sind jedoch unterschiedlich, sodass das Problem erst im Gespräch deutlich wird. Solche Karten könnten z. B. so formuliert sein:

> **Rollenkarte A**
> Du bist Franziska (29), Verkäuferin in einem Supermarkt und Mutter von drei Kindern: Johannes (9), Stefan (6) und Claudia (4 Monate). Dein Mann Harry (43) hat dich vor sieben Monaten verlassen, als du gerade schwanger warst, seitdem hast du nichts mehr von ihm gehört. [...]
>
> **Rollenkarte B**
> Du bist Harry (43), Künstler, verheiratet mit Franziska (29), einer Karrierefrau. Du hast mit ihr zwei Söhne: Johannes (9) und Stefan (6). Das Leben war im letzten Jahr für dich sehr stressig, du musstest dich allein um Haushalt und Kinder kümmern und hattest überhaupt keine Zeit für dich selbst und die Kunst. Sehr oft gab es Streit, weil Franziska nur noch gearbeitet und wie eine Verrückte gegessen hat, wobei sie immer dicker und unattraktiver geworden ist.
> Du hast eine Reise gemacht und bist nun nach sieben Monaten zurückgekommen. Du willst mit Franziska einen neuen Anfang machen. Du klingelst an der Tür …

nach: Boge (1997)

In einem Interview nach dem Unterricht hat die Lehrerin begründet, warum sie gern die Form des *Zickzack*-Gesprächs in ihrem Unterricht einsetzt:

**Äußerungen
der Unterrichtenden**

– Bei der Vorbereitung des Gesprächs in Partnerarbeit könnten die Lernenden üben, frei zu sprechen, was sich besonders bei einer stark divergierenden Lerngruppe positiv auswirke.

– Alle Lernenden seien beteiligt und kämen zu Wort.

- Da die Lernenden gemeinsam eine Rolle einnehmen, müssten sie die ganze Zeit zuhören, um angemessen reagieren zu können.

- Der Gesprächsverlauf könne durch die Verschiedenheit der Beteiligten unerwartete Wendungen nehmen und bleibe daher für alle spannend und mache großen Spaß.

Vielleicht ermutigt Sie die Durchführung eines *Zickzack*-Gesprächs, wie Sie es in Videosequenz 8e gesehen haben, diese Form des freien Sprechens mit Ihrer Gruppe einmal auszuprobieren.

Phasen des freien Sprechens werfen die Frage nach der Korrektur der Äußerungen der Lernenden auf. Beispiele zur Fehlerkorrektur haben Sie bereits in Kapitel 3.2.3 (S. 63f.) beobachtet; wir möchten Ihnen in der nächsten Videosequenz ein weiteres Korrekturverhalten zeigen.

<table>
<tr><td>Aufgabe 57/
Videosequenz 8f</td><td>*Schauen Sie sich bitte die Videosequenz 8f an. Welche Methode wählt die Lehrerin, um Äußerungen der Lernenden zu korrigieren?*</td></tr>
</table>

Reflexion

Die Lernenden gewinnen durch die gezeigten Rollenspiele zunehmend mehr Sicherheit und entwickeln die Fähigkeit und Bereitschaft, Gelerntes in simulierten Sprachhandlungssituationen einzusetzen. Gleichzeitig findet eine Hinführung zu freier, aktiver Anwendung in realen Sprechsituationen in der Zielsprache statt.

Beobachtungsbogen 6

Möchten Sie gezielt freies Sprechen beobachten, so können Sie Beobachtungsbogen 6 (S. 154) verwenden.

3.4 Projektunterricht*: *Deutschland ist nah!*

Zum Abschluss dieses Kapitels möchten wir Ihnen als Anregung zu methodischen Möglichkeiten der Planung und Durchführung von Projekten noch Ausschnitte aus einem auf Video dokumentierten Projekt zeigen.

Im Rahmen der aktuellen fachdidaktischen Diskussion um Lernerautonomie, *Lernen lernen*, Lernberatung usw. wird wiederholt auf die neueren Ergebnisse der Lern- und Gedächtnispsychologie hingewiesen, die immer wieder betonen, wie wichtig die Eigenaktivität und Eigenverantwortung der Lernenden für den Erfolg ihres Lernens ist. Diese mit modernsten Forschungsmethoden und komplizierten Geräten zur Messung von Gehirnaktivitäten belegten neuen Ergebnisse sind jedoch eigentlich gar nicht so neu, wie folgende Zitate belegen:

> *Erzähle mir, und ich vergesse.*
> *Zeige mir, und ich verstehe.*
> *Lass es mich tun, und ich lerne.*
> Konfuzius

> *Jemandem einen Fisch geben,*
> *reicht für eine Mahlzeit.*
> *Jemanden das Fischen lehren,*
> *reicht für ein ganzes Leben.*
> Laotse

In den Kapiteln 3.3.1 und 3.3.2 haben Sie bereits Anregungen erhalten und Beispiele gesehen, wie die Lernenden – z. B. durch Gruppen- oder Partnerarbeit – zu mehr Eigenaktivität und Eigenverantwortung hingeführt werden. Am konsequentesten wird diesen Anforderungen wohl der Projektunterricht gerecht.

Aufgabe 58

1. *Haben Sie in Ihrem Deutschunterricht schon einmal Projektunterricht durchgeführt?*

   Was trägt zum Gelingen von Projektunterricht bei? Wo haben sich bei Ihnen Fragen oder Probleme ergeben?

   Wenn Sie die Möglichkeit haben, tauschen Sie Ihre Erfahrungen hierzu mit Kollegen oder Kolleginnen aus.

2. *Was wissen Sie über Projektunterricht?*

   Welche Themen und Lernaktivitäten eignen sich dafür?

Unabhängig von Ihren Erfahrungen und Überlegungen möchten wir Ihnen die Hauptideen und **Prinzipien von Projektunterricht** zusammenfassen:

➤ Im Mittelpunkt des Projektunterrichts steht ein konkretes Projektziel. Das kann ein konkretes Produkt sein (eine Zeitung, ein Videofilm usw.) oder ein Vorhaben wie etwa eine E-Mail-Korrespondenz.

➤ Ausgangspunkt sind die Interessen und die Lebenswirklichkeit der Lernenden.

➤ Die Lernenden können ihre verschiedenen Kenntnisse, Fertigkeiten und Fähigkeiten einbringen und weiterentwickeln.

➤ Die Lernenden setzen ihre Deutschkenntnisse in realen Handlungssituationen ein.

➤ Eigeninitiative und Eigenverantwortung der Lernenden wird ermöglicht.

➤ „Kopf, Herz und Hand" (Pestalozzi), d. h. Intellekt und kognitives Wissen, Emotionen sowie praktische und motorische Fähigkeiten werden mit einbezogen.

➤ Die Lernfortschritte werden für die Lernenden erfahrbar und sichtbar gemacht.

Eine Möglichkeit für Projektunterricht ist es, Kontakte zu deutschen Muttersprachlern, die sich in Ihrem Land aufhalten, zu knüpfen. Ein Beispiel können Sie später in Videosequenz 9 ansehen.

Information zu Videosequenz 9

Der Videomitschnitt dokumentiert ein Unterrichtsprojekt, dass im Unterricht Deutsch als Fremdsprache in einer Fachoberschule für Handel und Touristik in Lucca, einer Kleinstadt im Norden Italiens, durchgeführt wurde. Der Mitschnitt enthält Ausschnitte aus ca. 10 Stunden Videoaufnahmen, die an zwei Nachmittagen in der Klasse und in der Jugendherberge aufgezeichnet worden sind.

Die Lernenden (zwischen 15 und 18 Jahren) befanden sich im 2. Lernjahr Deutsch mit 3 – 5 Wochenstunden Deutsch. Das Projekt wurde zwischen Ende Februar und Anfang Mai 1996 durchgeführt. Das Lehrwerk, in dem die Lernenden zu bestimmten Fragen jeweils nachschlagen konnten und sollten, war *Deutsch konkret*.

Wenn Sie sich für diese Form des projektorientierten Arbeitens interessieren, empfehlen wir Ihnen die Fernstudieneinheit *Kontakte knüpfen*.

Aufgabe 59

1. *Wo könnten **Ihre** Lernenden in ihrem Ort bzw. ihrer näheren Umgebung Deutschsprachige treffen?*

2. *Wie und durch welche Themen könnten sie mit deutschsprachigen Jugendlichen ins Gespräch kommen?*

3. *Wie könnten Sie diese Kontakte in Ihren Unterricht integrieren?*

- **Unterrichtsschritte im Projekt in Videosequenz 9**

Schritt 1: *Themenfindung*

Der Unterrichtende fragt die Lernenden, wo man Deutschsprechende in Lucca antreffen könnte. Das überlegen die Lernenden in Gruppen anhand eines Arbeitsblates. Sie markieren auf einem Stadtplan von Lucca Orte, wo sie deutschsprachige Jugendliche kennen lernen könnten.

Schritt 2: *Entscheidung für ein Treffen*

Der Unterrichtende informiert die Lernenden, dass eine Gruppe von deutschen Jugendlichen in der Jugendherberge von Lucca sein wird. Die Lernenden entscheiden, dass sie die Deutschen in der Jugendherberge treffen wollen.

Schritt 3: *Gestaltung des Treffens*

Es wird die Entscheidung getroffen, ein Interview mit den deutschen Jugendlichen in der Jugendherberge zu machen.

Schritt 4: *Kontaktaufnahme*

Im vierten Schritt des Projektablaufs schreiben die Lernenden einen Brief an die deutsche Gruppe, um ein Treffen zu verabreden. Zunächst werden die Formalien der Textsorte *Brief* besprochen (Anrede, Gruß zum Schluss usw.) und inhaltliche Vorgaben gemacht (sich vorstellen/Ziel des Briefs). Dazu erhalten die Lernenden zwei Arbeitsblätter, von denen wir eins in Auszügen hier zeigen möchten.

Arbeitsblatt 1
Redemittel

Wie begrüßt man?

Hi,
Liebe Freunde,
Hallo Leute,
Hallo,

Wie stellt man sich vor?

Wer sind wir? (26 Schüler und Schülerinnen)
Welche Schule besuchen wir?
Wie alt sind wir?

Was wollen wir?

Wir wollen sie treffen.
      Wann? (am 24. April)
      Um wie viel Uhr? (um 15.30 Uhr)
      Geht das?
      Bitte per Fax (Nummer: ...) bestätigen.

Was steht am Ende?

Viel Spaß in Lucca.
Bis Mittwoch.
Tschüss.
Wir freuen uns schon auf das Treffen.

---

nach: Giusti u. a. (1996)

Nach diesem Muster wird von jedem Lernenden als Hausaufgabe ein Brief geschrieben. In der Klasse werden Gruppen gebildet; jede Gruppe wählt einen Brief aus und schreibt ihn auf Folie. Der Lehrer korrigiert die Fehler während der Gruppenarbeit. Die beschrifteten Folien werden über den Tageslichtprojektor projiziert und im Plenum bewertet. Der Brief, der die meisten Punkte bekommt, wird dann im Namen der

Klasse an die Partner geschickt. Im Projekttagebuch, das jeder Lernende führt, werden beide Briefe – sowohl der selbst verfasste als auch der von allen ausgewählte – aufbewahrt.

Schritt 5: *Vorbereitung der Interviews*

Da die Lernenden erst im 2. Jahr Deutsch lernen, müssen die Interviews in der Jugendherberge im Unterricht besonders gut vorbereitet werden. Diese Vorbereitung ist der fünfte Schritt im Projektablauf.

Aufgabe 60

Wie würden Sie mit den Lernenden aus Lucca das Projekt weiter vorbereiten?

1. *Was muss inhaltlich, sprachlich und praktisch vorbereitet werden?*

   _____

   _____

   _____

2. *Was für Aufgaben würden Sie den Lernenden geben? Was genau sollen sie tun?*

   _____

   _____

   _____

Wir zeigen Ihnen nun den ersten Ausschnitt aus der Videodokumentation, auf den Sie sich bereits durch die Fragen in Aufgabe 60 vorbereitet haben.

Aufgabe 61/
Videosequenz 9a

Schauen Sie nun bitte den ersten Ausschnitt der Unterrichtsdokumentation an und notieren Sie die Schritte des Projekts und die Aktivitäten der Lernenden.

Halten Sie zum Notieren der Stichpunkte die Videokassette jeweils kurz an.

Schritte zur Vorbereitung des Interviews	Aktivitäten der Lernenden
das Interview sprachlich vorbereiten	Klassengespräch: Redemittel für Beginn und Ende des Interviews sammeln

---

Auf dem folgenden Arbeitsblatt 2 sehen Sie, wie die Rollenverteilung beim Einsatz der Medien vorstrukturiert wurde.

■■

Arbeitsblatt 2
Rollenverteilung beim Interview

Name	Aufgabe
	Kassettenrekorder
	Fotoapparat
	Protokollführung
	Interview
	Interview
	Interview

nach: Giusti u. a. (1996)

Wir möchten in der nächsten Aufgabe Ihre Aufmerksamkeit auf die Sozialformen lenken, in denen die Vorbereitung des Interviews durchgeführt wurde.

Aufgabe 62
Videosequenz 9a

*Versuchen Sie sich bitte zu erinnern, in welchen **Sozialformen** die einzelnen Schritte in Aufgabe 61 durchgeführt wurden. Schauen Sie sich dazu diese Sequenz eventuell noch einmal an.*

1. _____

2. _____

3. _____

4. _____

5. _____

Schritt 6: *Simulation der Interviews*

Zur Vorbereitung des Projekts gehört auch die Simulation der Interviews – vielleicht haben Sie das ja schon in Ihrer Antwort zu Aufgabe 60 notiert.

Aufgabe 63/
Videosequenz 9b

Bitte sehen Sie sich die Videosequenz 9b an.

1. Welches Ziel hat die Simulation der Interviews? Was wird durch die Simulation erreicht?

2. Eine der Simulationen ist nicht ganz geglückt: Wie hätte das Ihrer Meinung nach verhindert werden können?

82

Schritt 7: *ein Lerntagebuch führen*

Parallel zu der Projektarbeit sind die Lernenden aufgefordert, ein Tagebuch zu führen. Zu den Vorbereitungsarbeiten für die Interviews erhalten die Lernenden für ihr Tagebuch vorbereitete Arbeitsblätter (s. Arbeitsblatt 3 und 4, S. 83 – 85).

Schauen Sie sich die Aufgaben auf den Tagebuchblättern (Arbeitsblatt 3 und 4 (S. 83 – 85) an.

1. *Was wollte der Unterrichtende damit erreichen?*

2. *Welche Fragen würden Sie übernehmen, welche verändern, wenn Sie selber einen solchen Projektunterricht planen würden? Warum?*

Aufgabe 64

Arbeitsblatt 3
Protokollblatt

Kreuze die Termine an

Tätigkeiten	Termine		
A1	3. 4. 96	15. 4. 96	16. 4. 96
Brainstorming			
Partnerarbeit			
Gruppenarbeit			
Diskussion im Plenum			
Simulation			
Arbeit mit dem Wörterbuch			
abschreiben			
Zettel beschriften			
A2 technische Geräte benutzen:			
Fotoapparat			
Videokamera			
Kassettenrekorder			
A3 Materialien benutzen:			
Wörterbuch			
Lehrwerk			
Spickzettel			
Tagebuch			

Arbeitsblatt 3 (Fortsetzung)
Protokollblatt

B1			
Am 3.4. haben wir	Brainstorming		
	Partner-/Gruppenarbeit		gemacht.
	Diskussion im Plenum		
	Simulation		

B2			
Am 3.4. haben wir	Zettel		beschriftet.
	von der Tafel/Pinnwand		abgeschrieben.
	mit dem Wörterbuch		gearbeitet.

B3			
Am 3.4 haben wir	technische Geräte		
	das Lehrwerk		benutzt.
	das Wörterbuch		

nach: Giusti u. a. (1996)

Arbeitsblatt 4
Tagebuch 1 (vor den Interviews)

Name: _____   Klasse: _____   Datum: _____

A in meiner Gruppe waren: (Familienname + Vorname)

_____

B Die Kooperation war:

sehr gut	gut	nicht so gut	schlecht	sehr schlecht
☐	☐	☐	☐	☐

denn:

☐ Wir arbeiten gern zusammen.   ☐ Wir arbeiten nicht gern zusammen.

☐ Ich arbeite lieber mit den   ☐ Ich arbeite lieber allein.
anderen.

☐ Ich mag meine Gruppe nicht.   ☐ Meine Gruppe akzeptiert mich nicht.

☐ Alle finden die Arbeit inte-   ☐ Die Arbeit ist lustig.
ressant.

☐ Die Arbeit ist nicht interessant. ☐ Wir finden die Arbeit langweilig.

☐ Nicht alle finden die Arbeit
interessant.

Arbeitsblatt 4 (Fortsetzung)
Tagebuch 1 (vor den Interviews)

C				
	der Lehrer			langweilig.
Ich war aktiv, denn	der Unterricht			interessant.
Ich war passiv, denn	meine Schulfreunde	war/ waren		schwierig.
Ich war nicht so aktiv, denn	das Brainstorming			leicht.
...	die Gruppenarbeit			lustig.

D			
Am interessantesten			die Organisation des Interviews.
Am langweiligsten			die Simulation des Interviews in der Gruppe.
Am leichtesten	war/ waren		die Simulation des Interviews mit der Parallelklasse.
Am schwierigsten			die Simulation des Interviews mit der Assistentin.
Am lustigsten			
...			

E			
	mich		vorstellen.
			begrüßen.
	mich		verabschieden.
Jetzt kann ich	mich	gut/ noch nicht so gut	bedanken.
			Verständnisfragen stellen.
			technische Geräte benutzen.
			Fragen über verschiedene Themen stellen.
			ein Interview machen.

nach: Giusti u. a. (1996)

Schritt 8: *Ortsbegehung*

Zu den Vorbereitungen gehört sinnvollerweise auch, dass die Lernenden den Ort kennen lernen, an dem sie das Interview machen wollen – in unserem Beispiel also die Jugendherberge.

> *Entwickeln Sie bitte (auf einem Extrablatt) ein Arbeitsblatt für die Erkundung der Jugendherberge.*

Aufgabe 65

Für die Erkundung der Jugendherberge haben die Lernenden ein Arbeitsblatt erhalten, das sie bei ihrer Erkundung mit zur Jugendherberge nehmen. Da sie das auf der Videosequenz 9c nicht sehen können, bilden wir es hier in Ausschnitten ab.

Arbeitsblatt 5
Ortsbegehung

Die Jugendherberge liegt ————————————————————

Die Telefonnummer ist ————————————————————

Der Herbergsvater heißt ————————————————————

A1 Erdgeschoss und 1. Stock

Wortschatz:
e Toilette/n
r Gartentisch/e
e Rezeption
r Schlafraum/Schlafräume
r Aufenthaltsraum/Aufenthaltsräume
e Treppe/n
r Flur/e
e Bar/s
e Dusche/n
...

A2 Trage die Wörter in den Grundriss ein.

A3 Kreuze die Orte an, wo man Texte auf Deutsch findet.

A4 Die Jugendherberge sieht so aus:

    ☐ gepflegt.

Sie ist ☐ sauber.

    ☐ schmutzig.

    ☐ groß.

Sie hat ☐ Schlafplätze.

    ☐ Schlafräume.

Du möchtest in den Ferien in der Jugendherberge übernachten, aber du hast noch keine Mitgliedskarte und du brauchst natürlich eine.

B1 Was musst du machen?

Man bekommt die Mitgliedskarte in ————————————————.

Auf die Mitgliedskarte muss man sechs ———————— aufkleben.

Jede Marke kostet ————————————.

Für jede ———————— braucht man eine Marke.

B2 Regeln in der Jugendherberge

Das ———————— ist zwischen 8.00 und 8.45 Uhr.

Man darf von ———————— bis ———————— nicht in der Jugendherberge bleiben.

Man muss um 23.30 Uhr ————————.
...

B3 Wo sammelt man Wünsche, Beschwerden, Anregungen, Ideen zur Jugendherberge?

Wo kann man ... kaufen?
Über welche Themen kann man Informationen finden?
...

nach: Giusti u. a. (1996)

> *Bitte sehen Sie sich die Videosequenz 9c an. Welche Tätigkeiten führen die Lernenden aus? Wofür ist das wichtig?*

Aufgabe 66/
Videosequenz 9c

Schritt 9: *Durchführung der Interviews*

Im Videoausschnitt in Sequenz 9d sehen Sie die Durchführung der Interviews in der Jugendherberge.

> 1. *Bevor Sie den Ausschnitt ansehen: Was vermuten Sie? Wie wird die Durchführung der Interviews verlaufen?*
>   *Was wird gut oder weniger gut klappen?*
> 2. *Schauen Sie sich nun die Sequenz 9d an: Was fällt Ihnen auf?*

Aufgabe 67/
Videosequenz 9d

Schritt 10: *Auswertung der Interviews*

Die letzte Phase des Unterrichtsprojektes beinhaltet die Auswertung der Interviews. Dazu gibt es verschiedene Möglichkeiten.

> 1. *Was sollte Ihrer Meinung nach im Anschluss an die Interviews im Unterricht geschehen?*
> 2. *Entwickeln Sie für die Lernenden Aufgaben oder Arbeitsblätter*
>   *a) zur Verarbeitung der eigenen Erfahrungen, der eigenen Fähigkeiten und Lernerfolge,*
>   *b) zur Auswertung der Kassetten- und Videoaufnahmen.*
> 3. *Sehen Sie bitte Videosequenz 9e an. Wie wird das Material ausgewertet?*
> 4. *Vergleichen Sie Ihre Vorschläge mit den im Projekt eingesetzten Materialien, die Sie im Lösungsschlüssel finden.*

Aufgabe 68/
Videosequenz 9e

Sie haben gesehen, dass es unterschiedliche **Möglichkeiten der Auswertung** gibt, die für Sie als Unterrichtende mehr oder weniger aufwändig sind und die den Lernenden mehr oder weniger viel Freiraum lassen. Unabhängig davon, welche Form der Auswertung Sie wählen, ist es wichtig, eine Auswertung zu machen, die folgende Aspekte einschließt:

Reflexion

➤ die Aufbereitung der Interviews für die Präsentation,

➤ die Verarbeitung der individuellen eigenen Erfahrungen im sozialen Kontext (eigene Gefühle, Zusammenarbeit mit den anderen),

➤ die Reflexion der Lernenden über das, was sie gelernt haben bzw. was sie noch lernen möchten,

➤ ein Gespräch über das, was gut gelaufen ist, und über das, was bei einem weiteren Projekt anders oder besser zu machen wäre,

➤ die eher technischen Aspekte (Vorbereitung und Einsatz der Geräte).

Schritt 11: *Präsentation der Ergebnisse*

Eng mit der Auswertung hängt die Frage nach der Präsentation der Ergebnisse zusammen.

> *Schauen Sie sich nun in der Videodokumentation (Sequenz 9f) an, wie das Projekt abgeschlossen wird.*

Aufgabe 69/
Videosequenz 9f

Möchten Sie die Präsentation und Auswertung von Gruppenergebnissen gezielt beobachten, so können Sie Beobachtungsbogen 5c (S. 153) verwenden.

Beobachtungsbogen 5c

Außer den im Video zu sehenden Aktivitäten gab es zum krönenden Abschluss des Projektes noch eine öffentliche Ausstellung in der Schule: Die Ergebnisse wurden auf einem Elternabend gezeigt, zu dem auch die Presse eingeladen war.

Vielleicht interessiert es Sie noch zu erfahren, ob die beteiligten Unterrichtenden und Lernenden zuvor schon Erfahrungen mit Projektarbeit gemacht hatten und wie sich das Projekt mit dem Lehrplan verbinden ließ?

Die beiden beteiligten Deutschlehrer hatten zwei Jahre zuvor an einem Fortbildungsseminar des Goethe-Instituts zum Thema *Unterrichtsprojekte* teilgenommen und wohl nicht zuletzt auch dadurch den Anstoß zur Durchführung dieses Projektes erhalten. Weder sie noch die Lerngruppe verfügten über praktische Projekterfahrungen und entsprechende Projektkompetenzen. Da beide Deutschlehrer des Instituts beteiligt waren und die Schulleitung das Projekt auch voll unterstützte, gab es keine Probleme, das Projekt in den relativ offenen Lehrplan für Deutsch zu integrieren.

Aufgabe 70

---

1. *Welche Kompetenzen – Kenntnisse, Fertigkeiten und Einstellungen – erwerben die Lernenden während dieses Interviewprojektes über die Erweiterung Ihrer Deutschkenntnisse hinaus?*

2. *Bitte gehen Sie noch einmal zum Anfang dieses Kapitels zu den Hauptideen und Prinzipien von Projektunterricht auf Seite 79 zurück.*

   Welche der aufgeführten Punkte wurden Ihrer Meinung nach in diesem Projekt gut oder weniger gut berücksichtigt?

3. *Wenn Sie Lust und die Möglichkeit haben, selber ein Projekt zu planen, so ist es hilfreich, wenn Sie sich die einzelnen Schritte des Projektablaufs noch einmal vergegenwärtigen.*

   a) *Bitte notieren Sie die einzelnen Schritte in Ihr Beobachtungslogbuch oder auf einem Extrablatt.*

   b) *Schreiben Sie neben die einzelnen Schritte, was Sie für Ihre Lerngruppen anwenden könnten bzw. welche Veränderungen Sie vornehmen würden.*

   c) *Notieren Sie auch die Sozialform, in der Sie die einzelnen Schritte planen.*

   Schritt 1: _____

   usw.

Reflexion

Bei dem zuletzt (in Videosequenz 9) gezeigten Projekt könnten den Lernenden z. B. schon bei der Planung mehr Freiheiten gegeben werden – die schon erwähnte Gruppe aus Lissabon hat zu dem gezeigten Projekt gefragt, warum den Schülern eine „scheinbare Planungsfreiheit" gegeben wird und ihnen keine „Zeit für Eigeninitiative" eingeräumt wurde (Kietzmann Lopes u. a. 2000, 11).

Sie haben die unterschiedlichsten Möglichkeiten kennen gelernt, über die Beobachtung von Unterricht Ihr methodisch-didaktisches Repertoire zu erweitern. Es bleibt Ihnen überlassen, was Sie übernehmen oder verändern wollen oder was Sie nicht in Ihren Unterricht integrieren können. Eine wichtige Rolle werden Ihre eigenen Unterrichtsvorstellungen spielen.

Vielleicht haben Sie Unterrichtsmitschnitte vermisst, in denen Sie Beispiele für eine gezielte Grammatikvermittlung oder andere Bereiche beobachten können. Wir können Sie nur ermutigen, sich mit Ihren Kolleginnen und Kollegen auszutauschen und sich gegenseitig im Unterricht zu besuchen. Dort können Sie dann auch gezielt das Thema und die Aspekte wählen, zu denen Sie sich fortbilden möchten.

aktuelle Aufnahmen

Das Projekt *Unterricht verstehen* (2002) besteht aus drei Fortbildungsmodulen mit Videobeispielen und Seminarmaterialien. Es basiert auf aktuellen Unterrichtsmitschnitten von Deutschunterricht, der in der Sekundarstufe in Ungarn, Dänemark, Frankreich und Schweden aufgenommen wurde. Darüber hinaus wurden umfangreiche Interviews mit den Lernenden und den Unterrichtenden zur gefilmten Stunde, aber auch zum Deutschlehren und -lernen durchgeführt.

Die Fortbildungsmodule berücksichtigen Forschungsergebnisse, nach denen sich das berufsfeldbezogene Alltags- und Erfahrungswissen von Lehrern und Lehrerinnen für das unterrichtliche Handeln als prägend erwiesen hat. In den Materialien werden deshalb im Sinne der Aktionsforschung Anleitungen gegeben, wie das Erfahrungswissen in die Fortbildung und professionelle Weiterentwicklung von Unterrichtenden einbezogen werden kann.

(Informationen: Kristina Pavlovic (pavlovic@goethe.de); Modul 1 ist ab Juni 2002 unter gimat@goethe.de bestellbar.)

Es gibt eine umfangreiche Videodokumentation aus dem Jahre 1988. Aufgenommen wurden 70 Unterrichtsstunden in 8 Ländern (England, Frankreich, Griechenland, Italien, Niederlande, Norwegen, Portugal, Schweden), überwiegend in der Sekundarstufe 2 (14 – 17 Jahre) mit Lernenden im 2. bis 5. Lernjahr und Deutsch als erster oder zweiter Fremdsprache. Es sind realitätsnahe Mitschnitte, in denen Unterricht unter den Bedingungen des jeweiligen Landes durchgeführt wird, d. h. so, wie er von einheimischen Lehrern bei Berücksichtigung bestimmter landesspezifischer methodischer Prinzipien, Lehrwerke usw. erteilt wurde (vgl. Dahl/Weis 1988).

Beobachtung von Grammatikvermittlung

Im Handbuch zu den Videoaufnahmen finden Sie zu jeder Unterrichtsaufnahme einen Unterrichtsplan der Unterrichtenden, Informationen zum Unterrichtskontext, eine schriftliche Darstellung des Unterrichtsverlaufs, das Unterrichtsmaterial, eine Zusammenfassung der Lehrer- und Schülerinterviews (wenn vorhanden) und in manchen Fällen Vorschläge zum Einsatz des Mitschnittes in der Lehrerfortbildung.

Dieses Material ist nach wie vor eine Fundgrube für Unterrichtsbeobachtungen. Mit den in dieser Fernstudieneinheit erworbenen Beobachtungsverfahren und -techniken können Sie daraus sicher viel Anregungen und Gewinn ziehen. Sie müssten sich bei einem Goethe-Institut in Ihrer Nähe erkundigen, ob das Material dort vorhanden ist (es kann nicht mehr bestellt werden).

4 Lehrerverhalten und Unterrichtsbeobachtung

Überblick

In diesem Kapitel werden Sie sich zunächst damit befassen, welche Lehrerverhaltensweisen Sie persönlich für wünschenswert bzw. für weniger wünschenswert halten. Dabei unterscheiden wir zwischen erlernbaren Lehrtechniken* *(teaching skills)* einerseits und nur bedingt veränderbaren Persönlichkeitsmerkmalen andererseits. Die Bereitschaft, das eigene Verhalten zu ändern, setzt voraus, dass Sie selbst eine bestimmte Verhaltensänderung wollen und diese für Sie auch machbar ist. Hierbei hilft Ihnen die Fähigkeit, Lehrerverhaltensweisen so zu beobachten, dass Sie diese als Anregungen für eigenes Unterrichtsverhalten nutzen können. Ziel dieses Kapitels ist es, die Bereitschaft zu schaffen, auch das eigene Lehrerverhalten gezielt zu beobachten und beobachten zu lassen, um daran weiterarbeiten zu können.

4.1 Zum Lehrerverhalten

Vielleicht erinnern Sie sich noch an die Feststellung, dass in spontane Äußerungen von Hospitierenden oft subjektive Urteile über „gutes" oder „schlechtes" Unterrichten einfließen (s. Kap. 2.3.1, S. 25ff.). Auch bei der Unterrichtsbeobachtung von Lehrerverhalten spielen bewusste, unbewusste und unausgesprochene Urteile über positives bzw. negatives Lehrerverhalten eine Rolle. Um Lehrerverhalten sinnvoll und Gewinn bringend beobachten zu können, müssen Sie sich in einem ersten Schritt Ihre eigenen Einschätzungen von Lehrerverhaltensweisen bewusst machen. Wenn Sie mit Kollegen und Kolleginnen zusammenarbeiten, sollten Sie sich über diese Bewertungen austauschen und als gemeinsame Ausgangsbasis auf einen Konsens hinarbeiten.

Aufgabe 71

Welche Verhaltensweisen von Lehrenden halten Sie für wünschenswert bzw. weniger wünschenswert? Notieren Sie bitte spontan, was Ihnen dazu einfällt.

wünschenswertes Lehrerverhalten	*weniger wünschenswertes Lehrerverhalten*

In zahlreichen Lehrerfortbildungsseminaren in verschiedenen Ländern haben wir gesammelt, welche Verhaltensweisen von Unterrichtenden die Kollegen und Kolleginnen für wünschenswert und für weniger wünschenswert halten.

Lesen Sie bitte die folgenden Äußerungen von Unterrichtenden aus mehreren Ländern zu wünschenswertem Lehrerverhalten.

1. Vergleichen Sie die Antworten mit Ihren Antworten in Aufgabe 71.

2. Kennzeichnen Sie diejenigen Antworten mit + , denen Sie zustimmen.

3. Kennzeichnen Sie diejenigen Antworten mit − , denen Sie nicht zustimmen.

Wünschenswertes Lehrerverhalten

Die Lehrerin/Der Lehrer ...

1. bringt die Lernenden viel zum Sprechen. .... ☐
2. benutzt die Zielsprache angemessen. .... ☐
3. verhält sich neutral, objektiv und gerecht. .... ☐
4. berücksichtigt das Wissen der Lernenden. .... ☐
5. geht auf Interessen, Wünsche, Vorschläge der Lernenden ein. .. ☐
6. hört zu, lässt (aus)sprechen, nachdenken, experimentieren. ...... ☐
7. hat schauspielerisches Talent. .... ☐
8. hat Sinn für Humor, ist originell und witzig. .... ☐
9. hat Spaß am Unterrichten und zeigt das auch. .... ☐
10. unterrichtet fachkompetent und gut informiert. .... ☐
11. verhält sich aufrichtig, natürlich und spontan. .... ☐
12. zeigt sich ausgeglichen und entspannt. .... ☐
13. ermutigt und lobt viel. .... ☐
14. ist gut vorbereitet. .... ☐
15. verhält sich konsequent, aber nicht autoritär. .... ☐
16. stellt sich nicht in den Mittelpunkt. .... ☐
17. zeigt sich kreativ und flexibel. .... ☐
18. kann von Unterrichtsplanung abweichen. .... ☐
19. zeigt sich nett, freundlich und hilfsbereit. .... ☐
20. versucht, gut strukturiert zu unterrichten. .... ☐
21. bemüht sich, ordentlich/pünktlich zu sein. .... ☐
22. bezieht alle Lernenden mit ein: geht auf Schwierigkeiten und schwache Lernende ein. .... ☐
23. respektiert die Persönlichkeit der einzelnen Lernenden. .... ☐
24. erträgt Kritik, gibt eigene Fehler zu. .... ☐
25. kann motivieren, begeistern. .... ☐
26. unterrichtet einfühlsam; zeigt sich offen. .... ☐
27. verhält sich ehrlich und gerecht. .... ☐
28. schafft eine angstfreie Atmosphäre. .... ☐
29. verhält sich partnerschaftlich. .... ☐
30. unterrichtet lernerorientiert und kommunikativ. .... ☐
31. unterrichtet geduldig. .... ☐
32. zeigt sich selber lernfähig und lernbereit. .... ☐
33. unterrichtet methodisch vielfältig. .... ☐
34. bemüht sich um Toleranz. .... ☐

Aufgabe 73

Lesen Sie nun auch die Äußerungen zu nicht wünschenswertem Lehrerverhalten.

1. Vergleichen Sie die Antworten mit Ihren Antworten in Aufgabe 71.

2. Kennzeichnen Sie diejenigen Antworten mit + ,denen Sie zustimmen.

3. Kennzeichnen Sie diejenigen Antworten mit − , denen Sie nicht zustimmen.

Weniger wünschenswertes Lehrerverhalten

Die Lehrerin/Der Lehrer sollte …

1. sich nicht arrogant, besserwisserisch verhalten. ☐
2. sich nicht phlegmatisch, eintönig, desinteressiert verhalten. ☐
3. nicht unpünktlich sein, die Stunde nicht überziehen. ☐
4. nicht undeutlich sprechen. ☐
5. sich nicht unflexibel und starr verhalten. ☐
6. nicht ungepflegt sein, sich nicht unangemessen kleiden. ☐
7. nicht nervös, chaotisch, unkonzentriert unterrichten. ☐
8. sich nicht launisch, unberechenbar verhalten. ☐
9. die Lernenden nicht mit zu viel Material überhäufen. ☐
10. sich nicht voreingenommen verhalten. ☐
11. keine ironischen oder zynischen Bemerkungen machen. ☐
12. keinen Druck ausüben, keine Angst machen. ☐
13. keine Unruhe, Hektik, Stress verbreiten. ☐
14. nicht zu ausschweifend/zu detailliert unterrichten. ☐
15. sich nicht ungeduldig verhalten. ☐
16. keine stereotypen Lehrerfragen stellen. ☐
17. keinen unstrukturierten, unlogischen Stundenablauf haben. ☐
18. keine ungenauen Anweisungen geben. ☐
19. nicht zu viel korrigieren. ☐
20. nicht zu persönlich/aufdringlich sein. ☐
21. nicht zu viel reden, Lernende nicht unterbrechen. ☐
22. Lernende nicht persönlich kritisieren. ☐
23. sich nicht ungerecht verhalten, keine Lernenden vorziehen. ☐

Die Äußerungen in Aufgabe 72 und 73 stimmen überein mit den *Merkmalen eines guten Fremdsprachenlehrers*, die bereits Mitte der 1970er-Jahre im Rahmen empirischer Unterrichtsforschung in den USA ermittelt wurden. Systematisch beobachtet und verglichen wurden damals über einen längeren Zeitraum Fremdsprachenlehrende, die von ihren Studenten als *überdurchschnittlich gut* beurteilt worden waren (Freudenstein 1976, 320).

Wir selber bemühen uns natürlich, mit unserem Lehrerverhalten unserem Bild vom „guten" Unterricht möglichst nahe zu kommen. Aber unser Verhalten in konkreten Unterrichtssituationen ist von vielen verschiedenen Faktoren abhängig. Häufig können (dürfen?) wir nicht so unterrichten, wie wir gerne möchten, oder es gelingt uns aus persönlichen Gründen nicht.

Überlegen Sie nun bitte: Wovon hängt es ab, wie Sie unterrichten und welches Lehrerverhalten Sie zeigen? Notieren Sie bitte einige Stichpunkte.

_____

_____

_____

_____

_____

_____

Vielleicht hat es Sie bei Ihren Überlegungen selbst überrascht, von wie vielen verschiedenen **Einflussfaktoren** jeder von uns Lehrenden in seinem alltäglichen Unterrichtsverhalten mehr oder weniger unbewusst bestimmt wird. Wir möchten uns einige dieser Faktoren im Folgenden näher ansehen:

1. **Tradition des eigenen Landes, der eigenen Kultur**

   Das in einer Kultur vorherrschende Lehrerbild und der Lehrerstatus sind häufig verbunden mit konkreten Erwartungen an Sie als Lehrende und die von Ihnen einzulösende Lehrerrolle. Dazu gehören Lerntraditionen und vorherrschende (gewünschte oder vorgeschriebene) Unterrichtsformen.

2. **Ausbildung und eigene Lernerfahrungen**

   ➤ Die Art Ihrer Ausbildung prägt Ihr Lehrerverhalten – haben Sie ein großes oder kleines Repertoire an Lehrtechniken vermittelt bekommen? Haben Sie eine Vielfalt von Methoden, eine Variationsbreite von Aufgabentypen und Sozialformen kennen gelernt usw.?

   ➤ Nicht zu unterschätzen ist die eigene Lernerfahrung: Beobachtungen und Befragungen haben gezeigt, dass viele Lehrer und Lehrerinnen sehr stark davon geprägt sind, wie sie selbst früher unterrichtet wurden: „Teachers teach as they were taught, not as they were taught to teach." (Altmann 1983; Übersetzung: „Lehrkräfte unterrichten so, wie sie selbst unterrichtet worden sind und nicht so, wie man ihnen vermittelt hat, zu unterrichten.")

3. **Rahmenbedingungen**

   ➤ Dazu gehören in einem weiteren Sinn Vorgaben durch die Institution, in der Sie unterrichten, etwa geltende Lehrpläne, Richtlinien, Prüfungen usw. Das kann die Unterrichtsmethodik ebenso betreffen wie Sozialformen oder etwa vorgeschriebene Unterrichtsmaterialien.

   ➤ In einem engeren Sinn betrifft das z. B. die Raumgröße, die Sitzordnung, die technische Ausstattung, die vorhandenen Lehr- und Lernmittel, die Größe der Lerngruppe.

4. **Lerngruppe**

   Ein weiterer wesentlicher Beeinflussungskomplex sind die von Ihnen zu unterrichtenden Lerngruppen und die Voraussetzungen, die sie mitbringen:

   ➤ das Alter der Lernenden, ihre Lernbiografien, ihre Ausbildung; Motivationen und Zielvorstellungen der Lernenden führen zu bestimmten Erwartungen an den Unterricht und an Ihr Lehrerverhalten.

   ➤ Auch das Sprachniveau hat Auswirkungen: Je fortgeschrittener die Sprachkompetenz der Lernenden ist, desto anspruchsvoller können auch die unterrichtlichen Sprachhandlungssituationen gestaltet werden.

   ➤ Nicht zu unterschätzen ist das Gruppenklima in der jeweiligen Lerngruppe. Sicher haben auch Sie schon die Erfahrung gemacht, mit einigen Kursen besser zurechtzukommen als mit anderen. Ihre gemeinsame Geschichte mit der jeweiligen Lerngruppe, Ihr persönliches Verhältnis zu den Lernenden, aber auch die aktuelle Gruppenstimmung haben Einfluss auf Ihr Lehrerverhalten.

5. Persönlichkeitsstruktur

➤ Sehr wichtig ist auch Ihre eigene Persönlichkeit: Fähigkeiten und Vorlieben sind unterschiedlich, ebenso, welcher Unterrichtsstil Ihnen am meisten liegt, ob und was Sie (besonders) gern oder ungern unterrichten, welche Themenbereiche Sie besonders interessieren, wie sicher Sie sich im Unterrichten fühlen usw.

➤ Je nachdem, wie stark oder weniger stark Sie mit den Bedingungen, unter denen Sie unterrichten, einverstanden sind, wird Ihre Identifikation mit der Arbeit, Ihre Einstellung und Motivation zum Unterrichten beeinflusst sein und damit Ihr Lehrverhalten mit prägen.

➤ Die Persönlichkeit der Lernenden spielt eine genauso große Rolle wie Ihre eigene. Wichtig für Ihr Verhalten wird sein, welche Beziehung Sie zwischen sich und den Lernenden (mit den je individuellen Prägungen) aufbauen und erhalten können.

➤ Es gibt auch, wie Sie wissen, aktuelle Stimmungen, eine „Tagesstimmung" (Müdigkeit, Probleme usw.) – sowohl bei Ihnen als auch bei den einzelnen Lernenden und in der Lerngruppe, die natürlich Ihr Verhalten beeinflussen.

Aufgabe 75

Ordnen Sie bitte Ihre Antworten aus Aufgabe 74 den übergeordneten Einflussfaktoren zu. Ergänzen Sie, wenn notwendig, die Kategorien.

1. Tradition des eigenen Landes, der eigenen Kultur:

_____

_____

2. Ausbildung und eigene Lernerfahrungen:

_____

_____

3. Rahmenbedingungen:

_____

_____

4. Lerngruppe:

_____

_____

5. Persönlichkeitsstruktur:

_____

_____

Reflexion

Die genannten Faktoren können es Ihnen schwer machen, wenn Sie z. B. versuchen möchten, von der Lerntradition Ihres Landes abweichende Methoden und Lerntechniken einzuführen. Dies geht immer nur langsam und schrittweise und sollte durch die eigene Ausbildung und Fortbildung unterstützt sowie möglichst durch gemeinsames Vorgehen mit Kollegen und Kolleginnen begleitet werden.

Auch sollten Sie diese Faktoren bei der Beobachtung von Lehrerverhalten nicht vergessen: Wenn Sie z. B. – angeregt durch Beobachtung – fremde Lehrerverhaltensweisen für Ihr eigenes Unterrichten übernehmen möchten, müssen Sie beachten, inwieweit die dort bestehenden Bedingungen auf Ihre Situation übertragbar sind.

4.1.1 Veränderbares und nicht veränderbares Lehrerverhalten

Im Folgenden differenzieren wir dreierlei in den Lehrerverhaltensweisen:

1. **Lehrtechniken**

   Es gibt Verhaltensweisen, die Sie sich als Lehrende angeeignet haben – in Ihrer Ausbildung, durch Ihre tägliche Unterrichtserfahrung, mithilfe von Fortbildung oder Arbeit an sich selbst. Dazu zählen Lehrtechniken und bestimmte Methoden, die Sie in Ihrem Unterricht verwenden, etwa um die Lernenden zum freien Sprechen zu motivieren. Solche Verhaltensweisen sind veränderbar. Jeder, der möchte, kann gezielt daran arbeiten, sie zu erlernen, zu trainieren und zu verändern.

2. **Angeeignete persönliche Verhaltensweisen**

   Dazu zählen wir Verhaltensweisen wie etwa den Lernenden zuzuhören, sie aussprechen zu lassen usw. Auch diese Verhaltensweisen sind trainierbar und veränderbar.

3. **Persönlichkeitsmerkmale**

   Dann gibt es Verhaltensweisen und Eigenschaften, die zu der Persönlichkeit der Unterrichtenden dazugehören, z. B. kulturbedingte und individuelle Eigenheiten. Diese bezeichnen wir als Persönlichkeitsmerkmale. Sie sind nur sehr schwer oder eventuell auch gar nicht zu erlernen oder zu verändern. Persönlichkeitsmerkmale sollten respektiert und angenommen werden. Was das im Einzelnen heißt, wird im folgenden Abschnitt genauer betrachtet.

---

1. *Bitte ordnen Sie die Äußerungen in den Aufgaben 72 und 73 (S. 91/92) den drei Oberbegriffen in der folgenden Tabelle zu. Entscheiden Sie nach Ihrer subjektiven Meinung.*
2. *Ordnen Sie dann auch Ihre eigenen Äußerungen aus Aufgabe 71 in diese Tabelle ein.*
3. *Diskutieren Sie die Zuordnungen mit Ihren Kolleginnen und Kollegen, wenn Sie die Möglichkeit dazu haben.*

<u>Aufgabe 76</u>

Wünschenswertes Lehrerverhalten		
Lehrtechniken	*angeeignete persönliche Verhaltensweisen*	*Persönlichkeitsmerkmale*
z. B.: Lernende viel zum Sprechen bringen	z. B.: Wissen der Lernenden berücksichtigen	z. B.: sich neutral, objektiv und gerecht verhalten

Weniger wünschenswertes Lehrerverhalten		
Lehrtechniken	*angeeignete persönliche Verhaltensweisen*	*Persönlichkeitsmerkmale*
z. B.: undeutlich sprechen	z. B.: sich desinteressiert verhalten	z. B.: sich arrogant verhalten

Reflexion

Sicher wird Ihnen die Zuordnung nicht immer leicht gefallen sein. Besonders bei den weniger wünschenswerten persönlichen Verhaltensweisen ist es schwierig zu entscheiden, wie sehr sie durch die Persönlichkeit geprägt und damit schwer oder eventuell gar nicht zu verändern sind. Dies gilt es jeweils im Einzelfall und im Einvernehmen mit den Unterrichtenden herauszufinden. Häufig lassen sich solche Verhaltensweisen auch auf Unsicherheiten im Unterrichten zurückführen, die sich aber verbessern lassen.

Einige der in Aufgabe 72 geäußerten wünschenswerten Persönlichkeitsmerkmale sind sicher umstritten, diskussionswürdig, kulturbedingt oder auch unrealistisch: Ordnungsliebe und Pünktlichkeit z. B. sind sehr kulturabhängige Werte; und sich als Unterrichtender immer *neutral, objektiv* und *gerecht* zu verhalten, ist nicht immer möglich und eine recht unrealistische Forderung.

Wir wollten Sie für die Unterschiede zwischen erlernbaren und weniger erlernbaren Lehrerverhaltensweisen sensibilisieren, damit Sie bei Unterrichtsbeobachtungen mit Ihren Lehrerkollegen und -kolleginnen und mit sich selbst in diesem Punkt sehr achtsam und umsichtig umgehen. In den nächsten Abschnitten werden Sie diesen wichtigen Aspekt bei der Frage nach Veränderungsmöglichkeiten für Lehrerverhalten und der Gestaltung direkter Rückmeldungen zu gesehenem Lehrerverhalten immer wieder finden.

4.1.2 Beobachtbares und nicht beobachtbares Lehrerverhalten

Ein weiterer wesentlicher Gesichtspunkt bei der Beobachtung von Lehrerverhaltensweisen ist die Frage, inwieweit Lehrerverhalten überhaupt im Einzelnen beobachtbar ist.

Einige Verhaltensweisen lassen sich eindeutig beobachten; andere kann man nur anhand von „Indizien", konkreten Verhaltensweisen oder wörtlichen Aussagen festmachen. Und wiederum andere sind gar nicht beobachtbar oder hängen stark von subjektiven Erfahrungen und Einschätzungen ab.

Wir möchten das an einigen Äußerungen aus Aufgabe 72 und 73 erläutern.

Äußerungen zu wünschenswertem Lehrerverhalten, z. B.	beobachtbar/zu beobachten durch/ nicht eindeutig beobachtbar
Benutzung der Zielsprache	eindeutig beobachtbar
die Lernenden ernst nehmen, teilnehmerorientiert arbeiten	Unterrichtender hört aufmerksam zu; beantwortet Fragen; geht auf Vorschläge der Lernenden ein; erklärt seine Ziele
Unterrichtender verhält sich ausgeglichen und entspannt	ist nicht eindeutig beobachtbar und von subjektiver Wahrnehmung abhängig

Äußerungen zu weniger wünschenswertem Lehrverhalten, z. B.	beobachtbar/zu beobachten durch/ nicht eindeutig beobachtbar
Unterrichtender redet zu viel	alle Äußerungen der Unterrichtenden mit einer Uhr stoppen und notieren
Unterrichtender entmutigt die Lernenden, kritisiert sie persönlich	Äußerungen der Unterrichtenden, etwa: „Sie machen das schon wieder falsch." Oder: „Sie lernen das nie."
Unterrichtender verbreitet Hektik, verhält sich chaotisch, unberechenbar oder zu langsam und phlegmatisch	ist nicht eindeutig beobachtbar, da von subjektiver Wahrnehmung abhängig (Dazu könnten auch die Lernenden nach ihrer Wahrnehmung gefragt werden.)
Unterrichtender erscheint unordentlich, unpünktlich usw.	ist nicht eindeutig beobachtbar und eventuell auch kulturabhängig

Schauen Sie sich bitte Ihre eigenen Notizen in Aufgabe 71(S. 90) noch einmal an. Wählen Sie einige Ihrer Äußerungen zu wünschens- und weniger wünschenswertem Lehrerverhalten aus.

An welchen „Indizien" können Sie die nicht so eindeutig beobachtbaren Verhaltensweisen beobachten und beschreiben?

_____

_____

_____

_____

Aufgabe 77

4.1.3   Voraussetzungen zur Veränderung von Lehrerverhalten

Die Bereitschaft, eigenes Lehrerverhalten ändern zu wollen, hängt von bestimmten Voraussetzungen und Bedingungen ab, mit denen wir uns im Folgenden befassen möchten.

Eine Grundvoraussetzung ist zunächst die Entscheidung, **ob** Sie etwas verändern möchten – das ist Ihre ganz persönliche Entscheidung. In Kapitel 4.1.1 (S. 95) haben wir die Kategorie *Persönlichkeitsmerkmale* eingeführt. Im Zusammenhang mit erwünschten Veränderungen von Lehrerverhalten sind diese individuellen Eigenschaften des Lehrenden ein sehr sensibler Punkt. Zu bedenken ist dabei:

➤ Die Grenzen zwischen veränderbaren und nicht veränderbaren Persönlichkeitseigenschaften sind individuell verschieden. Es gibt keine ideale Lehrerin, keinen optimalen Lehrer. Es kann und soll nicht darum gehen, sich an dem Bild eines fiktiven „perfekten Unterrichtenden" zu orientieren und alle möglichen Verhaltensweisen an sich selbst infrage zu stellen und verändern zu wollen.

➤ Es wird beispielsweise nicht jedem Unterrichtenden liegen, schauspielerisches Talent zu zeigen oder witzig und originell zu sein. Solche Eigenschaften können nicht die Voraussetzung dafür sein, als „guter" Unterrichtender zu gelten. Wie Sie wissen, hat jeder seine ihm eigene individuelle Persönlichkeit mit Eigenheiten, Angewohnheiten, Stärken und Schwächen. Eine Reihe dieser Eigenschaften werden sicherlich für die Aufgaben als Unterrichtende geeignet und hilfreich sein, andere vielleicht weniger. Es macht uns sicherer, zufriedener und damit in unserem Beruf auch leistungsfähiger, wenn wir uns im Wesentlichen so annehmen und akzeptieren, wie wir sind.

➤ Einerseits ist es besonders wichtig, die eigenen Stärken zu erkennen und auszubauen. Andererseits werden Sie aber auch mehr Sicherheit gewinnen, wenn Sie sich Ihre „Schwächen" – was immer Sie darunter verstehen – bewusster anschauen. Das ermöglicht Ihnen herauszufinden, wie Sie besser mit ihnen umgehen und sie vielleicht durch die Stärken, die Sie haben, ausgleichen können.

Zu dem zuletzt genannten Punkt möchten wir Ihnen ein **Beispiel** geben.

Beispiel

Ein relativ zurückhaltender Kollege fand seinen eigenen Unterricht zu monoton. Das wollte er verändern. In einem Lehrtraining hat er gezielt geübt, seine Stimme stärker zu variieren – also mal lauter, leiser, langsamer, schneller usw. zu sprechen. Außerdem hat er geübt, seinen Platz hinter dem Pult häufiger zu verlassen, sich im Kursraum mehr zu bewegen und hin und wieder mal etwas von sich selbst zu erzählen.

Schon durch diese drei kleinen Schritte – Modulation der Stimme, Bewegung im Raum, persönliche Ansprache – verbesserte sich die Atmosphäre in seinem Unterricht deutlich. Der Kollege gewann immer mehr Sicherheit; er wurde von sich aus noch offener und spontaner; das wiederum führte zu mehr Lebendigkeit usw.

Reflexion

Wir wollten Ihnen mit diesem Beispiel Mut machen: Die Veränderungsschritte waren überschaubar und trainierbar und hatten schnelle, deutlich spürbare und umfassende Verbesserungen zur Folge, die sich wiederum gegenseitig verstärkten und eine positive Kettenreaktion auslösten.

Der Wunsch nach Veränderung Ihres Lehrerverhaltens kann durch Verschiedenes ausgelöst werden, es könnte dazu auch eine Notwendigkeit bestehen. Mit diesen Motiven und Bedingungen beschäftigen wir uns nun.

Aufgabe 78

Bitte kreuzen Sie an und ergänzen Sie.

1. Allgemeine persönliche Motive

☐ *Sie haben bei anderen Kollegen oder Kolleginnen Unterrichtsverhalten gesehen, das Ihnen gefällt.*

☐ *Sie haben bei Lehrerfortbildungsveranstaltungen Lehrtechniken kennen gelernt, die Sie erwerben möchten.*

☐ *Sie möchten Ihren Unterricht (ständig) weiter verbessern.*

☐ *Sie experimentieren mit Ihrem Lehrerverhalten zu Ihrer eigenen Motivation, da Sie Interesse und Spaß an Neuem haben.*

☐ *Sie möchten für sich und Ihre Lernenden mehr Freude und Effizienz in Ihrem Unterricht erreichen.*

_____

_____

2. Persönliche Motive: Schwierigkeiten

☐ *Sie kommen mit der Unterrichtsmethode nicht zurecht.*

☐ *Sie fühlen sich bei der Unterrichtsgestaltung oder bei einzelnen Lehrtechniken unsicher.*

☐ *Sie fühlen sich beim Unterrichten nicht wohl, sind mit ihrem Unterricht nicht zufrieden.*

☐ *Sie haben Angst vor dem Unterrichten.*

☐ *Sie haben Probleme mit einzelnen Lernenden oder Lerngruppen.*

☐ *Ihre Lernenden kritisieren Ihren Unterricht/ziehen den Unterricht von anderen Lehrerinnen und Lehrern vor.*

_____

_____

3. *Durch äußere Bedingungen bestimmte Motive*

☐ *Die Lehrpläne und der daraus resultierende Zeitdruck zwingen Sie zu Verhaltensänderungen.*

☐ *Ihre Institution/Ihr Direktor erwartet Verhaltensänderungen von Ihnen.*

☐ *Es werden an Ihrer Institution neue Methoden eingeführt, deren Durchführung Sie erlernen möchten oder müssen.*

☐ *Es werden neue Lehrwerke eingeführt, die ein verändertes Lehrerverhalten erfordern.*

☐ *In Ihrem Land findet eine Veränderung der Unterrichtsmethoden statt.*

☐ *Sie haben an eine Institution gewechselt, in der nach anderen Methoden und Lehrwerken unterrichtet wird.*

☐ *Sie haben (oder werden) neue Lernende bekommen.*

☐ *Es gibt mehr Lehrerkonkurrenz und Sie haben Angst um Ihren Arbeitsplatz.*

_____

_____

Zusammenfassung

Wenn Sie von einem Ziel selbst überzeugt sind, werden Sie am ehesten bereit sein, aktive Schritte zur Veränderung Ihres Lehrerverhaltens zu machen. Halten Sie selber etwas für wichtig und richtig und wollen es erreichen, so ist dies die beste Voraussetzung, dabei auch erfolgreich zu sein. Dabei ist es sehr wichtig:

➤ die Verhaltensweisen und Eigenschaften zu akzeptieren, die Sie nicht ändern können,

➤ den Mut zu haben, das zu ändern, was Sie ändern können,

➤ das eine vom anderen unterscheiden zu können.

Bevor Sie anfangen, an Ihrem Lehrerverhalten zu arbeiten, um es zu verändern, können Ihnen die folgenden Schritte helfen. Sie sollten

➤ selber eine Verhaltensänderung oder Verhaltensmodifizierung wollen,

➤ sich Ihres eigenen Verhaltens im Unterricht bewusst sein,

➤ genau wissen, was Sie verändern möchten,

➤ wissen, welches Verhalten Sie lernen möchten,

➤ erkennen, in welchen Situationen Sie dieses Verhalten noch nicht verwirklicht haben und wann es angemessen ist,

➤ überzeugt sein, dass Sie dieses Verhalten erlernen können,

➤ schon Vorstellungen darüber haben, wie Sie es erlernen können oder möchten.

➤ Wird eine bestimmte Verhaltensweise von Ihnen erwartet, so sollten Sie überzeugt sein, dass dieses erwartete Verhalten wünschenswerter ist und besser funktioniert als Ihr eigenes bisheriges Verhalten.

4.2 Zur Unterrichtsbeobachtung von Lehrerverhalten

Aber was ist nun erforderlich, um eigenes Lehrerverhalten auch wirklich verändern zu können? Unterrichten und Lehrerverhalten lassen sich – ähnlich wie andere praktische Dinge wie z. B. Auto fahren, Schauspielern, Reden halten, Moderieren, Singen, Tennis spielen usw. – nicht erwerben, indem man sich ausschließlich theoretisch mit ihnen beschäftigt. Möchte man sich Lehrtechniken und Lehrerverhalten aneignen oder verändern, so ist praktisches Lernen und Experimentieren erforderlich, durch das beides erprobt, ausgewertet, neu versucht usw. werden kann. Um sich dabei über das eigene Unterrichtsverhalten bewusster zu werden und gezielt daran arbeiten zu können, ist die Unterrichtsbeobachtung das wichtigste Hilfsmittel.

Aufgabe 79

> *Welche praktischen Möglichkeiten fallen Ihnen ein, um Unterrichtsbeobachtung für die Veränderung Ihres Lehrerverhalten zu nutzen?*
>
> _____
>
> _____
>
> _____

4.2.1 Selbstbeobachtung während des Unterrichtens

Schon 1986 schreibt Becker:

> Eine „schon immer übliche Feedback*-Form ist die der Nachbesinnung, Nachbereitung oder Auswertung des Unterrichts mittels Selbstreflexion. Der Lehrende vergegenwärtigt sich noch einmal den Unterrichtsverlauf, denkt über die Lehr-Lern-Handlungen nach, über einzelne Lehr-Lern-Situationen, Konfliktsituationen, über die Lehr-Lernfolge und die sich abzeichnenden Ergebnisse. Dies erfolgt sowohl retrospektiv [rückblickend] als auch prospektiv [auf die Zukunft bezogen]. Je nach Stand der beruflichen Sozialisation wird der Lehrende bewußt oder unbewußt zu diesem Prozeß der Selbstbesinnung die unterschiedlichsten Beurteilungskriterien heranziehen."

Becker (1986), 179/180

Sehr hilfreich bei dieser Form der Selbstbeobachtung und Selbstreflexion ist es, sich eigene Ziele zu setzen. Bewährt hat es sich auch, hierbei eine Art Lerntagebuch zu führen, das Bestandteil Ihres Beobachtungslogbuchs werden könnte: Sie können sich dort, wie in dem folgenden Vorschlag illustriert, notieren, was Sie genau beobachten möchten, welches Ihre Ziele sind und durch welche konkreten Schritte Sie diese Ziele erreichen wollen. Dazu halten Sie dann schriftlich fest, welche Konsequenzen aus Ihren Bemühungen, welche Fortschritte und Erfolge Sie für sich verzeichnen können.

Vorschlag
für ein Lerntagebuch
zur Selbstbeobachtung

Möchten Sie ein **Lerntagebuch** führen, so können Sie vor und nach einer Selbstbeobachtung die folgenden Fragen für sich beantworten:

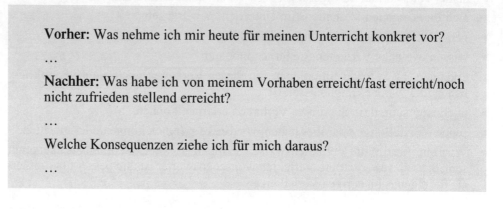

Vorher: Was nehme ich mir heute für meinen Unterricht konkret vor?

…

Nachher: Was habe ich von meinem Vorhaben erreicht/fast erreicht/noch nicht zufrieden stellend erreicht?

…

Welche Konsequenzen ziehe ich für mich daraus?

…

Oder:

Was für Erfahrungen habe ich heute im Unterricht gemacht?

…

Welche Lehrtechniken oder Verhaltensweisen möchte ich in Zukunft in meinem Unterricht umsetzen?

…

Wie möchte ich das umsetzen?

…

Bis wann möchte ich es umsetzen?

…

Ihre Selbstbeobachtungen und Selbstreflexionen:

…

Aufgabe 80

Stellen Sie sich vor, Sie würden Ihren eigenen Unterricht selbst beobachten, während Sie unterrichten. Welche Möglichkeiten und Vorteile, aber auch welche Grenzen und Nachteile hat diese Form der Unterrichtsbeobachtung?

Möglichkeiten/Vorteile:

_____

_____

Grenzen/Nachteile:

_____

_____

Reflexion

Ihre Einschätzung der Vor- und Nachteile einer Selbstbeobachtung während Ihres Unterrichts wird sicher unterschiedlich ausgefallen sein. Auf unsere Anmerkungen im Lösungsschlüssel möchten wir noch etwas ausführlicher eingehen:

Ein Vorteil könnte z. B. sein, dass Ihnen bei der Selbstbeobachtung noch zusätzlich zu dem, was Sie beobachten wollten, die eine oder andere Verhaltensweise auffällt, die Ihnen beobachtenswert erscheint. Oder Sie stoßen eventuell auf eine oder mehrere Verhaltensweisen, die Sie gerne verändern möchten. Sie können sich nun speziell darauf konzentrieren und versuchen, sie beim nächsten Unterrichten gezielt zu verändern.

Ein Nachteil der stark subjektiv geprägten Selbstbeobachtung besteht darin, dass wir häufig nur das wahrnehmen, was wir auch wahrnehmen wollen, und es besteht oft ein großer Unterschied zwischen den tatsächlichen Handlungen und unserem Selbstbild, zwischen dem „realen Selbst" und dem „idealen Selbst".

Hinzu kommt, dass es sehr schwierig ist, sich beim Unterrichten selbst zu beobachten. Zu sehr ist die eigene Aufmerksamkeit durch die Gestaltung des Unterrichts, das Verhalten der Lernenden, auftauchende Fragen und Schwierigkeiten und vieles andere mehr gebunden. Das Unterrichtsgeschehen selbst erfordert die volle Konzentration des Unterrichtenden. So ist es sehr schwer bzw. fast unmöglich, sich dabei auch noch „neben sich selbst zu stellen" – und sowohl das eigene Verhalten wie auch das Wechselspiel zwischen dem eigenen Verhalten und dem Verhalten der Lernenden gezielt wahrzunehmen.

Eine Selbstbeobachtung – ohne die Wahrnehmung und Meinung anderer zu dem Unterricht zu hören – kann auch eher zu Unsicherheit und noch mehr Fragen über das eigene Lehrerverhalten führen als zu mehr Sicherheit und Klarheit.

4.2.2 Selbstbeobachtung mithilfe von Videoaufzeichnungen

Eine ideale Möglichkeit, den eigenen Unterricht zu beobachten, ist es, Ihren eigenen Unterricht auf Video aufzeichnen zu lassen. Auch wenn Sie zurzeit eine solche Möglichkeit nicht haben, halten wir es für sinnvoll, dass Sie dieses Kapitel durcharbeiten.

Aufgabe 81

1. Worin sehen Sie den besonderen Reiz, sich auf einem Video selbst unterrichten zu sehen?

2. Was würden Sie gerne aufnehmen lassen: Welche Inhalte, Fertigkeiten, Lehrtechniken usw. würden Sie an sich selbst gerne beobachten?

3. Welche Möglichkeiten bietet ein Mitschnitt des eigenen Unterrichts?

_____

_____

4. Welche Einschränkungen und Nachteile sind zu beachten?

_____

_____

Wir möchten Ihnen (in Videosequenz 10b) die Gelegenheit geben, einer Kollegin dabei zuzuschauen, wie sie ihren eigenen Unterricht, der auf Video aufgenommen wurde, beobachtet. Dazu zeigen wir Ihnen zuerst den Unterricht selbst (in Videosequenz 10a) in einigen Ausschnitten.

Informationen zu
Videosequenz 10a

Der Unterricht selbst wurde im April 1998 in Bordeaux/Frankreich in einer *cinquième* (das entspricht einer 7. Klasse in Deutschland) gefilmt. Die Lernenden sind ca. 12 Jahre alt. Sie sollen einen Comic, in dem die Sprechblasen ausgelackt sind, versprachlichen. Thematisch geht es um die Suche nach einem Geburtstagsgeschenk.

Aufgabe 82/
Videosequenz 10a

Sehen Sie sich bitte Videosequenz 10a an.

1. Was fällt Ihnen am Lehrerverhalten auf?

2. Welche Fragen zum Lehrerverhalten hätten Sie an die Kollegin (wenn Sie sie fragen könnten ...)?

_____

_____

Zwischen der Aufnahme des Unterrichts und dem Ansehen des Unterrichts liegen also eineinhalb Jahre: Die Selbstbeobachtung wurde im November 1999 auf Video aufgezeichnet. Die Lehrerin hat das Video des Unterrichts bereits selbst und auch schon einmal gemeinsam mit den Schülern angesehen.

In Videosequenz 10b sehen Sie nun die Kollegin, die ihren eigenen Unterricht beobachtet. Dabei spricht sie alles aus, was ihr zu dem, was sie auf dem Video sieht, einfällt. Bei diesem Ansehen ihres eigenen Unterrichts war sie nicht allein, außer zwei Kameramännern und mir waren auch zwei Kolleginnen anwesend.

Aufgabe 83/
Videosequenz 10b

Sehen Sie sich nun bitte Videosequenz 10b an.
Beobachten Sie die Mimik und Gestik der Kollegin beim Anschauen Ihres Unterrichts. Versuchen Sie, daraus Rückschlüsse auf ihre Empfindungen zu ziehen.

Sehen Sie sich bitte die Videosequenz 10b ein zweites Mal an.

1. Welche der folgenden **Oberkategorien** kommentiert die Unterrichtende? Ordnen Sie jeweils ein Beispiel zu.

a) Sie rekonstruiert und reflektiert ihr Lehrverhalten.

_____

b) Sie äußert sich kritisch über ihr eigenes Lehrverhalten.

_____

c) Sie gibt Erklärungen zur Lerngruppe, zu einzelnen Schülern oder zum Unterrichtsstoff.

_____

d) Sie erläutert und begründet einzelne methodisch didaktische Schritte.

_____

e) Sie äußert sich zu einschränkenden Auswirkungen der Aufnahmesituation.

_____

2. Was meinen Sie: War diese Selbstbeobachtung eher eine positive oder negative Erfahrung für die Kollegin? Was hat sie wohl daraus für sich gelernt?

- **Hinweise für Videoaufnahmen des eigenen Unterrichts**

Für diejenigen von Ihnen, denen wir mit unserem Beispiel „Appetit" auf das Aufnehmen und Anschauen des eigenen Unterrichts gemacht haben, möchten wir noch einige wichtige Hinweise und Tipps geben.

Die Kollegin, Frau Mauran, die Sie aus Videosequenz 6 kennen, schrieb uns zum Vorteil der Selbstbeobachtung, dass:

> „... der Film ein fast neutrales Bild vom Unterricht ermöglicht. Er ermöglicht es mir, kein Wunschbild von mir selbst zu haben."

Und sie schreibt weiter:

> „Ich glaube, ich würde nicht allen Lehrern raten, sich filmen zu lassen und besonders nicht denen, die große Schwierigkeiten haben – aus Angst, sie könnten es danach nicht verkraften. Oder es sei denn, man sollte (wie bei einem Projekt) stufenweise vorgehen und zum Beispiel beim ersten Mal nur die Schüler filmen, um dank diesem Spiegelbild die Auswirkungen von dem, was man selber sagt oder macht, feststellen zu können."

Wir halten diese Anregung für eine sehr gute Idee. Auch empfehlen wir, wenn Sie sich noch nie selbst auf Video gesehen haben, das erste Anschauen der Aufnahme vielleicht erst einmal ganz allein und in Ruhe vorzunehmen. Einige Kollegen und Kolleginnen waren, als sie sich zum ersten Mal auf Video gesehen haben, sogar ein wenig geschockt und fragten (sich): _Oh je, so leise spreche ich? Was, so viel bewege ich mich?_ usw. Doch dieser erste Schreck geht schnell vorbei und dann wird es wirklich interessant, was Sie alles beobachten und aus dem Sich-selber-Zuschauen für Ihr Lehrerverhalten lernen können.

Die folgenden **technischen Hinweise** für die Aufnahmen Ihres eigenen Unterrichts sind sehr hilfreich:

technische Hinweise

➤ Um die erste Aufregung und die Berührungsängste abzubauen und zu überwinden, lassen Sie sich schon vorher – z. B. beim Aufbauen der Geräte und bei den Besprechungen mit dem Kameramann – einfach mal so filmen. Schauen Sie dabei auch einmal selbst durch den Sucher der Kamera und sehen Sie sich das Gefilmte kurz an.

➤ Ihre Lernenden sind sicher auch aufgeregt und nervös. Tun Sie nicht so, als ob die Kamera gar nicht da sei, sondern thematisieren Sie die Situation. Bevor Sie mit dem Unterricht beginnen, sprechen Sie mit den Lernenden über die Kamera, über die Aufnahmesituation usw. Fragen Sie die Lernenden, wie es ihnen geht, und lassen Sie sie ihre Spannung und Nervosität ausagieren – z. B. in die Kamera hineinlachen, Blödsinn machen, winken, Freunde grüßen usw. – und einige auch mal durch die Kamera schauen. Dann kann es losgehen mit dem eigentlichen Unterricht.

➤ Wenn Sie sich mit einer Kamera aufnehmen lassen, sollte diese beweglich sein. Haben Sie zwei Kameras zu Verfügung, lassen Sie sich am besten mit einer beweglichen und einer fest stehenden, ständig auf Sie gerichteten Kamera filmen. Sprechen Sie mit dem Kameramann darüber, wie die Stunde ablaufen wird und was Ihnen bei den Aufnahmen wichtig ist.

➤ Machen Sie vorher einen Test, ob auch der Ton von allen Teilen des Kursraums aus gut aufgezeichnet wird und bei der Wiedergabe gut verständlich ist.

Sie haben in dieser Fernstudieneinheit gemerkt, wie ergiebig die Arbeit mit konkreten Unterrichtsbeispielen auch bei nicht einwandfreier Filmqualität ist. Das sollte Ihnen wiederum Mut machen, Ihren Unterricht auch dann aufnehmen zu lassen, wenn Sie nur über eine einfache Videokamera verfügen.

Wir möchten Ihnen nun für das Anschauen des eigenen Unterrichts auf Video noch einige Verfahrensweisen vorstellen. Sie kennen diese Möglichkeiten und Beobachtungstechniken bereits aus der Arbeit mit den Unterrichtsmitschnitten in Kapitel 2. Sie werden also vieles wiedererkennen und nun sehen, wie Sie diese Techniken bei der Selbstbeobachtung in variierter Form einsetzen können.

● **Auswertung der Videoaufnahmen des eigenen Unterrichts**

Um die Aufnahme Ihres Unterrichts optimal auswerten zu können, möchten wir Ihnen folgendes **Vorgehen** empfehlen:

Schritt 1: Sie sehen sich die Videoaufnahme unvorbereitet an.

Sie sollten Ihren Mitschnitt zunächst immer erst einmal spontan global ansehen, um Ihr eigenes Verhalten relativ unvoreingenommen auf sich wirken zu lassen. Halten Sie schriftlich zunächst alles fest, was Ihnen zu Ihrem eigenen Unterrichtsverhalten auffällt.

Schritt 2: Sie überlegen sich, wie Sie weiter vorgehen möchten.

Sie wählen aus den Möglichkeiten zum weiteren Vorgehen aus und entscheiden sich,
– ob Sie die Videoaufnahme noch einmal allein ansehen möchten,
– ob Sie die Videoaufnahme einer Kollegin/einem Kollegen oder den Lernenden zeigen möchten,
– ob Sie die Videoaufnahme gezielt unter bestimmten Fragestellungen ansehen möchten.

Schritt 3: Sie sehen sich die Videoaufnahme noch einmal vorbereitet an.

Zur Vorbereitung des zweiten Ansehens können Sie sich selbst (Innenperspektive) *vor* dem Ansehen fragen,
– wie Sie sich selbst beim Unterrichten gefühlt haben,
– was Ihrem Gefühl nach im Unterricht besonders gut und was eher problematisch oder schlecht verlaufen ist.

Konzentrieren Sie sich dabei nur auf eine oder sehr wenige Verhaltensweisen, die Sie genauer untersuchen möchten. Voraussetzung ist, dass Sie diese Momente noch sehr deutlich in Erinnerung haben. Probieren Sie diese Innenperspektive einmal an einem Beispiel Ihres Unterrichts aus.

Schauen Sie sich nun das Video bzw. Ausschnitte daraus unter dem Aspekt an, wie Sie Ihren Unterricht jetzt von außen – als Beobachter Ihres eigenen Unterrichts – wahrnehmen (Außenperspektive).

Schritt 4: Sie beobachten spezielle Lehrtechniken und das Lehrerverhalten.

Wenn Sie sich auf die Beobachtung von methodisch-didaktischen Aspekten in Ihrem Unterricht konzentrieren möchten, helfen Ihnen dazu die Beispiele in Kapitel 3 und die Beobachtungsbögen 2 – 6 (S. 148 – 154).

Hinweis:
methodisch-didaktische
Aspekte

Wenn Sie ausführlicher und gezielter an Ihrem Lehrerverhalten arbeiten möchten, bieten wir Ihnen zur genauen Beobachtung auf den Beobachtungsbögen 7a – 7f (S. 155 – 160) sechs verschiedene Aspekte an (etwa Ihren Unterrichtsstil, Ihr Sozialverhalten usw.), denen wir bestimmte Kriterien zugeordnet haben. Wählen Sie zu Ihrer eigenen Beobachtung jedoch immer nur einen Aspekt und nie mehr als einen Bogen aus.

Aspekte des Lehrer-
verhaltens:
Beobachtungsbögen
7a – 7f

Schritt 5: Abschließende Auswertung der Selbstbeobachtung

Bei allen beschriebenen Formen der Selbstbeobachtung (auch ohne Videoaufnahmen) ist es äußerst hilfreich und effektiv, am Ende die wichtigsten Punkte in einem zusammenfassenden Kurzprotokoll festzuhalten. Hierfür empfehlen wir Ihnen zwei **Muster**, die sich in der Praxis sehr bewährt haben.

Muster 1

Was gut geklappt hat; was ich gut kann	Was nicht so gut geklappt hat; was ich anders/besser machen möchte	Worauf ich bei der nächsten Selbstbeobachtung besonders achten werde; was ich beim nächsten Unterrichten üben werde
weniger Lehrerecho: die Antworten der Lernenden weniger wiederholt als beim letzten Mal	noch weniger Wiederholung von eigenen Anweisungen	einmalige klare Formulierung von Fragen und Arbeitsanweisungen

nach: Meyer (1980), 371

Die Konsequenzen, die Sie aus Ihrer Selbstbeobachtung ziehen, können Sie für Ihren Unterricht oder für die nächste Selbstbeobachtung auch in folgendem Raster gut zusammenfassen. Denken Sie dabei daran, sich auf möglichst nur ein bis zwei Aspekte zu konzentrieren und sich auf keinen Fall mehr als drei Dinge auf einmal vorzunehmen.

Alternative:
Muster 2

Welche Verhaltensweisen möchte ich erlernen?	Wie schaffe ich das am besten?	Welche Verhaltensweisen möchte ich abbauen?	Wie schaffe ich das am besten?
Lernenden mehr Zeit geben	Stille ertragen (leise bis 20 zählen)	Lehrerecho; Wiederholung von eigenen Anweisungen	Arbeitsanweisungen schon in der Unterrichtsvorbereitung formulieren

Zusätzlich können Sie sich noch überlegen, ob sie noch einmal eine Videoaufzeichnung Ihres Unterrichts machen lassen möchten und ob Sie dann etwas anders machen möchten.

Die angesprochenen Möglichkeiten zur Auswertung von Unterrichtsmitschnitten auf Video eignen sich auch sehr gut – mit kleinen Varianten – bei gegenseitiger, partnerschaftlicher Unterrichtsbeobachtung, mit der wir uns im nächsten Kapitel beschäftigen werden.

4.2.3 Partnerschaftliche, gegenseitige Unterrichtsbeobachtung

Wir möchten mit einem Zitat beginnen:

> „Gerade weil wir als Lehrer meinen, wir verstünden genug vom Unterrichten, uns würden wichtige Dinge schon auffallen, reicht die Selbstbeobachtung nicht aus; daneben brauchen wir die Irritation durch einen fremden Beobachter, der ungewohnte Fragen stellt und Dinge wahrnimmt. Und wir brauchen neben der Konfrontation mit eigenem Unterricht auch die Verunsicherung und Bereicherung durch ganz andere Unterrichtsverfahren unserer Kollegen ...“
>
> Krumm (1982), 1

Bevor wir uns der Planung einer gegenseitigen Unterrichtsbeobachtung in den Schritten *vor*, *während* und *nach* der Unterrichtsbeobachtung zuwenden, möchten wir

➤ beschreiben, was wir unter der partnerschaftlichen Beobachtung verstehen (Definition),

➤ auf die Vorteile eingehen,

➤ einige Voraussetzungen und Möglichkeiten besprechen,

➤ auf einige Beobachtungsgrundsätze zurückgreifen,

➤ Beobachtungstechniken zusammenfassen.

Die größten Chancen und vielfältigsten Möglichkeiten, an seinem Lehrerverhalten erfolgreich arbeiten zu können, liegen in der gegenseitigen, partnerschaftlichen Unterrichtsbeobachtung von Kollegen untereinander.

Es handelt sich hierbei um eine Zusammenarbeit mindestens zweier Kollegen oder Kolleginnen, die eine Art Arbeitsteilung vereinbaren, bei der im Wechsel jeweils einer die Rolle des Lehrenden und der andere die des Beobachters wahrnimmt.

Es sollte Ihnen klar sein, dass es bei der partnerschaftlichen Beobachtung nicht darum geht, sich einen „Experten“ von außen in den Unterricht zu holen, der einem sagt, was man richtig oder falsch gemacht hat. Bedenken Sie, dass jeder Beobachter immer nur selektiv wahrnimmt. Außerdem fehlt ihm viel, was der Lehrende hat, z. B. genauere Kenntnisse über die Lerngruppe und ihre Entwicklung, den aktuellen Lernstand, Besonderheiten und spezielle Schwierigkeiten der Gruppe oder des Stoffes und nicht zuletzt die Innenperspektive während des Unterrichtens.

Im Zusammenführen der beiden Perspektiven liegen die besonderen Möglichkeiten der partnerschaftlichen Unterrichtsbeobachtung. Sie bietet den Vorteil, sich arbeitsteilig mal aufs Unterrichten und mal aufs Beobachten zu konzentrieren. Nicht der Beobachter oder die Beobachterin liefert nach dem Unterricht eine Auswertung der Stunde, sondern diese Aufgabe lässt sich nur gemeinschaftlich lösen, indem beide kompetent zusammenarbeiten. Tragen beide im Anschluss ihre Wahrnehmungen und Einschätzungen zusammen, kommen sie dem wirklichen Geschehen näher.

Aufgabe 85

Können Sie sich gegenseitige Unterrichtsbeobachtung vorstellen?

Was sind für Sie wichtige Voraussetzungen, damit eine partnerschaftliche, gegenseitige Unterrichtsbeobachtung funktioniert?

Wir wissen nicht, welche Voraussetzungen Sie für wesentlich halten. Uns erscheinen folgende **Aspekte** wichtig für eine funktionierende gegenseitige Beobachtung:

➤ Beide Partner sollten Sachkompetenz, Taktgefühl und Zurückhaltung mitbringen und mit Unvoreingenommenheit, Vorsicht und Fairness vorgehen.

➤ Unterrichtende und Beobachtende sollten diese Form der Zusammenarbeit auch wirklich wünschen.

➤ Beide Partner sollten sich gegenseitig akzeptieren, sich gleichberechtigt fühlen und Vertrauen zueinander haben, d. h., sie sollten sich gegenseitig für dieses Projekt ausgewählt haben.

➤ Sie sollten sich vor den Beobachtungen über die eigenen Normen, Ansprüche und Erwartungen an „guten" Unterricht und wünschenswertes Lehrerverhalten austauschen und sich möglichst auf eine gemeinsame Ausgangsbasis einigen.

➤ Sie sollten über ein gewisses Repertoire an Beobachtungstechniken verfügen und im Umgang mit ihnen kompetent sein (so, wie es in den vorherigen Kapiteln vermittelt wurde).

Aufgabe 86

> *Welche Möglichkeiten und Vorgehensweisen einer gegenseitigen Unterrichtsbeobachtung sehen Sie?*

Für partnerschaftliche Unterrichtsbeobachtungen gibt es ein breites Spektrum von Möglichkeiten, die von der Verabredung sporadischer gegenseitiger Besuche im Unterricht bis hin zur Institutionalisierung fester Beobachtungspartnerschaften reichen. Der Vorteil einer solchen Partnerschaft ist es, dass sich zu Beobachtende und Beobachter mehrfach gegenseitig im Unterricht besuchen. Dadurch lernen sie sich gegenseitig besser kennen und werden mit dem Unterrichtsstil und der Kursgruppe von Mal zu Mal vertrauter.

Elemente einer solchen partnerschaftlichen, gegenseitigen Unterrichtsbeobachtung finden sich zum Beispiel in der Schweiz im Rahmen eines partnerschaftlichen Lehrerselbstfortbildungskonzeptes im *Tandem** (vgl. Enns 1996 und 1999).

In den ersten beiden Kapiteln haben Sie einige Beobachtungsgrundsätze kennen gelernt, die auch für die gegenseitige Beobachtung gültig sind. An einige möchten wir Sie erinnern:

Beobachtungs-grundsätze

1. Achten Sie darauf, eine neutrale Beschreibung des Unterrichtsgeschehens von der Interpretation des Gesehenen zu trennen.

2. In jede Beobachtung fließen (meist unbewusste) Vorstellung von „gutem" Unterricht und „gutem" Lehrerverhalten ein. Diese Ihre eigenen subjektiven Grundsätze sollten Sie sich bewusst machen.

3. Denken Sie an die fragende Beobachtungshaltung (s. Kap. 2.3.2, S. 28f.).

4. Machen Sie sich Ihre Bewertungsmaßstäbe klar.

Was die Beobachtungstechniken betrifft, so können Sie hierbei auf die Möglichkeiten zurückgreifen, die Sie in dieser Fernstudieneinheit mit den Unterrichtsmitschnitten schon kennen gelernt und erprobt haben:

Beobachtungs-techniken

1. Ungesteuertes globales Beobachten

2. Von globalen Leitfragen gesteuertes Beobachten

3. Gesteuertes, gezieltes Beobachten
   a) mithilfe vorliegender Beobachtungsbögen: Der/Die Beobachtende beobachtet den Unterricht anhand ausgewählter Fragestellungen in Beobachtungsbögen.
   b) Der/Die Beobachtende entwickelt selbst oder gemeinsam mit dem/der Unterrichtenden Beobachtungsbögen zu einem ausgewählten Gesichtspunkt.

4. Gezielte Vorbereitung der Beobachtung
   a) Der/Die Beobachtende bereitet sich auf die Unterrichtsstunde anhand der Materialien und/oder Ziele usw. vor.
   b) Der/Die Beobachtende und der/die Unterrichtende planen die Stunde gemeinsam.

- *Vor der partnerschaftlichen, gegenseitigen Beobachtung*

Aufgabe 87

Planen Sie konkret eine gegenseitige Unterrichtsbeobachtung oder stellen Sie sich vor, Sie würden bald eine durchführen. Was soll vor dem Unterrichtsbesuch stattfinden?

*Schreiben Sie bitte auf, was Sie und Ihr Partner oder Ihre Partnerin – also Unterrichtende und Beobachtende – **vor** der eigentlichen Unterrichtsbeobachtung tun und verabreden sollten.*

_____

_____

_____

_____

Die im Folgenden zusammengestellten Schritte, die dazu dienen sollen, die Unterrichtsbeobachtung für beide Seiten erfolgreich und fruchtbar werden zu lassen, stammen aus einer Umfrage unter Kollegen in Goethe-Instituten in der Bundesrepublik Deutschland (vgl. Ziebell 1998, 21ff.).

Aufgabe 88

*Lesen Sie bitte die folgenden **Schritte zur Vorbereitung einer Unterrichtsbeobachtung** durch:*

1. Kreuzen Sie an, mit welchen Schritten Sie einverstanden sind.

2. Streichen Sie die Schritte, die Sie nicht sinnvoll finden.

3. Ergänzen Sie einzelne Schritte, wenn Sie möchten.

a) **Bereitschaft zur Unterrichtsbeobachtung klären**

Fragen Sie einen Kollegen oder eine Kollegin, ob sie bereit wäre, in Ihrem Unterricht zu hospitieren.

_____

b) **Termin vereinbaren**

Vereinbaren Sie einen Termin für die Vorbesprechung und die Beobachtung(en).

_____

c) **Vorentscheidungen treffen**

Treffen Sie eine gemeinsame Entscheidung über das Ziel der Unterrichtsbeobachtung.

Treffen Sie eine Entscheidung darüber, ob Ihr Unterricht zunächst ohne Beobachtungsschwerpunkte angesehen werden soll.

Treffen Sie eine Entscheidung, welche Aspekte beobachtet werden sollen.

_____

d) **Beobachter informieren**

Informieren Sie Ihren Beobachter

– über ihre Lernenden: über deren Niveau, Bedürfnisse, Besonderheiten usw.,

– über den Stellenwert der Stunde in Ihrer Gesamtkonzeption,

– über das Hauptanliegen der zu beobachtenden Stunde, den geplanten Unterrichtsverlauf (Inhalte, Lehrziele, Lehrmaterialien und ggf. Gründe für didaktisches Vorgehen), über Besonderheiten und zu erwartende Schwierigkeiten usw.

e) **Gemeinsame Ausgangsbasis herstellen**

Anhand der Fragestellungen „Was macht guten Unterricht aus?", „Wann halten wir eine Stunde für gelungen?", „Was ist für uns wünschenswertes bzw. weniger wünschenswertes Lehrerverhalten?" werden die Vorstellungen beider über Unterricht ausgetauscht und miteinander abgestimmt.

f) **Gemeinsame Unterrichtsvorbereitung**

Besprechen Sie eventuell Ihre Lehrskizze mit dem Beobachter oder bereiten Sie die Stunde gemeinsam vor.

g) **Endgültige Entscheidung treffen**

Überprüfen Sie Ihre Beobachtungsschwerpunkte und -kriterien und fällen Sie eine endgültige Entscheidung.

Wählen Sie gemeinsam Beobachtungsbögen aus oder erstellen Sie selbst welche.

h) **Verhaltensweisen festlegen**

Einigen Sie sich auf Verhaltens- und Vorgehensweisen während der Unterrichtsbeobachtung und im Auswertungsgespräch.

Zu der Phase der Vorbereitung einer Unterrichtsbeobachtung eignen sich die Beobachtungsbögen 8 – 10 (S. 161 – 163). Sie werden entweder nur vom Unterrichtenden oder – bei gemeinsamer Unterrichtsvorbereitung – vom Unterrichtenden und Beobachtenden gemeinsam ausgefüllt.

Beobachtungsbögen 8 – 10

– Auf **Beobachtungsbogen 8** können **Informationen** zur Lerngruppe und allgemeine Informationen zur Unterrichtsstunde notiert werden.

– Auf **Beobachtungsboten 9** können die Schritte der **Unterrichtsplanung** festgehalten werden.

– Auf **Beobachtungsbogen 10** können alle Formen der **Visualisierung** wie z. B. die Gestaltung des Tafelbildes oder der Folien sowie visuelle Grammatik- oder Worterklärungen notiert werden. Der Beobachtungsbogen kann sowohl zur Unterrichtsplanung wie auch zur Beobachtung während des Unterrichts herangezogen werden. Bei einem Auswertungsgespräch können die Notizen sehr hilfreich sein, besonders wenn Sie die Entstehung, Klarheit und Übersichtlichkeit der Visualisierungen festgehalten haben.

Auch alle Beobachtungsbögen, die für Mitschriften während der Beobachtung oder für die Auswertung nach der Beobachtung vorgesehen sind, können Sie schon im Rahmen ihrer Unterrichtsplanungen als Orientierung heranziehen. Insbesondere die detaillierten Beobachtungsbögen eignen sich, um gezielt Beobachtung und Feedback zu speziellen Bereichen des eigenen Unterrichts festzulegen.

Hinweis

- *Während* der partnerschaftlichen, gegenseitigen Beobachtung

Aufgabe 89

Bitte notieren Sie: Was sollte der/die Beobachtende während der Unterrichts-beobachtung tun bzw. nicht tun? Was für Verhaltens- und Vorgehensweisen wünschen Sie sich von dem/der Beobachtenden während des Unterrichts-besuches?

Bei der bereits erwähnten Umfrage unter Unterrichtenden an Goethe-Instituten in der Bundesrepublik Deutschland (vgl. Ziebell 1998) wünschten sich die Unterrichtenden von den Beobachtenden die in Aufgabe 90 zitierten Verhaltens- und Vorgehensweisen.

Aufgabe 90

Mit welchen Äußerungen sind Sie einverstanden bzw. nicht einverstanden? Bitte unterstreichen Sie sie, wenn Sie einverstanden sind, oder streichen Sie sie durch, wenn Sie nicht einverstanden sind.

Während der Hospitation sollten die Beobachtenden ...	Stichwort
1. neutral, wertfrei, objektiv, unauffällig, passiv bleiben; ruhig beobachten	Neutralität
2. nicht nur einen passiven Beobachter-status einnehmen; sich bei den Lernen-den vorstellen; den Grund ihres Besu-ches angeben	Besucherrolle
3. sich in die Gruppe und den Unterricht einfühlen; sich mit dem Unterrichtenden identifizieren; wohlwollend beobachten, entspannte Aufmerksamkeit zeigen, Ruhe und Freundlichkeit (freundliche Blicke) ausstrahlen	Wohlwollen
4. sich möglichst unauffällig verhalten (kein Gefallen bzw. Missfallen spüren lassen); keine Reaktionen zeigen, die die Unter-richtenden oder die Lernenden als Kritik auffassen könnten; nicht durch ihr Ver-halten (z. B. Gähnen) verunsichern; per-sönliche Einschätzungen nicht „sichtbar" machen	keine Reaktionen, Unauffälligkeit
5. möglichst genaue Notizen machen, Mit-schrift der Beobachtungen erstellen (wörtliche Zitate/Ausschnittsprotokolle, aufgetretene Phänomene usw.)	ausführliche Mitschrift
6. möglichst unauffällig Notizen machen; nur Kurznotizen machen; eine +/– (Plus-/Minus-)Liste notieren; sich nicht von der Klasse abkapseln; ausführliche Notizen erst direkt im Anschluss an die Stunde machen	wenig Mitschrift

7. aufpassen, zuhören; keine Notizen während des Unterrichtens machen (erst direkt im Anschluss an die Stunde)	keine Mitschrift
8. sich nicht in das Unterrichtsgeschehen einmischen; keine Kommentare geben, nicht beeinflussen	keine Einmischung
9. aktiv am Unterricht nur dann teilnehmen, wenn es sinnvoll und von den Unterrichtenden gewollt ist	Teilnahme, nur wenn erbeten
10. nicht isoliert sitzen und sich Notizen machen, sondern aktiv mitmachen z. B. bei Gruppenarbeit	Mitarbeit im Unterricht

Reflexion

Ihre Erwartungen und Wünsche, die Sie in Aufgabe 89 notiert haben, und die Äußerungen, die Sie in Aufgabe 90 gelesen haben, werden Ihnen gezeigt haben, dass die Vorstellungen vom Verhalten eines Beobachtenden sehr unterschiedlich sind. Wichtig ist deshalb eine genaue Absprache: Der Unterrichtende muss seine Wünsche an den Beobachtenden präzise äußern und der Beobachtende muss damit einverstanden sein.

Beobachtungsbögen 10 – 12

Die Beobachtungsbögen 11 und 12 (S. 164/165) können gut während der Beobachtung eingesetzt werden. (Sie können diese Bögen vor der Mitschrift auf DIN A3 vergrößern, um ein Maximum an Informationen festhalten zu können.)

– **Beobachtungsbogen 10** (Visualisierungen) kennen Sie schon von der Vorbereitung der Beobachtung. Wird er während der Beobachtung eingesetzt, so füllt ihn nur der Beobachtende aus.

– **Beobachtungsbogen 11** dient der globalen **Einschätzung** des Unterrichts (Sie kennen den Inhalt bereits aus Kapitel 2 als Beobachtungsbogen 1 für die Auswertung von Videomitschnitten). Der Beobachtungsbogen eignet sich in jedem Fall als Orientierung für das anschließende Auswertungsgespräch. Ihre Notizen halten Sie entweder bereits während der Beobachtung und/oder direkt im Anschluss daran auf diesem Bogen fest.

– **Beobachtungsbogen 12** ist ein **Verlaufsprotokoll**. Es ermöglicht den Beobachtenden, ihre ersten Beobachtungen und Eindrücke in übersichtlicher Form festzuhalten, ohne dass sie durch die Beantwortung umfangreicher Beobachtungsaspekte zu sehr von der Wahrnehmung des Unterrichtsgeschehens abgelenkt werden. Eine Alternative hierzu wäre auch ein unstrukturiertes Verlaufsprotokoll, auf dem neben einer Zeitleiste der Unterrichtsablauf frei mitprotokolliert wird.

Hinweis

Neben diesen hier kommentierten Beobachtungsbögen können Sie natürlich auch die anderen Beobachtungsbögen zu verschiedenen Aspekten des Lehrerverhaltens oder zu speziellen methodischen Bereichen (Hörverstehen, Textvorbereitung, Arbeit mit Video usw.) heranziehen.

Anmerkungen zur Verwendung der Beobachtungsbögen

Wie schon erwähnt, geht es bei der Beobachtung primär um die Beobachtung dessen, was mit den Unterrichtenden abgesprochen ist. Haben Sie sich auf spezielle Beobachtungsschwerpunkte geeinigt, so sollten nie mehr als zwei (maximal drei) Beobachtungsbögen gleichzeitig ausgefüllt werden, um eine Überforderung des Beobachters, eine Störung des Unterrichts durch den Umgang mit einer zu großen Anzahl von Blättern und eine Überfrachtung der Nachbesprechung zu vermeiden.

Bei allen Beobachtungen – und insbesondere auch bei der Arbeit mit den detaillierten Beobachtungsbögen (zum Ankreuzen) – geht es auf keinen Fall darum, zu bewerten, ob die Unterrichtenden die auf dem Bogen sehr ausdifferenziert und detailliert vorgegebenen Kriterien erfüllen oder nicht. Vielmehr kann sich der Beobachtende mithilfe der Bögen einen ersten Überblick verschaffen und eventuelle Beobachtungs-aspekte und Schwerpunkte für das Auswertungsgespräch identifizieren.

• Auswertungsgespräch: *nach* **der Unterrichtsbeobachtung**

Stellen Sie sich vor, Sie haben die Unterrichtsstunde Ihrer Kollegin oder Ihres Kollegen gesehen oder Sie sind selbst beobachtet worden.

Aufgabe 91

Was sollte nach der Unterrichtsbeobachtung geschehen?
Wie sollte das Nachgespräch gestaltet werden?
Bitte notieren Sie Ihre Vorschläge.

_____

_____

_____

_____

_____

In Aufgabe 92 finden Sie Vorschläge und Wünsche, die von Unterrichtenden in Deutschland genannt wurden.

Aufgabe 92

Vergleichen Sie Ihre Vorschläge mit den folgenden Vorschlägen und Wünschen. Unterstreichen Sie die für Sie relevanten Aussagen.

1. Was sollte im Anschluss an die Unterrichtsbeobachtung getan werden:

a) sich mit freundlichen Worten bei dem oder der Unterrichten-den und der Lerngruppe bedanken?

b) eine zeitlich ausreichende (2 Stunden?), ausführliche, ehrliche, konstruktive Nachbesprechung in offener Atmosphäre durch-führen?

c) Zeitpunkt der Auswertung festlegen: direkt im Anschluss an den Unterricht/mit ein bisschen Abstand/am selben Tag oder später ...?

2. Wünsche und Vorschläge für das Auswertungsgespräch

Eine kollegiale, partnerschaftliche Nachbesprechung, in der Un-terrichtende und Beobachtende gemeinsam eine Einschätzung des Unterrichts erarbeiten:

a) konstruktiver Austausch von Eindrücken der Unterrichtenden und der Beobachter auf gleichwertiger Kommunikationsebene,

b) gemeinsame Reflexion, was gut bzw. nicht so gut gelaufen ist,

c) sich im Dialog den schwierigen Punkten nähern,

d) gemeinsame Erarbeitung von Vorschlägen für mögliche Lö-sungen, Veränderungen, Alternativen,

e) Weiterentwicklung von Ideen, Problemstellungen usw.,

f) Offenheit für Argumente und Wege des anderen.

3. Weitere Ideen und Anregungen

Die Lernenden in die Besprechung einbeziehen, wenn der oder die Unterrichtende damit einverstanden ist.

4. **Verabredungen für die Zukunft**

   a) Der Beobachter sollte nach ein paar Tagen bzw. Wochen nachfragen, wie es der oder dem Unterrichtenden in der Zwischenzeit ergangen ist.

   b) Beide können eventuell Beobachtungsschwerpunkte für die nächste Unterrichtsbeobachtung festlegen.

   c) Möglicherweise später (z. B. nach 4 – 8 Wochen) erneute Unterrichtsbeobachtung und Reflexion der Veränderungen; gegenseitige Unterrichtsbesuche verabreden.

   d) Der/Die Beobachtete sollte die Möglichkeit erhalten, sich über das Beobachtungs- und Feedbackverhalten der Beobachterin bzw. des Beobachters zu äußern und hierzu (Veränderungs-) Wünsche auszusprechen.

5. **Vertraulichkeit und Datenschutz**

   Beobachtungen und Gesprächsergebnisse werden vertraulich behandelt; die Notizen gelangen in die Hände des Beobachteten; Schweigen gegenüber Dritten ist wichtig zur Wahrung des Vertrauens.

Für die Phase nach der Beobachtung und das Auswertungsgespräch finden Sie auf Beobachtungsbogen 13 (S. 166/167) Anregungen: Dieser Beobachtungsbogen stellt eine Reihe von Fragen zur Verfügung, anhand derer sich die oder der Unterrichtende nach der Unterrichtsstunde zunächst allein Gedanken über die eigene Stunde machen kann. Ebenso gut kann der Bogen für ein gemeinsames Gespräch zwischen Beobachtenden und Unterrichtenden eingesetzt werden. In beiden Fällen sollten Sie nur die für Sie wichtigen Fragen bzw. diejenigen Fragen auswählen, auf die sie sich gemeinsam vor der Beobachtung geeinigt haben.

Beobachtungsbogen 13

• **Tipps und Regeln für ein hilfreiches Feedback**

Entscheidend ist vor allem, wie in dem gemeinsamen Auswertungsgespräch die Beobachtungen eingebracht, verarbeitet und nutzbar gemacht werden. Das Feedback zum eigenen Unterricht und damit zur eigenen Person kann einem sehr nahe und „unter die Haut gehen". Sehr deutlich drückte dies eine Kollegin in einem Seminar aus: „Wenn wir unsere Arbeit beobachten lassen, zeigen wir ja nicht nur ein Produkt, wie ein Tischler seinen Stuhl oder ein Künstler sein Gemälde, sondern wir zeigen uns mit unserer ganzen Persönlichkeit und stellen uns somit ganz zur Disposition. Deshalb ist das ein so empfindlicher Punkt."

Hier ist also sehr viel Sensibilität und Fingerspitzengefühl gefragt. Oft ist es sehr hilfreich, wenn die Beobachtungspartner Absprachen treffen, wie sie sich das Feedback im Auswertungsgespräch wünschen.

Folgende **Grundvoraussetzung** sollte immer beachtet werden:

> Jeder Unterrichtende und Lernende hat das Recht auf eigene Persönlichkeit, unabhängig von den Erwartungen der Beobachter.
>
> Äußerungen zu beobachtetem Unterricht sollten:
>
> – nie den Charakter der Lehrerin oder des Lehrers angreifen,
> – nie die psychische Sicherheit der beobachteten Lehrer bedrohen,
> – nie die Entwicklungsmöglichkeiten einer Lehrerin/eines Lehrers in Frage stellen.

nach: Krumm (1982), 5

Bevor wir Auswertungsgespräche charakterisieren, die positiv, konstruktiv und Gewinn bringend für beide Beteiligten sind, geben wir zwei Beispiele, wie ein Auswertungsgespräch nicht sein sollte:

Vage Verallgemeinerungen, wie z. B. *Du bist manchmal zu streng. Du kannst (nicht) gut motivieren* sind zu ungenau und helfen niemandem. Solche Äußerungen sind individuelle Meinungen und bereits Werturteile.

Auch mit so genannten Ratschlägen sollte sehr vorsichtig umgegangen werden. Eine Aussage wie *Stell doch nicht so viele Fragen auf einmal* wirkt sehr belehrend und kann den Beobachteten in eine Verteidigungshaltung drängen. Ein stellvertretender Ratschlag wie z. B. *Ich an deiner Stelle würde die Arbeitsaufträge mündlich und schriftlich geben* ermöglicht dem Unterrichtenden keinen eigenen Lernprozess und ist außerdem kein überzeugendes Argument (vgl. Becker 1986, 155 – 157).

Interessanter als Interpretationen, Ratschläge oder Bewertungen sind immer konkrete Beschreibungen und sachliche, möglichst objektive Informationen zum gesehenen Lehrerverhalten. Konkrete Aussagen und punktuell wörtlich mitprotokollierte Äußerungen der Lehrenden oder Lernenden bieten die Möglichkeit, im Auswertungsgespräch gemeinsam die Auswirkungen spezieller Verhaltensweisen und Lehrtechniken genauer herausfinden zu können.

Erinnern Sie sich noch an eine der ersten Beobachtungsregeln, die Sie in dieser Fernstudieneinheit gelernt haben, nämlich aus Kritikpunkten Fragen zu formulieren? Aussagen wie *Ich überlege mir, warum du wohl erst das Material und dann die Aufgabenstellung eingegeben hast? Was hast du damit bezweckt?* können als Anhaltspunkt dienen, den Bereich der Aufgabenstellung gemeinsam genauer zu untersuchen.

Im Mittelpunkt der Auswertung sollte die Frage stehen, wie die Interessen der Lernenden am besten berücksichtigt werden können.

Aber auch die Unterrichtenden selbst können an die Beobachter Fragen stellen, deren Ausgangspunkt eine Selbstreflexion ist, z. B.:

> „Ich überlege mir, wie ich in diesem Unterricht die Steuerung der Gruppenprozesse gehandhabt habe. Kannst du mir zeigen, was du beobachtet hast?"

Enns (1999), 54

Aufgabe 93

Wie wünschen Sie sich ein für Sie hilfreiches Feedback?

Welche Absprachen und Regeln zur Kritik würden Sie mit Ihrem Beobachtungspartner gerne vereinbaren?

_____

_____

_____

_____

_____

_____

_____

_____

_____

Wir haben Ihnen im Folgenden eine Reihe von Tipps und Hinweisen für die Auswertungsgespräche nach der Beobachtung zusammengestellt (vgl. Grell 1976), die sich für das Gelingen erfolgreicher Beobachtungspartnerschaften bewährt haben und die Ihnen als wichtiges Handwerkszeug dienen können.

Aufgabe 94

Bitte lesen Sie die Tipps (nach Grell 1976). Welchen stimmen Sie zu? Welche Begründungen gibt es für diese Regeln?

Tipps und Regeln für hilfreiches Feedback

1. Lassen Sie zwischen beobachtetem Unterricht und Auswertungsgespräch immer eine Pause, um Abstand gewinnen zu können.

2. Versuchen Sie, Feedback nie auf das gesamte Lehrerverhalten oder auf alle Aspekte einer Unterrichtsstunde zu beziehen. Konzentrieren Sie sich immer nur auf einige wenige Aspekte.

3. Setzen Sie den Schwerpunkt auf positive Bemerkungen und die Verstärkung erwünschter Verhaltensweisen.

4. Geben Sie nach Möglichkeit sachliche und möglichst objektive Informationen zum beobachteten Aspekt, z. B. können Sie bei wichtigen Teilen einige Äußerungen der Unterrichtenden und der Lernenden wörtlich mitprotokollieren. Achten Sie bei Beschreibungen, Fragen und Hinweisen auf konkrete Formulierungen.

5. Kritikpunkte und Veränderungsvorschläge sollten in der Nachbesprechung immer mit den Unterrichtenden gemeinsam entwickelt werden. Wichtig: kritisches Feedback darf nur zu Verhaltensweisen und Lehrtechniken geäußert werden, die veränderbar sind. Zu diesen Punkten sollten immer konkrete Hinweise, wie diese umgesetzt werden können, gemeinsam erarbeitet werden.

6. Achten Sie darauf, Feedback nicht unter Zeitdruck zu geben, sondern die Auswertungsgespräche stets mit genügend Zeit und in entspannter Atmosphäre zu führen. Machen Sie sich gegenseitig Appetit auf mehr Feedback.

7. Achten Sie darauf und halten Sie auch für sich schriftlich fest, was Sie als Beobachteter oder als Beobachter vom Zuschauen und aus dem Auswertungsgespräch gelernt haben.

Zur abschließenden Auswertung einer partnerschaftlichen Unterrichtsbeobachtung gibt es verschiedene Möglichkeiten, das Besprochene zu vertiefen.

Die erste Möglichkeit ist eine Selbstreflexion, die Sie bereits aus den beiden Mustern zur Selbstbeobachtung (S. 105) kennen. Wir haben Sie als Kopiervorlage auf Beobachtungsbogen 14 (S. 168) zusammengefasst.

Beobachtungsbogen 14

Eine zweite Möglichkeit besteht in einer Art Kurzprotokoll, das Sie für die Rückmeldung an die Unterrichtenden ausfüllen können.

Aufgabe 95

Wählen Sie aus den Videosequenzen eine Sequenz aus, die Sie interessiert. Geeignet sind die Videosequenzen 1 (ohne 1b), 2, 3, 5, 6, 7a, 10a.

Füllen Sie das Kurzprotokoll so aus, dass Sie der oder dem Unterrichtenden eine Rückmeldung geben können.

Was gut geklappt hat	Was nicht so gut geklappt hat	Worauf die Unterrichtenden beim nächsten Unterricht gezielt achten könnten

Eine weitere Möglichkeit ist ein freies Gespräch mit der oder dem Unterrichtenden nach einer Unterrichtsbeobachtung. Ein Beispiel dafür möchten wir Ihnen in Videosequenz 10c zeigen. Barbara Ziebell hat mit der Unterrichtenden – Frau Leduc, die Sie schon aus ihrem Unterricht und der Selbstbeobachtung ihres Unterrichts in Videosequenz 10a und 10b kennen – ein Interview geführt.

Aufgabe 96/
Videosequenz 10c

Sehen Sie sich bitte das Gespräch in Videosequenz 10c an.

Welche der Fragen und Impulse entsprechen Ihrer Meinung nach einem hilfreichen Feedbackverhalten? Welche nicht? Begründen Sie Ihre Meinung.

_____

_____

_____

_____

Vielleicht haben Sie jetzt schon eine konkrete Idee, welche Kollegin oder welchen Kollegen Sie gerne in Ihren Unterricht einladen würden? Vielleicht haben Sie auch schon konkrete Vorstellungen, zu welchen Bereichen Ihres Unterrichts Sie Fragen haben oder gerne Rückmeldungen und Anregungen bekommen würden? Am besten halten Sie dies gleich kurz schriftlich für sich fest.

1. *Wen würden Sie gern in Ihren Unterricht zur Beobachtung einladen – eine Kollegin oder einen Kollegen oder mehrere? Warum?*

2. *In welche Ihrer Lerngruppen würden Sie am liebsten Beobachter mitnehmen? Warum?*

3. *Was würden Sie gern zeigen? Warum?*

4. *Was würden Sie nicht so gern beobachten lassen? Warum nicht?*

5. *Wen und was würden Sie selbst gern beobachten? Warum?*

Vielleicht kommt Ihnen diese Aufgabe bekannt vor? Es stimmt: Wir hatten die gleichen Fragen schon in Aufgabe 5 (S. 11) gestellt und Sie gebeten, ein Partnerinterview zu machen.

1. *Schauen Sie sich bitte an, was Sie zu den Fragen 3 und 4 in Aufgabe 5 (S. 11) geantwortet haben. Gibt es Unterschiede zu Ihren jetzigen Antworten?*

2. *Schauen Sie bitte auch, was Ihr Partner bzw. Ihre Partnerin zu diesen Fragen gesagt hat.*

In den Lehrerfortbildungsseminaren zu Unterrichtsbeobachtung, in denen wir die Partnerinterviews zu Beginn haben durchführen lassen, hat sich herausgestellt, dass in der Regel die Kollegen und Kolleginnen im Unterricht gerne die Bereiche zeigen, die sie gut beherrschen und in denen sie sich sicher fühlen. Sie möchten etwas zeigen, was sie gut können und was im Unterricht gut läuft. Nicht gern gesehen sind Beobachter in Bereichen des Unterrichtens, in denen sich die Unterrichtenden unsicher fühlen, die sie selber nicht gerne mögen, die mit den Lernenden schwer umzusetzen sind oder auch in schwierigen Lerngruppen. Das sind sehr verständliche Reaktionen.

Zum Abschluss dieser Seminare – nachdem wir mit den Kollegen und Kolleginnen so gearbeitet haben, wie Sie es in dieser Studieneinheit auch getan haben – haben wir die Fragen (s. Aufgabe 97) noch einmal gestellt. Die Mehrheit der Kollegen und Kolleginnen wollten nun Beobachter gerade zu den Bereichen ihres Unterrichts einladen, zu denen sie Fragen oder mit denen sie Schwierigkeiten hatten. Die Möglichkeiten und Chancen, die darin liegen, sich Kollegen als Unterstützung und Beratung gerade für Problembereiche des eigenen Unterrichts zu holen, wurden klar erkannt und viele haben sie danach auch konkret in ihrer Unterrichtsarbeit genutzt.

Zusammenfassung

Sie haben in dieser Fernstudieneinheit gesehen, wie vielschichtig die Beobachtung von Lehrerverhaltensweisen und Lehrtechniken ist. Selbstbeobachtung und gegenseitige, partnerschaftliche Unterrichtsbeobachtungen bieten viele Möglichkeiten, als Unterrichtende dazuzulernen, in einen regen Austausch zu kommen und eine in jeglicher Beziehung Gewinn bringende Zusammenarbeit mit Kollegen und Kolleginnen aufzubauen.

Die beiden **Hauptziele von Unterrichtsbeobachtung** lassen sich so zusammenfassen:

➤ Es geht darum, „die eigene Berufspraxis unter verschiedenen Aspekten zu betrachten, um sie besser zu verstehen und gegebenenfalls im Austausch mit dem Partner Einsicht in sinnvolle Änderungen im Unterricht zu gewinnen und entsprechende Lösungsansätze zu finden" (Enns 1999, 54).

➤ Es geht darum, wie die Lernenden am besten beim Lernen unterstützt werden können.

Vielleicht möchten Sie sich ja selbst zum Abschluss Ihrer Arbeit an dieser Fernstudieneinheit noch die folgenden Fragen durch den Kopf gehen lassen (vgl. Enns 1999, 54):

– Haben Sie mehr Sicherheit im Unterricht(en) gefunden?

– Haben Sie Ihre Kompetenz, ihr methodisch-didaktisches Repertoire erweitert?

– Haben Sie mehr Kenntnis und Bewusstheit über Ihr unterrichtliches Handeln erlangt?

– Haben Sie Ideen, wie Sie diese Kenntnisse weiterentwickeln könnten?

– Empfinden Sie jetzt mehr Selbstvertrauen und Zufriedenheit in Ihrem Beruf?

– Haben Sie und Ihre Lernenden mehr Freude im Unterricht?

– Wie steht es jetzt mit Ihren Hauptängsten und Hauptzweifeln, die Sie in Aufgabe 4 (S. 10) notiert haben? Haben sie manche verringern oder gar abbauen können?

Wir wünschen Ihnen jedenfalls viel Spaß und Erfolg beim Beobachten und Beobachtetwerden.

5 Lösungsschlüssel

Da es zu den meisten Aufgaben und Fragen nicht nur eine richtige Lösung, sondern mehrere Antwortmöglichkeiten gibt und da auch häufig nach Ihrer persönlichen Erfahrung oder Meinung und nach den Rahmenbedingungen, unter denen Sie unterrichten, gefragt wird, sind die angebotenen Antworten lediglich als *eine von vielen* vorstellbaren Lösungsmöglichkeiten zu verstehen.

Aufgabe 3

<u>Aspekte, die den Äußerungen zugrunde liegen:</u>
Psychische Belastung, Angst, Stress, Beeinträchtigung des Verhaltens, Ausnahmesituation, Leistungsdruck, Wahrnehmung des Negativen, Fehlersuche, stärkere Beobachtung der Unterrichtenden (als der Lernenden), unbewusste Urteile über Unterricht, Subjektivität, Überforderung, fehlende klare Ziele der Beobachtung, Abhängigkeiten.

Aufgabe 7

Die Situationen 1, 4 und 6 dienen eindeutig der *Unterrichtsbeobachtung mit dem Ziel, etwas zu lernen.* Die Situationen 3, 5 und 7 haben das Ziel, jemanden zu bewerten. Situation 2 würden wir auch dem Ziel, etwas zu lernen, zuordnen – in Seminaren wurde aber oft diskutiert, ob die Auswertung nicht auch der Kategorie *Bewertung* zuzuordnen sei.

Aufgabe 8/
Videosequenz 1a

2. Eine <u>neutrale Beschreibung</u> wäre z. B:
   „Ein Schüler schaut durch eine Fernsehattrappe und sagt etwas über Tiere."
   Eine <u>Interpretation</u> wäre z. B.:
   „Ein Schüler schaut durch eine Fernsehattrappe. Er spricht überhaupt nicht frei. Der liest ja alles ab."

2. Mögliche Antwort:

Aufgabe 9/
Videosequenz 1b

Was sehen Sie?	Was vermuten Sie?
Die Lehrerin steht vor der Klasse und spricht. Sie zeigt Tierbilder.	Die Lehrerin scheint etwas zu fragen und zu erklären.
Lehrerzentrierte Phase: Die Lernenden sitzen zu sechst nebeneinander in Sitzreihen und melden sich. Die Lehrerin ruft einen Lernenden auf, stellt wieder eine Frage und ruft wieder einen Lernenden auf usw. Die Lernenden schauen alle nach vorn und sprechen alle zur Lehrerin.	Wahrscheinlich wird die Komparation der Adjektive neu eingeführt. Obwohl es dafür eigentlich zu viele verschiedene Adjektive sind. Vielleicht ist es doch eher eine Wiederholung?
Die Lehrerin klappt die Tafel auf und es erscheint ein fertiges Tafelbild mit Adjektiven und – treppenförmig angeordnet – deren Komparativ- und Superlativformen, bei denen die Endungen farblich abgesetzt sind. Sie zeigt wiederum Tierbilder und fragt etwas. Die Lernenden melden sich und die Lehrerin befestigt das Bild an der Tafel über einer der Treppenstufen.	

Videosequenz 1c

3. Die Lernenden scheinen auf die Fragen der Lehrerin nach den Tieren alle die Antwort zu wissen (Wiederholungsphase?). Sie antworten allerdings meist nur mit einem Wort (dem Namen des Tieres) und die Lehrerin befestigt das Bild dann über dem jeweiligen Adjektiv an der Tafel.

Aufgabe 10/
Videosequenz 1d

1. <u>Informationen zu dieser Lerngruppe:</u> Der Unterricht wurde 1991 in der 4. Klasse der Schule des *Vereins für Deutsch-Griechische Erziehung* in Athen, Griechen-

land aufgezeichnet. Dieser Verein wurde 1977 gegründet, hauptsächlich für die rückkehrenden Migrantenkinder aus Deutschland. Neben dieser Zielgruppe gibt es jedoch auch Klassen mit griechischen Kindern, die ab der 1. Grundschulklasse Deutsch lernen, so wie die zu sehende Lerngruppe. An dem Tag waren ca. 15 Schüler anwesend, 6 Mädchen und 9 Jungen. Die Kinder sind ca. 10 Jahre alt und lernen Deutsch als erste Fremdsprache im 4. Unterrichtsjahr mit fünf Unterrichtsstunden die Woche. Der Unterricht ist freiwillig und findet zusätzlich am Ende jedes Schultages in der 6. Unterrichtsstunde statt.

2. Mögliche Wahrnehmungen der Lehrerin:
   Sie macht einen freundlichen Eindruck, sie lächelt häufig, ...
   Sie fragt und ermuntert die Lernenden und bestätigt sie. Sie spricht klar und deutlich und die Lernenden scheinen sie gut zu verstehen. Sie spricht ausschließlich Deutsch. Sie benutzt gleichförmige Fragen, die mit der Nennung jeweils eines Tiernamens beantwortet werden können.

3. Mögliche Wahrnehmung der Lernatmosphäre:
   Positive, angstfreie Lernatmosphäre. Die Lernenden sind sehr brav und diszipliniert und melden sich eifrig. Sie warten, bis sie aufgerufen werden. Sie sprechen nicht aktiv, sondern beantworten reaktiv die Fragen der Lehrerin, nachdem sie aufgerufen worden sind. Es scheint aktivere und passivere Lernende zu geben. Die Lehrerin spricht und handelt deutlich mehr als die Lernenden, die in der Regel nur mit einem Wort antworten.

Aufgabe 13   Statt einer Antwort von uns zitieren wir in Aufgabe 14 (S. 20 – 22) Äußerungen von Kollegen und Kolleginnen zu den genannten Aspekten.

Aufgabe 15   2. Die unter Aufgabe 14 (S. 20ff.) aufgelisteten Äußerungen lassen sich z. B. wie folgt zuordnen:

zitierte Lehreräußerungen	Summe
persönlicher Eindruck (ohne Bewertung): II.6; III.1; III.3	3
Beschreibung: I.2; IV.1	2
Lob: I.1; II.1; II.2; IV.2	4
Kritik: I.3; II.3; II.4; II.5; III.2; IV.3; IV.5	7
Veränderungsvorschlag: IV.7; IV.10	2
Frage: III.4; IV.4; IV.6	4
Diskussionspunkt: IV.8 – 12	5

3. In den Lehrerfortbildungsseminaren dominieren bei ersten Unterrichtsbeobachtungen meistens Äußerungen der Kritik und Veränderungsvorschläge. Mit Lob wird oft gespart.

Aufgabe 16   2. **Funktionen** und mögliche **Vorteile des Beobachtens:**

ungesteuert und global	durch globale Leitfragen gelenkt
umfassendes Beobachten	Konzentration auf einige Aspekte
unbeeinflusstes Beobachten	
Gelegenheit, sich mit der Gruppe, den Unterrichtenden, dem Unterricht, der Lernatmosphäre vertraut zu machen	
die eigenen Eindrücke und Meinungen im Vergleich mit den Wahrnehmungen der anderen zu relativieren	
für die Subjektivität jeglicher Unterrichtsbeobachtung und -beschreibung sensibilisiert zu werden	

3. Mögliche Grenzen des Beobachtens:

ungesteuert und global	durch globale Leitfragen gelenkt
sich nicht so lange konzentrieren zu können und nicht zu wissen, worauf man alles achten soll	Beeinflussung, Übersehen mancher Aspekte, die nicht in den Fragen enthalten sind
zu viele, ungeordnete Eindrücke auf einmal zu haben	
Fehlen einer klaren Strukturierung und Zielorientierung für die Auswertung	

Aufgabe 17

Folgende **Bewertungsmaßstäbe** und **Kriterien für „guten" Unterricht** stehen vermutlich hinter den Äußerungen:

a) Die Unterrichtenden sollten die Lernenden ernst nehmen und eine gewisse Distanz wahren.
b) Eine konzentrierte und disziplinierte Arbeitshaltung ist wichtig.
c) Eine wichtige Voraussetzung für Lernprozesse ist eine angenehme und angstfreie Arbeitsatmosphäre.
d) Die verschiedenen Lernertypen müssen im Unterricht berücksichtigt werden.

Aufgabe 18

8. Eine Gruppe von vier Lehrerkolleginnen kam zu folgenden sechs **Merkmalen für „guten" Unterricht** (Sie selbst können natürlich ganz andere Kriterien genannt haben, die in Ihrem Land und für Ihre Lerngruppe relevant sind.):

   1. *Lernerzentriertheit:*
      möglichst hoher Grad an Motivation und persönlicher Beteiligung der Lernenden

   2. *Methodenvielfalt:*
      abwechslungsreiche Übungstypen, Arbeits- und Sozialformen; Berücksichtigung unterschiedlicher Lernertypen

   3. *Unterrichtsplanung:*
      gut strukturierte Unterrichtsvorbereitung mit einem lernergerechten, logischen Unterrichtsablauf und realistischer Zeitplanung

   4. *Lernziele:*
      Lernziele, die den Lernenden bekannt, einsichtig und angemessen sind

   5. *Lernstrategien:*
      individuelle Lernstärken und Lernschwächen bewusst machen; Lernstrategien erarbeiten

   6. *Lehrerverhalten:*
      freundliches, motivierendes, flexibles Verhalten der Unterrichten; Lernende ernst nehmen

Aufgabe 20

Hinter den geäußerten Kritikpunkten könnten z. B. folgende <u>Fragen</u> stehen:

1. „Ich habe beobachtet, dass Sie Ihre Fragen von einem Blatt abgelesen haben. Warum?"

2. „Mir ist aufgefallen, dass die Schüler Kaugummi kauen und unaufgefordert sprechen. Welche Erwartungen haben Sie an die Arbeitshaltung und Disziplin Ihrer Schüler?"

3. „Welches Ziel hatten Sie mit der Übungsform des *Pattern-Drill*? Einige Schüler haben geantwortet, als wären sie real gefragt worden, z. B. sie hätten ja einen Koffer. Warum sind Sie darauf nicht eingegangen?"

4. „Inwieweit sind Ihre Teilnehmer aus verschiedenen Kulturen damit vertraut und einverstanden, dass Sie direkt aufgerufen werden, dass man sie direkt anschaut und auf sie zugeht? Bei meinen Lernenden gibt es hierdurch manchmal Probleme."

<u>Aufgabe 21</u>	Der Beobachtungsbogen 1 fragt **zunächst** nach allem, was der Beobachtende als positive Anregung für seinen Unterricht aus dem gesehenen Unterricht mitnehmen kann. **Danach** fragt er nach **Unklarheiten** und **Fragen**. **Erst am Ende**, nach den Fragen, wird angeregt, über Varianten, Gegenvorschläge und zuletzt über Kritikpunkte nachzudenken.

<u>Aufgabe 22</u>

3. <u>Vorschläge von einigen Kollegen und Kolleginnen:</u>

- *Inhaltliche Vorbereitung auf das Thema der Berufswahl*
    - „Ich würde die Lernenden fragen, welchen Beruf sie lernen möchten und was die Gründe für diesen Berufswunsch sind."
    - „Wenn die Lernenden schon berufstätig sind, kann man sie fragen, was sie früher als Kind werden wollten, warum sie gerade das werden wollten und ob sie diesen Beruf dann auch tatsächlich gewählt haben."
    - „Ich würde die Lernenden ganz einfach erst einmal fragen, welche Berufe sie kennen und diese dann in einem Assoziogramm an der Tafel sammeln."

- *Thema der Berufswahl*, schon textorientiert
    - „Man könnte auf dem Tageslichtprojektor ein Kind zeigen mit einer Gedankenblase, in der steht: *Später möchte ich mal* _____ *werden, weil …* Die Lernenden machen Vorschläge. Dann legt man diese Figur auf einen Stadtplan und lässt sie an einem Bahnhof, einem Polizeirevier, einem Supermarkt, einem Theater usw. vorbeigehen und lässt dann spekulieren, was das Kind an der jeweiligen Stelle wohl gerade denkt und was für einen Berufswunsch es hat. Auf dem Stadtplan sollte auch ein Zoo, eine Konditorei und eine Fotoagentur eingezeichnet sein, sodass die Schüler nach dem Lesen die Wohnorte der Personen im Text herausfinden und zeigen können."
    - „Ich würde die Lernenden fragen, welche Berufe bei Kindern am beliebtesten sind, was sie selbst werden wollen oder wollten, und warum. Eventuell würde ich einige der genannten Berufe und die Gründe für deren Wahl an der Tafel auflisten. Dann erhalten die Lernenden den Text mit der Aufgabe, herauszufinden, wie die Berufswünsche der Kinder in dem Text zustande kommen."

- *Inhaltliche Vorbereitung auf das Thema der Partnerwahl:* Frage, wie die Lernenden ihren Partner wählen.

- *Inhaltliche Vorbereitung auf das Gesamtthema:* Frage, ob Lernende immer wissen, was sie wollen, und wovon das abhängt.

<u>Aufgabe 25</u>

2. Folgende **Unterrichtsschritte** zur Vorbereitung auf eine Textarbeit erschienen vielen Kolleginnen und Kollegen sinnvoll:

   a) Herstellen einer Lernbereitschaft (Aufwärmphase, falls es sich nicht um eine Anschlussstunde nach einer Pause, sondern um eine neue Stunde handelt);
   b) Orientierung auf das im Text angesprochene Thema;
   c) Schaffen einer gemeinsamen Ausgangsbasis: Text inhaltlich und sprachlich vorbereiten;
   d) Aufgabenstellungen geben, die der Textsorte, der Leseintention und den dafür erforderlichen Lesestilen (global, detailliert usw.) gerecht werden.

Die einzelnen Unterschritte zu diesen Punkten finden Sie auf Beobachtungsbogen 2 (S. 148), auf den wir in Aufgabe 27 zu sprechen kommen.

<u>Aufgabe 27</u>

2. Vorschläge von Kollegen und Kolleginnen <u>zur Vorbereitungsphase von *Der Hase und der Igel*</u>:

   a) Die Bilder auf dem Tageslichtprojektor zeigen und die Lernenden dazu eine Geschichte erzählen lassen; danach die Bilder abdecken, dann schrittweise nacheinander aufdecken und die entsprechenden Abschnitte des Märchens vorlesen.
   b) Mit den Teilnehmern über Märchen sprechen – auch über Märchen in ihren Ländern.

c) Das Sprichwort *Hochmut kommt vor dem Fall* als Ausgangspunkt wählen.

d) Jede Gruppe bekommt alle Bilder, die in eine sinnvolle Reihenfolge gebracht werden sollen. (Das kann auch mit der gesamten Gruppe auf dem Tageslichtprojektor gemacht werden.) Dazu erzählen oder schreiben die Lernenden eine Geschichte; danach wird das Märchen selbst zu den entsprechenden Bildern erzählt.

e) Den Märchentext zerschnitten verteilen und von den Lernenden zu zweit oder zu dritt zusammenlegen lassen.

f) Einen Stoffhasen und Stoffigel (oder diese Tiere auf Foto oder Zeichnung) mitbringen und die Lernenden alles erzählen lassen, was sie über die Tiere wissen. Während der Lehrer das Märchen erzählt, die Stofftiere pantomimisch mitspielen lassen – eventuell von den Lernenden, die das Märchen schon kennen.

g) Über die Fähigkeiten und Eigenheiten dieser Tiere sprechen und erfragen, ob die Lernenden Geschichten, Fabeln oder Märchen kennen, in denen diese Tiere vorkommen und wie sie darin beschrieben werden.

1. Zur Diskussion der Lehrergruppe aus Bratislava über die Vorbereitungsphase auf das Märchen *Der Hase und der Igel*:

Aufgabe 29/
Videosequenz 4

Aspekte	Äußerungen der Kolleginnen
Aktivierung der Lernenden	„Alle konnten mitmachen"; „Sprechhemmung abgebaut"; „Spannung aufgebaut"; Frage nach Bedeutung des Hasen in der Literatur der Lernenden
Vorentlastung des Textes	Bild beschreiben lassen; Text sprachlich vereinfacht; Einsatz von Gestik und Mimik des Unterrichtenden; Einbringen unterschiedlicher Erfahrungen
Wortschatzarbeit	Vorstellen der an der Geschichte beteiligten Personen („Wer ist wer?"); in dieser Phase nur die Bedeutung erklären, erst in einer späteren Phase den Wortschatz vertiefen und üben

3. <u>Gefahr:</u> zu sehr an den Ideen und Vorstellungen der eigenen Unterrichtsplanung zu hängen und den gesehenen Unterricht ausschließlich daran zu messen.

Aufgabe 30

Mögliche Aspekte entnehmen Sie bitte den Überlegungen nach Aufgabe 31 (S. 41f.) und der Zusammenfassung auf S. 45.

Aufgabe 31

Mögliche Aspekte entnehmen Sie bitte den Überlegungen nach Aufgabe 32 (S. 43f.) und der Zusammenfassung auf S. 45.

Aufgabe 32

3. <u>Vorschlag aus dem Lerntagebuch:</u>

1. Vorbereitungsphase:

Einführung des Wortes *Erfolg*: Frage an Lernende, was es für sie bedeutet, Erfolg zu haben – so gelangt man vielleicht zu *Erfolg im Beruf* und Begriffen wie *berühmt* oder *Macht*.

Aufgabe 35/
Aufgabenblatt 1

Bilder 1 – 3 ungeordnet an Lernende geben und die Bilder beschreiben lassen – so gelangt man sicher zu Begriffen wie *Politiker, Schauspieler, Popstar*.

2. Hörphase:

Hören des Textes zu den Bildern 1 – 3.

Erneutes Hören des Textes mit Auftrag, Notizen zu machen zu den Fragen „Was war der Mann?", „Was hatte er?". Stoppen des Bandes nach jedem Bild.

Das Gehörte in eine Tabelle an der Tafel schreiben; Korrektur des Aufgeschriebenen mit Lernenden und Unterrichtendem.

Bilder 4 und 5 an Lernende geben, Bilder in eine richtige Reihenfolge bringen lassen. Lernende vermuten, was geschehen sein könnte.

Hören des Textes zu den Bildern 4 und 5, einmal ganz, dann mit der Aufforderung, Notizen zu der Frage „Was ist der Mann jetzt?", „Was hat er?" zu machen. Der Unterrichtende hält die Notizen an der Tafel fest.

3. Verständniskontrolle:

Austeilung des Lückentextes aus dem Lehrbuch, ausfüllen lassen, dazu Text von der Kassette spielen und nach jedem Bild stoppen.

Lesen des Textes auf dem ausgefüllten Blatt, dabei Fehlerkorrektur, wenn erforderlich.

4. Weiterarbeit:

Frage an die Lernenden, ob sie Zeit haben, ob sie früher mehr Zeit hatten, als sie noch Kind waren usw.

nach: Kietzmann Lopes (2000)

Aufgabe 36/
Beobachtungsbogen 3/
Videosequenz 5

3. Das Folgende ist eine **Möglichkeit**, Beobachtungsbogen 3 auszufüllen.

<u>Hinweis:</u> U = Unterrichtende(r); L = Lernende(r)

Aktivitäten von U	Aktivitäten der L	Bemerkungen
Gestaltung der Vorbereitungsphase		
U bereitet die L auf eine Partner- bzw. Gruppenarbeit vor. U verteilt Umschläge mit Bildern mit dem Hinweis, dass sie zu dem folgenden Hörtext passen. U informiert die L über den Inhalt des Hörtextes: Ein Mann erzählt in einem Monolog seine Lebensgeschichte. U erläutert den Begriff *Lebensgeschichte* anhand von Beispielen und gibt die muttersprachliche Übersetzung.	L hören zu.	Es ist wichtig, dass die Lernenden wissen, was sie erwartet. An dieser Stelle entsteht bereits Interesse und Spannung; die L sind motiviert, die Bilder anzuschauen und eventuell auch über eine sinnvolle Reihenfolge und eine dazu passende Lebensgeschichte nachzudenken. (S. dazu **Frage 1** im Interview S. 51.) Bei der Worterläuterung könnte auch die Wortbildung (die Geschichte des eigenen Lebens) helfen. Warum gibt der U die muttersprachliche Übersetzung? (S. dazu **Frage 2** im Interview S. 52.)
Gestaltung der Hörphase(n)		
U achtet darauf, ob der Ton in Ordnung ist und ob alle L gut hören können. U spielt Hörtext einmal ganz und ohne Aufgabenstellung vor. (Im Videofilm wird hiervon jeweils nur der Beginn dieser Phase gezeigt.) U begrüßt es und lobt, dass einige L ihre Bilder schon geordnet haben.	L hören zu. Einige ordnen ihre Bilder bereits in eine Reihenfolge.	Es soll zu dem jeweiligen Bild herausgehört werden, was der Mann *war* bzw. *hatte*. Anders als vom Unterrichtenden beabsichtigt, haben einige L die Bilder bereits geordnet. Die Ordnung der Bilder wird nicht laut im Plenum verglichen – eventuell konnte der U sehen, dass es alle Gruppen richtig gemacht hatten.
Vor dem zweiten Hören erhalten die L paarweise und in Arbeitsteilung die Aufgabe, sich jeweils auf den zu einem bestimmten Bild	Einige L schreiben etwas mit.	Wäre hierzu eventuell der Hinweis, etwas schriftlich zu notieren, hilfreich gewesen? (S. dazu **Frage 3** im Interview S. 52.)

Aktivitäten von U	Aktivitäten der L	Bemerkungen
(Bild 1 bis 3) gehörenden Text zu konzentrieren. Die Höraufgabe wird durch die Vorgabe einer Struktur an der Tafel präzisiert: *Was war der Mann?* *Was hatte er?* Das zweite Abspielen der Kassette geschieht abschnittsweise mit kurzen Unterbrechungen zwischen den Textteilen zu den einzelnen Bildern. (Im Videofilm wird hiervon jeweils nur der Beginn dieser Phase gezeigt.)		Die Partnerarbeit fördert eine gemeinsame Verantwortung für die Aufgabe und die Arbeitsteilung erleichtert das Zuhören und Notieren und sorgt dafür, dass in der Gesamtgruppe ein vollständiges Ergebnis zusammengetragen werden kann.

Wie erfolgt die Verständnis- bzw. Ergebniskontrolle

Aktivitäten von U	Aktivitäten der L	Bemerkungen
U fordert die L auf, die Informationen, die sie zu ihrem Bild herausgehört haben, in das Raster an der Tafel einzutragen. U unterstützt einige L (buchstabiert und erklärt den Begriff *Termin*). U korrigiert einzelne Teile im Tafelbild und liest das gemeinsame Gruppenergebnis vor.	L gehen an die Tafel und tragen Informationen in die Tabelle ein.	Warum hat der U die Ergebnisse nicht von den L selbst vorlesen lassen? (S. dazu **Frage 4** im Interview S. 52.)

Aufgaben vor dem nächsten Hören (selektives Verstehen)

Aktivitäten von U	Aktivitäten der L	Bemerkungen
Aufgabenstellung vor dem Anhören des Textes zum 5. Bild: *Was ist der Mann heute? Was hat er?*	L hören gezielt zu.	Durch die Herauslösung und gesonderte Bearbeitung des letzten Abschnittes wird der Zeitwechsel von Präteritum zu Präsens besonders gut deutlich.

Verständnis- bzw. Ergebniskontrolle

Aktivitäten von U	Aktivitäten der L	Bemerkungen
U fordert die L auf, ihm die verstandenen Informationen zu diktieren, und schreibt sie in das Tafelbild. U erläutert den Begriff *allein*.	L diktieren.	Nicht thematisiert wird die Frage, worin das Pech bestand, d. h., warum der Mann am Ende wohl alles verloren hat.

Gestaltung der Nachbereitung bzw. Weiterarbeit

Aktivitäten von U	Aktivitäten der L	Bemerkungen
U verteilt zerschnittene Texte, die in Partnerarbeit in der richtigen Reihenfolge den Bildern zugeordnet und danach von den L im Plenum laut vorgelesen werden.	L lesen leise für sich (Einzelarbeit) und ordnen zu zweit Texte und Bilder zu. Einzelne L lesen vor.	Die L erhalten hier die Möglichkeit, den gehörten Text nun auch lesen zu können. Das laute Vorlesen im Plenum ermöglicht U einige phonetische Korrekturen und den L, ihre Reihenfolge zu kontrollieren und ggf. zu korrigieren.

Aktivitäten von U	Aktivitäten der L	Bemerkungen
Kontrollfragen/Transfer		
U erläutert einige Begriffe wie *berühmt* und *Erfolg* anhand einiger Beispiele. U fragt die L.	L hören zu. L nennen eigene Beispiele.	Besonders im Anfängerunterricht sollten den L viele Anregungen und Möglichkeiten für den Transfer und die Anwendung neuer Begriffe in ihrem eigenen Kontext gegeben werden.

Aufgabe 38

1. Unterrichtsplanung:

Übernommen: Ordnen der Reihenfolge der Bilder; HV-Text hören und Kontrolle, ob Reihenfolge stimmt.

Variiert: Text und Bildgeschichte zerschnitten.

Ergänzt: Bild (auf Folie) zur freien Äußerung; Zuordnungsübung von Text und Bild in Partnerarbeit; Formulierung des Selbstgesprächs durch die Lernenden; Vergleich der Zuordnungen der einzelnen Paare; Rollenspiel.

Aufgabe 41/ Videosequenz 7b

1. Der Film wird insgesamt 5 Mal gezeigt, und zwar jeweils von Anfang an bis zu unterschiedlichen Stellen, mal mit und mal ohne Ton (s. Tabelle unter 2.)
2. Hinweis: Bei den Aufgabenstellungen in der folgenden Tabelle werden nicht alle Impulse und Fragen des Unterrichtenden angeführt.

1 *Stelle im Film*	2 *Aufgaben (= A)*	3 *A vor dem Sehen*	4 *A nach dem Sehen*
2. Filmanfang – bis die Frau auf dem Bett liegt	Zeitlupe: **vor** dem Sehen: auf Gestik und Mimik achten; **nach** dem Sehen: „Was macht die Frau? Versucht euch ihre Gefühle vorzustellen."/„Es ist halb elf. Sie wartet auf einen Mann, der nicht kommt."	X	X
3. Filmanfang – bis der Mann in der Tür erscheint	Zunächst nonverbaler Impuls. Dann: Die Lernenden sollen sich die Situation vorstellen und was der Mann empfinden könnte. „Ihr Mann kommt. Wie sieht er aus?" „Was empfindet der Mann?"		X
4.	„Der Mann macht die Tür auf, er kommt nach Hause: Ihr schreibt einen kurzen Dialog – und natürlich, wie es weitergeht." (Dialog zu zweit erfinden)	X	
5. Filmanfang – bis zur Ohrfeige	Zunächst nonverbaler Impuls. Dann: „Der Mann hat etwas gesagt. Warum glaubt sie ihm nicht?"		X
6. Filmanfang – bis zur Antwort der Frau	Nonverbaler Impuls, Spekulationen zur Antwort der Frau. Danach: „Er sagt, dass er eine Panne hatte. Aber warum glaubt sie ihm nicht?"		X

1 Stelle im Film	2 Aufgaben (= A)	3 A vor dem Sehen	4 A nach dem Sehen
7. der ganze Film mit Ton	„Also, warum glaubt sie ihm nicht?"		X
8. Information des ADAC*	keine Aufgabe		

*ADAC = Allgemeiner Deutscher Automobil-Club

Aufgabe 42

B = j; C = f; D = e; E = b; F = b; G = i; H = b; I = i; J = c/f; K = a; L = f; M = c; N = g; O = h; P = b.

Aufgabe 43

Hinweis: U = Unterrichtende(r); L = Lernende(r)

1. *Aufforderung durch Mimik oder Gestik* (weiteres Beispiel):

   U: „Sie ist aufgeregt; was macht er?" Handgestik provoziert Schüleräußerung
   L: „Er beruhigt sie."

2. *Direkte Frage:*

   U: „Enttäuscht? Warum?"/„Was kann sie sich wohl noch denken?"

3. *Unvollständiger Satz:*

   U: „Sie geht in ein …?" → L: „anderes Zimmer."

   U: „Das heißt, er will sie …?" → L: „verlassen."

   U: „Ein Mercedes …?" → L: „hat keine Panne."

4. *Aussage(satz) mit Intonation einer Frage:*

   U: „Eine Frau?" → L: „Eine junge Frau."

   U: „Sie ist wütend?"

5. *Aufgreifen einer Äußerung der Lernenden:*

   a) „Warum hat er nicht angerufen?"

   b) „Ängstlich? Warum?"

   c) U: „Zu Hause? Wo?"/„Vor dem Fenster? Oder besser: sie steht …?"
      U: „Wie heißt das: ‚Probleme mit dem Auto'?" → L: „Panne."

   d) U: „Und so ein rotes Kleid am Abend? Was hat sie vielleicht vor? Auf wen kann sie noch warten?"

Aufgabe 44/ Videosequenz 7e

1. Bis auf ein Paar arbeiten jeweils ein Schüler und eine Schülerin zusammen. Die Aufgabe besteht darin, sich gemeinsam zu überlegen, wie das Gespräch zwischen der Frau und dem Mann nach seiner Ankunft wohl abläuft, und einen Dialog dazu zu entwickeln. Ziel ist es, dass sich die Lernenden in die jeweilige Rolle der Frau bzw. des Mannes hineinversetzen und dabei gemeinsam im Dialog das Gespräch, den Gesprächsverlauf und seinen Ausgang entwickeln. Somit ist die Partnerarbeit absolut sinnvoll und ideal.

2. Die beiden Partner arbeiten gleichberechtigt zusammen. Beide müssen bei dieser Aufgabe aktiv sein. Der Lehrer geht von Paar zu Paar, beantwortet Fragen und unterstützt gegebenenfalls die Arbeit. Er korrigiert die wichtigsten Fehler vor der Präsentation im Plenum. Am Ende der Partnerarbeit üben die Schüler das Vorstellen des Dialogs für die folgende Präsentation im Plenum.

3. Die Dialoge werden im Plenum paarweise vorgestellt; sie werden teilweise abgelesen oder auch frei gesprochen und vorgespielt. Da sich jedes Paar etwas anderes für

die Konfliktlösung ausgedacht hat, sind die Ergebnisse für alle interessant. Die Spannung auf die Reaktion und den Dialog des Paares im Film wird durch die Identifikation der Schüler mit den Hauptpersonen und ihren eigenen Entwürfen für die Konfliktlösung noch gesteigert.

Aufgabe 49

Phase	Funktion der Unterrichtenden
3. Phase (Durchführrung der Gruppenarbeit)	Lernprozesse beobachten und die Lernenden ggf. beraten: – für Fragen der Lernenden zur Verfügung stehen, – die Lernenden beobachten, d. h. sprachliche und inhaltliche Schwierigkeiten, Lernschwächen und -stärken, lern- und arbeitstechnische sowie gruppendynamische Probleme registrieren und in Stichworten notieren, – gegen Ende der Gruppenarbeitszeit herumgehen und die Ergebnisse ansehen, um ggf. die Auswertung im Plenum besser steuern zu können, – ggf. die Vorbereitung der Präsentation betreuen und die Produkte für die Präsentation korrigieren, – früher fertig gewordene Gruppen sinnvoll beschäftigen, rechtzeitig (ca. 5 – 10 Minuten vorher) das Ende der Arbeitszeit ankündigen.
4. Phase (Auswertung und Präsentation)	Präsentation der Arbeitsergebnisse koordinieren und moderieren: – darauf achten, dass alle Gruppen zu Wort kommen und Beachtung (Bestätigung) erhalten, – evtl. darauf hinwirken, dass die Ergebnisse korrigiert, ergänzt, vervollständigt, abgerundet, zusammengefasst usw. werden.

Aufgabe 50/
Videosequenz 8a

Mögliche Vermutungen:

1. Die Lernenden lesen, unterstreichen, denken nach, besprechen sich zu zweit, fragen, antworten usw. Bei einigen sieht man, dass sie einen Zeitungsartikel lesen, und es sieht so aus, als hätten sie die Fragen zum Text neben sich liegen. Die Lernenden scheinen gezielt etwas in den Texten zu suchen und sich darüber auszutauschen. Die Lehrerin bleibt im Hintergrund. Es handelt sich also vermutlich um Textarbeit mit Zeitungsartikeln, und zwar um eine Lesephase in Einzel- bzw. Partnerarbeit. Es herrscht eine angenehme, entspannte Arbeitsatmosphäre.

2. Im Interview begründet die Lehrerin den Einsatz von Musik so: Sie würde Musik immer bei Stillarbeit, auch bei Gruppenarbeit, einsetzen, weil Musik beruhigen und die Hintergrundgeräusche zurückdrängen würde, die dann in der Musik untergehen würden. Dadurch würde die Konzentration auf den Text und auf die jeweiligen Partner leichter fallen.

3. Vor dieser Lesephase sind die Lernenden vermutlich auf die Lektüre vorbereitet worden, indem sie auf den Inhalt der Texte eingestimmt wurden – z. B. durch ein Assoziogramm, Hypothesenbildung oder Fragen zum Text.

4. Nach dieser Lesephase wird es vermutlich darum gehen, über den Inhalt, die Informationen der Texte (miteinander) zu sprechen.

Aufgabe 51/
Videosequenz 8b

2. Fragen der Lernenden an den Text *Väter auf der Flucht* sind z. B.: „Wo sind die Männer?", „Warum sind sie auf der Flucht?", „Wie groß ist das Problem heute?"

3. a) Die selbst formulierten Fragen wecken das Interesse an den Zeitungsartikeln und bereiten die anschließende Lektüre vor.

   b) Vorentlastung des Textes; die Lernenden werden im Text die Antwort auf ihre Fragen suchen.

2. a) Die Lehrerin gibt folgende <u>Anweisung</u>: Die Lernenden sollen sich in Gruppen zu dritt oder viert zusammensetzen. In jeder dieser Gruppen soll mindestens ein „Experte" von beiden Texten sitzen. Die Lernenden in jeder Gruppe sollen sich gegenseitig über den Text informieren. Dazu sammelt die Lehrerin Redemittel, die man verwenden kann, um über einen Text zu referieren.

Aufgabe 53/
Videosequenz 8c

2. b) Bei **Beobachtungsbogen 5a** sind folgende Antworten möglich:

Beobachtungsbogen 5a/
Videosequenz 8c

1.	*Ziel der Grup-penarbeit*	Das Ziel der Gruppenarbeit ist der gegenseitige Informationsaustausch über die Inhalte der beiden Zeitungsartikel. Alle Lernenden scheinen die Aufgabe und das Ziel gut verstanden zu haben; es gibt keine Fragen dazu.
2.	*Was sollen die Lernenden in Gruppenarbeit tun?*	Die Lernenden sollen sich informieren, Fragen stellen und Fragen beantworten: Die „Experten" zu je einem Zeitungsartikel informieren die anderen über ihren Artikel und beantworten Fragen dazu.
3.	*Vermittlung der Aufgabenstellung*	Die Aufgabenstellung wird mündlich, ruhig und langsam und gut verständlich gegeben. Dabei werden Redemittel zum Referieren über einen Text vermittelt.
4.	*Zusammenarbeit sinnvoll/notwendig?*	Ja, sehr. Durch das arbeitsteilige Lesen hat jeder Lernende nur zu einem Artikel die Informationen und braucht die Auskünfte der anderen. Die Zusammenarbeit ist natürlich dann nicht notwendig, wenn sich die Lernenden für die Inhalte des anderen Zeitungsartikels nicht interessieren.
5.	*Wie werden die Gruppen gebildet?*	Die Lehrerin bildet die Gruppen in Zusammenarbeit mit den Lernenden: In jeder Gruppe sollten möglichst gleich viele „Experten" zu jedem Zeitungsartikel zusammensitzen. Die in der Nähe sitzenden Lernenden bleiben beieinander und andere werden ihnen zugeordnet. Wenn die Lernenden immer auf denselben Plätzen sitzen und die nebeneinander Sitzenden immer zusammenarbeiten, kann diese Form der Gruppenbildung auch nachteilig sein.
6.	*Wie ist die Sitzordnung?*	Die Lehrerin sorgt dafür, dass sich die Lernenden an den Tischen so gegenübersitzen, dass sie sich gegenseitig anschauen und so besser miteinander kommunizieren können.

1. Bei **Beobachtungsbogen 5b** sind folgende Antworten möglich:

Aufgabe 54/
Videosequenz 8d/
Beobachtungsbogen 5b

1.	*Interesse/ Motivation der Lernenden*	Die Lernenden sind sehr motiviert, sie beginnen sofort mit dem Informationsaustausch. Stellenweise läuft die Gruppenarbeit etwas zähflüssig; einige Mitglieder scheinen etwas überfordert zu sein. Ansonsten lassen sich in allen Gruppen eine hohe Beteiligung und interessierte Diskussionen beobachten. Soweit wahrnehmbar, scheinen alle Lernenden in Deutsch miteinander zu sprechen.
2.	*Rollenvertei-lung/Koopera-tion in den Gruppen*	Es lässt sich nicht beobachten, ob in allen Gruppen alle Lernenden zu Wort kommen oder ob einige dominieren. Insgesamt scheint eine recht ausgewogene und gleichberechtigte Zusammenarbeit vorzuherrschen. Direkt Unbeteiligte/Ausgeschlossene sind nicht zu beobachten.
3.	*Lärmpegel*	Das allgemeine Stimmengewirr scheinen die Lernenden überhaupt nicht wahrzunehmen. Jeder ist auf die Lernenden in der eigenen Gruppe konzentriert. Die Gespräche der anderen Gruppen wirken nicht beeinträchtigend oder störend.

4.	*Verhalten der Unterrichtenden*	Die Lehrerin geht herum und hört interessiert in die einzelnen Gruppen hinein. Sie gibt Hilfestellungen durch Anregungen oder Fragen, wenn sie z. B. merkt, dass etwas nicht ganz verstanden wurde. Sie beantwortet auch Fragen der Lernenden.
6.–8.	*Ende der Gruppenarbeit; Vorbereitung fürs Plenum*	Ist nicht beobachtbar.

2. Es handelt sich hierbei nicht um eine ergebnisorientierte Gruppenarbeit, bei der es am Ende ein Ergebnis oder ein Produkt gibt. Hier geht es um eine prozessorientierte Arbeit, während derer sich die Lernenden gegenseitig in ihren Gruppen informieren, sodass im Plenum kein Ergebnis präsentiert zu werden braucht.

Aufgabe 56/ Videosequenz 8e

1. <u>Situationsvorgabe:</u> „Eine Frau telefoniert mit der Freundin ihres Mannes. Ihr Mann wohnt seit einem Jahr bei der Freundin. Seit drei Monaten bezahlt er nichts mehr für die Kinder. Er ruft nicht mehr an und er besucht die Kinder auch nicht mehr. Die beiden Frauen waren früher befreundet."

2. Die Lehrerin greift während der <u>Phase des freien Sprechens</u> nicht ein, sie hat sich eingereiht und spielt mit, wenn sie an der Reihe ist. Sie lässt alle Lernenden frei sprechen, ohne sie zu unterbrechen, zu unterstützen oder gar zu korrigieren.

3. Die Lernenden sitzen sich in zwei Reihen gegenüber. Jede Reihe spielt eine Person des Rollenspiels, d. h. (in dem Beispiel) den Mann und die Frau. Die Lehrerin gibt die Situation vor.

Der Dialog beginnt in einer Reihe und im Wechsel führen die Lernenden das Gespräch zwischen den beiden Personen, wobei jeder Lernende jeweils einen Satz bzw. einen Gesprächsteil äußert, der gegenübersitzende Lernende antwortet usw. – so findet ein *Zickzack*-Gespräch durch die gesamte Lerngruppe statt.

3. a) Auf die Vorteile eines solchen Rollenspiels gehen wir auf S. 76ff. ein.

Aufgabe 57/ Videosequenz 8f

Während des Rollenspiels hat die Lehrerin sich Notizen gemacht (im Rollenspiel hat sie nicht korrigiert). Sie greift nach dem Rollenspiel z. B. eine Äußerung auf, die einen systematischen Fehler enthält. Sie nimmt das Beispiel in der Muttersprache der Lernenden auf, lässt es übersetzen, verweist explizit auf die Grammatikregel (Konjunktiv II) und übt diese Struktur anhand einiger Beispielsätze, die zu dem Thema passen.

Aufgabe 61/ Videosequenz 9a

Schritte zur Vorbereitung des Interviews	Aktivitäten der Lernenden
das Interview sprachlich vorbereiten	Klassengespräch: Redemittel für Beginn und Ende des Interviews sammeln
Fragen festhalten	Abschreiben der Redemittel von der Tafel auf Pappstreifen und auf einer Pinnwand aushängen
Themen für das Interview sammeln	mündliche Äußerungen der Lernenden: Themenvorschläge (Assoziogramm an der Tafel)
Fragen zu den Themen formulieren	Lernende sammeln, formulieren und notieren Interviewfragen zu den gesammelten Themen; schriftliches Festhalten der Fragen auf Arbeitsblättern in Gruppenarbeit
Medien einsetzen	Eintragen auf einem Arbeitsblatt, wer für welche Medien verantwortlich ist

Sozialformen:
1. Plenum
2. Gruppenarbeit
3. Plenum
4. Gruppenarbeit
5. Gruppenarbeit

1. Das Ziel der in der Klasse simulierten Interviews ist es, den Lernenden vor dem „Ernstfall" der realen Interviews ein Probehandeln im geschützten Raum des Unterrichts zu ermöglichen. Durch diese in ungezwungener Atmosphäre gespielten Interviews wird erreicht, dass die Lernenden ihre Redemittel angstfrei einsetzen, erproben und üben und dadurch mehr Sicherheit für die reale Begegnung mit den deutschen Jugendlichen gewinnen können.

2. Nicht ganz geglückt ist folgende Simulation: Eine Lehrerin wird gefragt „Welche Schule besuchst du?" und antwortet: „Ich besuche schon lange nicht mehr die Schule." Sie spielt also keine Rolle, sondern antwortet als die Person, die sie ist. Das hätte vermieden werden können, indem

   a) entweder die Lernenden darauf hingewiesen worden wären, dass sie darauf achten, welche der ausgewählten Fragen sie in der Simulation an die Lehrerin stellen können, die sie dann hätten siezen müssen oder

   b) die Lehrerin darauf hingewiesen worden wäre, dass sie in der Rolle einer Schülerin antworten soll.

1. Ziel der Arbeitsblätter 3 und 4 ist es, die Lernenden zum Nachdenken und Bewerten dessen, was sie gemacht haben, anzuregen – eine wichtige Strategie des autonomen Lernens. Dabei werden angesprochen:

   – die Sachebene (was wurde gemacht),
   – die emotionale Ebene (wie der Lernende etwas empfunden hat),
   – die Reflexionsebene (was der Lernende nun kann/nicht kann/nicht so gut kann /...).

Die Lernenden besichtigen den Ort, lesen die mehrsprachigen Informationen und suchen nach Antworten auf die im Arbeitsblatt 5 gestellten Fragen. Dadurch erweitern sie ihr außerschulisches Wissen.

2. a) Möglichkeiten zur Auswertung der eigenen Erfahrungen:

   Die Lernenden führen ihr Tagebuch fort (s. auch Arbeitsblatt 4, S. 84f.). Sie notieren, was sie nun können bzw. noch nicht (so gut) können und wie sie sich vor dem Treffen in der Jugendherberge gefühlt haben (s. dazu z. B. das folgende Arbeitsblatt 6).

Arbeitsblatt 6
Tagebuch 2 (nach den Interviews)

Name: _____ Klasse: _____ Datum: _____

Gruppe: _____

A		
		Fragen zum Alltag stellen.
	Jetzt kann ich	mir Notizen machen.
		den Kassettenrekorder benutzen.
		Modalsätze richtig aufbauen.
		Konflikte mit den Freunden lösen.
	Ich kann noch nicht so gut	...

Arbeitsblatt 6 (Fortsetzung)
Tagebuch 2 (nach den Interviews)

B

Vor dem Treffen in der Jugenherberge war ich	aufgeregt.
	begeistert.
	...

Ich hatte diese Probleme (evtl. auch in Italienisch aufschreiben):

Tipps für das nächste Mal (evtl. auch in Italienisch aufschreiben):

nach: Giusti u. a. (1996)

2. b) Die Lernenden erhalten vorformulierte und auch offene Arbeitsblätter zur Auswertung der Interviews der Kassetten- und Videoaufnahmen (zum Hörverständnis), z. B.:

Arbeitsblatt 7
Auswertung des Interviews

NAME (N)	
ALTER	
HEIMATSTADT	
SCHULE	
THEMA 1	
THEMA 2	
...	

nach: Giusti u. a. (1996)

Arbeitsblatt 8
Verarbeitung der eigenen Erfahrungen, Fähigkeiten und Lernerfolge

Name: _____ Klasse: _____ Datum: _____

Gruppe: _____

A Vom Gesprächspartner habe ich ☐ Foto(s).

☐ eine Videoaufnahme.

☐ die Adresse.

...

B Der Ton ist ☐ gut,

☐ nicht so gut,

☐ unverständlich,

...

denn ☐ es gab Lärm.

☐ mein Gesprächspartner hat undeutlich gesprochen.

☐ der Kassettenrekorder hat nicht gut funktioniert.

...

			viele Informationen.
C	Zum Thema	habe ich	wenige Informationen.
			keine Informationen.

D Jetzt weiß ich, ………
(Name vom Gesprächspartner und alle Informationen) (Schreibe voll-
ständige Sätze).

E Zum Thema/zu den Themen ……… möchte ich sonst noch wissen:
…

F	1. Vor dem Treffen in der Jugend-herberge habe ich geglaubt: Die Deutschen sind	groß/blond/unfreundlich/…
	2. Meine Gesprächspartner waren (dagegen)	nicht so groß/nett/entgegen-kommend/…

G	Vor dem Interview habe ich geglaubt:	Ich kann ganz wenig Deutsch.
		Ich kann mit Deutschen überhaupt nicht umgehen.
		Ich verstehe kein/ganz wenig Deutsch.
		…
	Nach dem Interview weiß ich:	Ich kann auch mit wenig Deutsch ein Gespräch füh-ren.
		Ich kann schon ziemlich viel verstehen.
		Ich kann nicht nur durch Bü-cher Deutsch lernen.
		Ich muss in Deutsch fleißiger sein.
		…

nach: Giusti u. a. (1996)

3. Die Informationen werden in Gruppen ausgewertet. Die Gruppen stellen Wandzei-tungen, Plakate, Hefte u. Ä. mit Texten, Fotos, Zeichnungen usw. zur Präsentation der Informationen her. Die Lernenden übertragen die Informationen von den Kassetten- und Videoaufnahmen auf Arbeitsblätter. Die Gruppen lesen ihre Ergeb-nisse vor.

Videosequenz 9e

Die Gruppen stellen ihre Ergebnisse gemeinsam vor der Klasse vor. Man sieht eine Gruppe. Die Lernenden dieser Gruppe zeigen ihr schriftliches Produkt (Heft) und geben nacheinander mündlich die Informationen zu den verschiedenen Themen. Sie sprechen frei. Die Gruppe bekommt Applaus für ihre Präsentation.

Aufgabe 69/
Videosequenz 9f

Während der einen zu beobachtenden Präsentation hält sich der Lehrer zurück und greift nicht ein. Es gibt eine auf der Videokassette nicht zu sehende Ausstellung für die Eltern.

1. Über die Erweiterung der Deutschkenntnisse hinaus wurden z. B. erworben:
die Kompetenz zu kooperieren; gemeinsam etwas außerhalb des Unterrichtsraums
zu planen und durchzuführen; Ergebnisse zusammenzustellen und zu präsentieren.
Die Begegnung mit deutschen Muttersprachlern war eine Begegnung mit einer
anderen Kultur, in der die eignen (Vor-)Urteile bewusst wurden und Neugier
geweckt wurde („Sind alle Deutschen so nett?").

3. a) Die **Schritte im Projektablauf** waren:

Schritt 1	Themenfindung (mit Muttersprachlern Kontakte knüpfen)
Schritt 2	Entscheidung für ein Treffen
Schritt 3	Gestaltung des Treffens (Interview)
Schritt 4	Kontaktaufnahme (Brief schreiben)
Schritt 5	Vorbereitung des Interviews
Schritt 6	Simulation der Interviews
Schritt 7	ein Lerntagebuch führen
Schritt 8	Ortsbegehung
Schritt 9	Durchführung der Interviews
Schritt 10	Auswertung der Interviews
Schritt 11	Präsentation der Ergebnisse

Die folgenden Zuordnungen sind Vorschläge von Kollegen und Kolleginnen, die als
Diskussionsgrundlage dienen und nicht als feste Zuordnungen zu verstehen sind.

Wünschenswertes Lehrerverhalten

Lehrtechniken	angeeignete persönliche Verhaltensweisen	Persönlichkeitsmerkmale
1. Lernende viel zum Sprechen bringen	4. Wissen der Lernenden berücksichtigen	3. sich neutral, objektiv und gerecht verhalten
2. Zielsprache angemessen benutzen	5. auf Interessen/... der Lernenden eingehen	7. schauspielerisches Talent haben
10. fachkompetent unterrichten	6. zuhören, (aus)sprechen lassen	8. Sinn für Humor haben ...
14. gut vorbereitet sein	13. ermutigen/loben	9. Spaß am Unterrichten haben
18. von Unterrichtsplanung abweichen	16. sich nicht in den Mittelpunkt stellen	11. sich aufrichtig, natürlich und spontan verhalten
30. lernerorientiert unterrichten	17. sich kreativ und flexibel zeigen	12. sich ausgeglichen und entspannt zeigen
33. methodisch vielfältig unterrichten	22. alle Lernenden mit einbeziehen	15. sich konsequent, aber nicht autoritär verhalten
	23. die Persönlichkeit der Lernenden einbeziehen	19. sich nett, freundlich und hilfsbereit zeigen
	26. einfühlsam unterrichten	20. gut strukturiert unterrichten
	27. sich ehrlich und gerecht verhalten	21. Bemühen, ordentlich u. pünktlich zu sein
	28. eine angstfreie Atmosphäre schaffen	24. Kritik ertragen, eigene Fehler zugeben können

	31. geduldig unterrichten	25. motivieren können
	34. sich um Toleranz bemühen	29. sich partnerschaftlich verhalten
		32. sich selber lernfähig zeigen

Weniger wünschenswertes Lehrerverhalten

Lehrtechniken	angeeignete persönliche Verhaltensweisen	Persönlichkeitsmerkmale
4. undeutlich sprechen	2. sich phlegmatisch, desinteressiert verhalten	1. sich arrogant, besserwisserisch verhalten
5. sich unflexibel und starr verhalten	3. unpünktlich sein, Stunde überziehen	7. nervös und unkonzentriert unterrichten
9. Lernende mit zu viel Material überhäufen	6. ungepflegt sein, sich unangemessen kleiden	8. sich launisch, unberechenbar verhalten
16. stereotype Lehrerfragen stellen	14. zu ausschweifend/zu detailliert unterrichten	10. sich voreingenommen verhalten
17. unstrukturierter Stundenablauf	15. sich ungeduldig verhalten	11. ironische, zynische Bemerkungen machen
18. ungenaue Anweisungen geben	19. zu viel korrigieren	12. Druck ausüben, Angst machen
	21. zu viel reden, Lernende nicht aussprechen lassen	13. Unruhe, Hektik, Stress verbreiten
	22. Lernende persönlich kritisieren	20. zu persönlich/aufdringlich sein
	23. sich ungerecht verhalten	

Unsere Auffassung dazu finden Sie in der Zusammenfassung auf S. 99.

Aufgabe 78

Aufgabe 79

Möglichkeiten, um Unterrichtsbeobachtung für das Lehrerverhalten zu nutzen:
1. Sie versuchen, Ihr Lehrverhalten selbst zu beobachten: Selbstbeobachtung.
2. Sie bitten darum, Videoaufnahmen von Ihrem Unterricht zu machen: Selbstbeobachtung mit Videoaufzeichnungen.
3. Sie bitten eine Kollegin/einen Kollegen oder mehrere, Sie in Ihrem Unterricht zu besuchen: partnerschaftliche gegenseitige Unterrichtsbeobachtung.
4. Sie fragen eine Kollegin/einen Kollegen, ob Sie ihren/seinen Unterricht besuchen können: partnerschaftliche gegenseitige Unterrichtsbeobachtung.
5. Sie befragen gezielt Ihre Kursgruppen zu Ihrem Lehrerverhalten: *Feedback* der Lernenden.

Aufgabe 80

Beobachtung des eigenen Unterrichts:
Möglichkeiten/Vorteile:
wenig Aufwand und Zeit; klarerer Standpunkt über eigenen Unterricht

Grenzen/Nachteile:
stark subjektiv geprägte Sicht; Problem, zu unterrichten und sich gleichzeitig selbst zu beobachten

Aufgabe 81

3. Möglichkeiten, die ein Mitschnitt des eigenen Unterrichts bietet:
   – Sie haben die Möglichkeit, sich selbst „von außen" wahrzunehmen.
   – Sie können sich im Nachhinein – befreit von allen Aufgaben des Unterrichtens – in Ruhe auf die Selbstbeobachtung konzentrieren.
   – Sie können die Aufzeichnung oder Teile daraus mehrmals anschauen.
   – Ebenso können Sie andere Zuschauer – z. B. Kollegen und Kolleginnen sowie die Lernenden – hinzuziehen und mit ihnen gemeinsam den aufgezeichneten Unterricht besprechen.

4. Einschränkungen und Nachteile, die zu beachten sind:
   – Hier gelten alle Einschränkungen von Unterrichtsmitschnitten, die Sie in Kapitel 2.7.1 (S. 42) bereits kennen gelernt haben, wie z. B. die Kameraführung und der Filmschnitt.

Aufgabe 83/
Videosequenz 10b

Wir hatten den Eindruck, dass die Kollegin beim Anschauen ihres Unterrichts viel Freude hatte: Sie schaut interessiert, manchmal auch angestrengt zu, ist konzentriert. Sie schaut zufrieden, amüsiert, belustigt zu. Sie lacht und freut sich über sich selbst oder über die Schüler.

Aufgabe 84/
Videosequenz 10b

1. a) Die Lehrerin würde eine bestimmte Phase (Plenum nach Gruppenarbeit) nicht mehr in der Ausführlichkeit (alle Gruppen berichten) machen, da es für die Lernenden zu lange dauern würde, wenn sie allen zuhören müssten. Gleichzeitig erklärt sie, dass sie wollte, dass alle Lernenden sich äußern können.
   b) Die Lehrerin sagt z. B.: „Ich wiederhole sehr oft, finde ich.", „Das ist ein bisschen direktiv.", „Das kostete mich große Überwindung, nichts zu sagen, aber ich schaffe es manchmal, nicht reinzureden.", „Ich sage oft *schnell*."
   c) Zur Lerngruppe erklärt die Lehrerin, dass die Schüler normalerweise anders sitzen. Zu einzelnen Schülern erläutert sie, dass einer sehr schwach sei, die Klasse bereits zweimal wiederholt habe, sehr schüchtern sei. Zum Stoff erklärt sie (zum Ausfüllen von Sprechblasen), dass sie wusste, dass die Lernenden den Wortschatz kennen und dass sie auch Fantasie haben.
   d) Siehe unter 1a.
   e) Durch die Aufnahmesituation waren die Lernenden schüchterner, weniger aktiv, haben leiser gesprochen. Ein Lernender hat (aus Eitelkeit) seine Brille abgenommen und konnte deshalb seinen Text nicht so gut ablesen bzw. spielen. Die Lehrerin selbst hat sich unter Zeitdruck gefühlt.

Aufgabe 86

Möglichkeiten gegenseitiger Unterrichtsbeobachtung:
– Sie fragen einen Kollegen oder eine Kollegin, ob er oder sie bereit wäre, Sie im Unterricht zu besuchen. Sie besprechen miteinander, wie Sie sich das vorstellen.
– Sie vereinbaren, zunächst ohne Fragestellungen frei beobachtet zu werden.
– Sie bitten den Kollegen oder die Kollegin, ihren Unterricht unter einem bestimmten Aspekt oder einer speziellen Fragestellung gezielt zu beobachten.
– Sie einigen sich vor der Beobachtung gemeinsam auf die Schwerpunkte und Aspekte der Beobachtung.
– Sie bitten den Beobachtenden aufgrund seiner Wahrnehmung selbst Beobachtungsschwerpunkte und Fragestellungen zu wählen.

Begründungen:

Zu 1: Die Pause ermöglicht, etwas Abstand zum Geschehen zu gewinnen und das Abgelaufene zu verarbeiten. Der/Die Unterrichtende können sich etwas entspannen, den Unterricht noch einmal Revue passieren lassen und Aspekte und Fragen, die für sie wichtig sind, für die Nachbesprechung vorformulieren. Beobachter haben jetzt die Möglichkeit, ihre Notizen zu ergänzen, sie zu ordnen, evtl. einen Zusatzbogen auszufüllen und Vorschläge für das Auswertungsgespräch festzuhalten.

Zu 2: Zu viele Aspekte können weder aufgenommen noch verarbeitet werden. Sie können zu Verwirrung und Entmutigung führen.

Zu 3: Das erhöht die Sicherheit der Unterrichtenden und verbessert ihren Unterricht.

Zu 4: Das ermöglicht dem Unterrichtenden eine bessere Selbstwahrnehmung und zeigt vielleicht Aspekte auf, die ihm selbst beim Unterrichten nicht aufgefallen sind.

Zu 5: Es sollte stets vermieden werden, Situationen zu schaffen, in denen der Beobachtete glaubt, sich verteidigen zu müssen.

Zu 6: Dadurch vermeiden Sie es, auftauchende Fragen nicht zufrieden stellend besprechen zu können. So bleibt das Interesse an Rückmeldungen erhalten oder steigt sogar.

Zu 7: Das ermöglicht Unterrichtenden und Beobachtenden einen Überblick über ihren eigenen Lernfortschritt.

Angesprochen wurde:

1. *die Vorbereitung der Lernenden auf den Unterrichtsmitschnitt:*

   Frage, ob die Unterrichtende die Lernenden auf die Videoaufnahme vorbereitet hat. („Du hast mir erzählt, bevor die richtigen Kameraleute kamen, habt ihr eine kleine Generalprobe gemacht. Erzählst du das noch mal?")

2. *die Partnerarbeit:*

   Frage, ob den Lernenden bewusst keine Zeitangabe gemacht wurde.

3. Aufgreifen der Äußerung der Unterrichtenden, dass die *Präsentationsphase* zu lang gewesen sei, und dann der Vorschlag, den Lernenden eine Höraufgabe zu geben.

   Besser wäre es gewesen, diesen Vorschlag nicht direkt vorzugeben, sondern durch weitere Fragen der Lehrerin Anstöße zu geben, eigene Lösungsmöglichkeiten für die Präsentationsphase zu entwickeln.

4. *Fragen der Unterrichtenden an Beobachter* („Kritik, die hilft").

6   Glossar

Beobachtungsaspekt, der (S. 6/45): Der Aspekt, der als Schwerpunkt für eine Unterrichtsbeobachtung gewählt wird. Der Fokus, auf den die Beobachtung gelenkt wird, kann z. B. die Sprache der Unterrichtenden, die Interaktion zwischen Unterrichtenden und Lernenden, der Einsatz von (→) Sozialformen oder Medien usw. sein. Zur Spezifizierung können detaillierte (→) Beobachtungskriterien aus den Beobachtungsbögen ausgewählt oder auch neu formuliert werden.

Beobachtungsintention, die (S. 11): Absicht und Ziel der Unterrichtsbeobachtung. Es geht darum, wer was warum beobachten möchte. Zu unterscheiden ist zwischen Beobachtung zu Fortbildungs- und Beratungszwecken einerseits und Beobachtung mit dem Ziel der Bewertung (Benotung) andererseits.

In dieser Fernstudieneinheit geht es nur um Beobachtung mit der Absicht, sich selbst fortzubilden. Dabei wird die Beobachtungsintention durch das Lerninteresse der Beobachter oder der Beobachteten bestimmt. Ein Beobachter könnte z. B. im Unterricht sehen wollen, wie ein Kollege mit einem neuen Lehrwerk arbeitet (→ Unterrichtshospitation).

Die Beobachtungsintention kann natürlich auch von den Unterrichtenden ausgehen: Jemand bittet um Beobachtung des eigenen Unterrichts, z. B. um

- allgemeine Rückmeldungen (→ Feedback) und Hinweise zu erhalten,
- gezielt bestimmte Problembereiche des eigenen Unterrichts beobachten zu lassen oder
- mit den Beobachtern gemeinsam Lösungen zu suchen (→ partnerschaftliche Unterrichtsbeobachtung).

Die Beobachtungsintention ist unabhängig davon, ob der Unterricht direkt oder auf Video angesehen wird.

Beobachtungskriterium, das (S. 45): Um genauer und gezielter beobachten zu können, kann der ausgewählte (→) Beobachtungsaspekt spezifiziert werden: Wurde z. B. *Sozialformen* gewählt, so wäre es möglich, beim Einsatz von Gruppenarbeit für die Durchführungs- und die Auswertungsphase detaillierte Kriterien zu entwickeln oder in Beobachtungsbögen bereits vorgegebene Kriterien für die Beobachtung heranzuziehen.

Auf der Grundlage der methodisch-didaktischen Prämissen für die Planung und Durchführung eines bestimmten Unterrichtsschrittes (z. B. Verhalten des Unterrichtenden während einer Gruppenarbeit) wird das entsprechende Beobachtungskriterium formuliert (z. B.: Bleibt der Unterrichtende im Hintergrund, steht er für Fragen der Lernenden zur Verfügung? usw.).

Die Auswahl der Kriterien richtet sich nach der (→) Beobachtungsintention und wird vor der Beobachtung von den Beteiligten gemeinsam festgelegt (→ partnerschaftliche Beobachtung).

Beobachtungsprogression, die (S. 6): Chronologisch und aufeinander aufbauende (→) Beobachtungstechniken, die vom allgemeinen, unspezifischen bis zu einem detaillierten Beobachten führen: Es beginnt mit dem (→) ungesteuerten (→) globalen Beobachten, geht über das (→) gesteuerte Beobachten durch globale Leitfragen und die Festlegung bestimmter (→) Beobachtungsaspekte bis hin zu (→) gezieltem Beobachten durch Beobachtungsbögen mit detaillierten (→) Beobachtungskriterien.

Beobachtungstechnik, die (S. 6/45): Die vor einer Beobachtung vereinbarte Vorgehensweise während und nach der Unterrichtsbeobachtung. Zu den Techniken gehören z. B.

- (→) ungesteuertes Beobachten, bei dem alles beobachtet wird,
- (→) globales Beobachten, bei dem die Beobachtenden z. B. die Unterrichtsatmosphäre auf sich wirken lassen,
- (→) gesteuertes Beobachten, bei dem festgelegt wird, was genau beobachtet werden soll. Die Steuerung kann durch (→) globale Leitfragen oder Beobachtungsbögen oder durch eigene Vorbereitungen auf die Unterrichtsstunde erfolgen.

Die Wahl der Beobachtungstechnik hängt vom Ziel der Beobachtung und von dem gewählten (→) Beobachtungsaspekt ab (→ Beobachtungsprogression).

Feedback, das (S. 100): In einem Auswertungsgespräch nach der Unterrichtsbeobachtung beschreiben die Beobachter dem Unterrichtenden, was sie beobachtet haben, und geben Rückmeldungen und Hinweise zu dem gesehenen Unterricht. Hierbei geht es darum, möglichst hilfreiches, konstruktives Feedbackverhalten zu entwickeln.

gesteuertes Beobachten, das (S. 18): Vor der Unterrichtsbeobachtung wird festgelegt, worauf der Fokus der Beobachtung gelenkt werden soll. Dabei kann es sich um bestimmte Aspekte handeln – etwa methodische Fragen, Lehrtechniken oder Lehrerverhalten. Die Beobachtung kann auch durch bestimmte Leitfragen, durch eigene Vorbereitungen auf die Unterrichtsstunde (→ vorbereitetes Beobachten) oder durch detaillierte Beobachtungskriterien, die in der Regel auf Beobachtungsbögen festgehalten werden, gesteuert werden (→ gezieltes Beobachten). Das Gegenteil ist das (→) ungesteuerte oder auch (→) globale Beobachten. Art und Inhalt des gesteuerten Beobachtens werden durch die (→) Beobachtungsintention bestimmt.

gezieltes Beobachten, das (S. 30): Bei dem gezielten Beobachten liegt meist ein sehr konkretes Beobachtungs- und Erkenntnisinteresse vor, z. B. zu beobachten, welche Teilziele in der Vorbereitungsphase auf eine Textarbeit angestrebt bzw. erreicht werden; oder es wird gezielt beobachtet, welche Korrekturtechniken ein Unterrichtender einsetzt und wie dies auf die Lernenden wirkt. Für das gezielte Beobachten müssen genau formulierte, meist relativ detaillierte (→) Beobachtungskriterien zugrunde gelegt werden, die auf übersichtlichen Beobachtungsbögen schriftlich festgehalten werden sollten.

globales Beobachten, das (S. 15): Der Unterricht wird allumfassend beobachtet, ohne dass die Aufmerksamkeit von vornherein auf bestimmte Aspekte oder vorgegebene Fragestellungen gelenkt und dadurch beeinflusst wird. Bei der ersten Beobachtung einer Lerngruppe empfiehlt es sich, zuerst global zu beobachten, um zunächst die Unterrichtsatmosphäre auf sich wirken zu lassen und sich mit den beteiligten Personen vertraut zu machen (→ ungesteuertes Beobachten).

globale Leitfragen (Pl.) (S. 17): Vor oder nach dem Unterricht werden allgemeine Fragen gestellt und die Beobachtungen zu diesen allgemeineren Aspekten schriftlich oder mündlich festgehalten – etwa zur Gruppe der Lernenden, zur Atmosphäre oder zum Verhalten der Unterrichtenden. Durch globale Leitfragen geleitete Unterrichtsbeobachtung ist bereits auf bestimmte Aspekte fokussiert und konzentrierter als das (→) globale Beobachten, aber noch nicht so systematisch und zielgerichtet wie das (→) gesteuerte oder (→) gezielte Beobachten.

handlungsorientiert (S. 64): Ein handlungsorientierter Unterricht befürwortet eine hohe Eigenaktivität der Lernenden und die Verwendung der Sprache als authentisches Verständigungsmittel (→ Projektunterricht).

Hospitation, die (S. 11): Als Gast im Unterricht teilnehmen, um den Unterricht zu beobachten (→ Unterrichtshospitation).

Lehrerverhalten, das (S. 5): Hierbei geht es um die Verhaltensweisen der Unterrichtenden im Rahmen des Unterrichtsgeschehens. Dabei unterscheiden wir zwischen den professionellen und erlernbaren (→) Lehrtechniken einerseits und den nur bedingt veränderbaren Persönlichkeitsmerkmalen andererseits. Letztere sollten bei Unterrichtsbeobachtungen nur dann in die Beobachtung und Reflexion mit einbezogen werden, wenn der Beobachtete dies ausdrücklich wünscht. Zu den professionellen Fertigkeiten der Unterrichtenden gehören neben den reinen Lehrtechniken auch ihre Unterrichtsplanung, ihr Unterrichts- bzw. Führungsstil, ihr Sozialverhalten im Unterricht, ihre Sprache und ihre Fachkompetenz. Zu diesen einzelnen Bereichen lässt sich erwünschtes Lehrerverhalten spezifizieren und anhand von präzise formulierten (→) Beobachtungskriterien beobachten und reflektieren.

Lehrtechnik, die (S. 90): Methoden, die der Unterrichtende anwendet, wie z. B. Fragetechniken, Einsatz von (→) Sozialformen oder Übungsformen, Gestaltung und Nutzung der Tafel, Arbeit mit Texten usw. Diese professionellen Fertigkeiten der Unterrichtenden sind – im Gegensatz zu individuellen Persönlichkeitsmerkmalen – erlernbar und damit veränderbar. Auch lassen sich hierfür gut Merkmale und Kriterien für die Beobachtung formulieren (→ Beobachtungskriterien). Häufig findet man in der Fachliteratur für Lehrtechniken auch den Begriff *Unterrichtstechniken* und *teaching skills*.

partnerschaftliche Beobachtung, die (S. 5): Hierbei handelt es sich um eine gegenseitige, kollegiale Beobachtung auf einer gleichberechtigten, vertrauensvollen Basis. Kollegen oder Kolleginnen verabreden gegenseitige Unterrichtsbesuche, um sich auszutauschen und gegenseitig zu beraten. Hierbei wird das Ziel der Beobachtung gemeinsam zwischen Unterrichtenden und Beobachteten festgelegt (→ Hospitation, → Beobachtungsintention).

Partnerschaftliche Beobachtung kann ein einmaliger Besuch und Gegenbesuch sein, aber auch mehrmalige gegenseitige (→) Hospitationen bis hin zu Beobachtungspartnerschaften, die über einen längeren Zeitraum bestehen (→ Tandem).

Projektunterricht, der (S. 78): Ein Projekt beinhaltet die gemeinsame Planung, Durchführung und Auswertung eines unterrichtlichen Vorhabens, in dem sprachliches Lernen natürlich, handlungs- und anwendungsorientiert und damit ganzheitlich stattfindet. Die Lernenden und Unterrichtenden arbeiten gemeinsam an einer selbst gewählten Aufgabe, deren Ziel meist ein konkretes Produkt (Plakataktion, Schülerzeitung, Ausstellung, Theateraufführung, Videofilm usw.) oder eine auf die Erfahrungen und die Lebenswelt der Lerngruppe bezogene Handlung ist (Briefwechsel, Erstellung einer eigenen Homepage, Schüleraustausch, Umfragen und Interviews usw.). Soziales Lernen, Teamarbeit, Selbstverantwortung für die eigenen Lernprozesse und individuelle Vorlieben und Fähigkeiten können stärker berücksichtigt werden als bei traditionellen Unterrichtsformen. Das Lernen einer Sprache bleibt damit nicht mehr Selbstzweck, sondern es werden reale, sinnvolle Sprachhandlungssituationen hergestellt, in denen konkrete praktische (Sprach-)Erfahrungen und damit Sprachlernprozesse natürlich eingebunden stattfinden.

Selbstbeobachtung, die (S. 5): Beobachtung des eigenen Unterrichts. Dazu gibt es zwei Möglichkeiten:

1. Ein Unterrichtender versucht, sein Verhalten während seines Unterrichts selbst zu beobachten und zu reflektieren.

2. Ein Unterrichtender beobachtet seinen Unterricht anhand von Videoaufzeichnungen des eigenen Unterrichts.

Mithilfe von Notizen in einem Lerntagebuch oder für sich selbst konkret formulierten Veränderungsschritten versucht der sich selbst Beobachtende, das Repertoire an Lehrtechniken zu erweitern und sein Lehrerverhalten zu verbessern. Die Selbstbeobachtung anhand von Videoaufzeichnungen ist effektiver.

Sozialform, die (S. 7): Die Sozialformen beziehen sich auf die Art der Zusammenarbeit des Unterrichtenden mit den Lernenden und der Lernenden untereinander: Man unterscheidet das *Plenum*, wenn die gesamte Lerngruppe zusammenarbeitet; den *Frontalunterricht*, wenn der Unterrichtende den Unterrichtsablauf gestaltet; die *Gruppenarbeit*, wenn mehrere Lernende in einer Gruppe zusammenarbeiten; die *Partnerarbeit*, wenn zwei Lernende zusammenarbeiten und natürlich die *Einzelarbeit*, bei der jeder für sich arbeitet.

Tandem, das (S. 107): Form des Lernens zu zweit in meist binationalen Lernpartnerschaften: Ein Spanier z. B. bringt einem Deutschen Spanisch bei und lernt gleichzeitig von dem Deutschen Deutsch. In der Lehrerfortbildung ist Tandem

> „ein selbstgesteuertes, partnerschaftliches Fortbildungssystem. Im Mittelpunkt des Tandemsystems stehen gegenseitige Unterrichtsbesuche mit jeweils anschließenden reflexiven Gesprächen. Im Brennpunkt stehen meist didaktische, kulturelle und persönliche Aspekte der jeweiligen Unterrichtspraxis sowie die Festlegung von immer wieder neuen Zielen zur Unterrichtsverbesserung.“

> Enns (1999), 51

teilnehmende Unterrichtsbeobachtung, die (S. 43): Bei dieser Form der Beobachtung nehmen die Beobachtenden – nach Absprache mit den Unterrichtenden – am Unterricht teil, indem sie z. B. bei der Gruppenarbeit in einer Gruppe mitarbeiten.

ungesteuertes Beobachten, das (S. 16): Beobachtung von Unterricht ohne Kriterien, Fragestellungen oder Vorinformationen. Man beobachtet einfach alles und äußert in der Nachbesprechung alles, was einem aufgefallen ist. Zu Beginn der Beschäftigung mit Unterrichtsbeobachtung empfiehlt es sich, zunächst ungesteuert zu beobachten, um sich zuerst mit der Atmosphäre in der Lerngruppe und mit der Unterrichtssituation vertraut zu machen. Das Gegenteil bzw. eine Fortführung ist das (→) gesteuerte Beobachten.

Unterrichtsbeobachtung, die (S. 5): Gezielte Beobachtung des Unterrichts (in dieser Fernstudieneinheit immer aufgrund eines Fortbildungsinteresses). Dies geschieht entweder anhand von Videomitsschnitten von Unterricht oder bei (→) Unterrichtshospitationen oder auch als (→) Selbstbeobachtung.

Unterrichtsdokumentation, die (S. 19): Der Unterricht wird durch Videoaufnahmen festgehalten und damit dokumentiert. Auch die Begriffe *Video-* oder *Unterrichtsmitschnitt*, *Video-* oder *Unterrichtsaufzeichnung* werden hierfür verwendet.

Unterrichtshospitation, die (S. 8): Jemand (Kollegen, Fortbilder usw.) beobachtet den Unterricht einer anderen Person. Hierbei kann das Lern- bzw. Fortbildungsinteresse bei der beobachtenden Person liegen, die durch Zusehen Anregungen für das eigene Unterrichten gewinnen möchte. Auch die beobachteten Unterrichtenden können ein Lern- bzw. Fortbildungsinteresse haben, indem sie sich hilfreiche Rückmeldungen (→ Feedback) und Hinweise von der beobachtenden Person versprechen. Bei der (→) partnerschaftlichen Beobachtung, um die es primär in dieser Fernstudieneinheit geht, haben beide – Beobachter und Beobachtete – ein Fortbildungsinteresse und das Ziel der Beobachtung wird gemeinsam zwischen Unterrichtenden und Beobachteten festgelegt (→ Beobachtungsintention).

vorbereitetes Beobachten, das (S. 30)/**vorbereitete Unterrichtsbeobachtung, die** (S. 39): Die Beobachtenden erhalten vor der Unterrichtsbeobachtung konkrete Informationen zu der zu beobachtenden Unterrichtsstunde, anhand derer sie sich selbst Überlegungen zur Planung und Durchführung des Unterrichts machen können. Dies können die Lernmaterialien sein (ein Lese- oder Hörtext, die entsprechenden Seiten des Lehrbuchs, die Übungen) oder auch nur die Lernziele – bis hin zu einer ausführlichen Stundenplanung der Unterrichtenden. Durch die eigene Auseinandersetzung mit dem Material und den eigenen Unterrichtsplanungen erhält der Beobachtende eine gänzlich andere Beobachtungsperspektive: Er beobachtet nicht mehr nur von außen, sondern ist Beteiligter und kann seine eigenen Vorüberlegungen gezielt in die Beobachtung mit einbeziehen.

7 Literaturhinweise

Zitierte Fernstudieneinheiten sind mit einem * vor dem Namen gekennzeichnet.

7.1 Zitierte Literatur

ALTMANN, Howard B. (1983): *Training foreign language teachers for learner-centered instruction.* Zitiert in: LEGUTKE, Michael (1995): *Handbuch für Spracharbeit,* Teil 6/I „Fortbildung". München: Goethe-Institut.

BECKER, Georg E. (1986): *Auswertung und Beurteilung von Unterricht. Handlungsorientierte Didaktik,* Teil 3. Weinheim/Basel: Beltz.

* BIMMEL, Peter u. a. (in Vorb.): *Unterrichtsplanung: Von der Lehrwerklektion zur Deutschstunde.* Fernstudieneinheit. 18. Berlin/München: Langenscheidt.

* BOHN, Rainer (1999): *Probleme der Wortschatzarbeit.* Fernstudieneinheit 22. Berlin/München: Langenscheidt.

* BRANDI, Marie-Luise (1996): *Video im Deutschunterricht.* Fernstudieneinheit 13. Berlin/München: Langenscheidt.

DAHL, Johannes/WEIS, Brigitte (1988): *Handbuch Grammatik im Deutschunterricht.* Goethe-Institut, München.

* DAHLHAUS, Barbara (1994): *Fertigkeit Hören.* Fernstudieneinheit 5. Berlin/München: Langenscheidt.

* EHLERS, Swantje (1992): *Lesen als Verstehen.* Fernstudieneinheit 2. Berlin/München: Langenscheidt.

ENNS, Esther E. u. a. (1996): *Lehrer- und Lehrerinnenfortbildung im Tandem.* In: *Forum Lehrerfortbildung,* 29 – 30/1996. Düsseldorf, S. 165 – 169.

ENNS, Esther E. (1999): *Lehren und Lernen im Tandem. Ein Fortbildungsprojekt aus der Schweiz.* In: *Fremdsprache Deutsch,* Sondernummer 1999 „Lehrerfortbildung", S. 51 – 55.

FREUDENSTEIN, Reinhold (1976): *Merkmale des guten Fremdsprachenlehrers.* In: *Praxis des Neusprachlichen Unterrichts,* H. 3/1976, S. 320f.

GRELL, Jochen (1976): *Beobachtung des Lehrerverhaltens und Feedback.* In: *Spracharbeit,* 1/1976. München: Goethe-Institut.

KIETZMANN LOPES, Monika u. a. (2000): *Lerntagebuch zur Fernstudieneinheit „Unterrichtsbeobachtung und Lehrerverhalten".* Lissabon, unveröffentlicht.

* KLEPPIN, Karin (1998): *Fehler und Fehlerkorrektur.* Fernstudieneinheit 19. Berlin/München: Langenscheidt.

KRUMM, Hans-Jürgen (1979): *Unterrichtsmitschau und Unterrichtsanalyse.* In: WALTER, Gertrud/ SCHRÖDER, Konrad: *Fachdidaktisches Studium in der Lehrerbildung – Englisch.* München: Oldenbourg, S. 68 – 73.

KRUMM, Hans-Jürgen (1982): *Wie führe ich Lehrer hin zur Auseinandersetzung mit eigenem und fremdem Unterricht? – Materialien zur Unterrichtsanalyse.* Hamburg: unveröffentlichtes Manuskript.

MEYER, Hilbert (1980): *Leitfaden zur Unterrichtsvorbereitung.* Königstein/Ts: Scriptor, S. 371.

* NEUF-MÜNKEL, Gabriele (in. Vorb.): *Fertigkeit Sprechen.* Fernstudieneinheit 20. Berlin/München: Langenscheidt.

* NEUNER, Gerhard/HUNFELD, Hans (1993): *Methoden des fremdsprachlichen Deutschunterrichts.* Fernstudieneinheit 4. Berlin/München: Langenscheidt.

REICH, Kersten (o. J.): *Lehrmethoden für Dozenten.* Baustein 5 „Methoden". Köln: unveröffentlichtes Manuskript.

* SCHWERDTFEGER, Inge C. (2001): *Gruppenarbeit und innere Differenzierung.* Fernstudieneinheit 29. Berlin/ München: Langenscheidt.

Unterricht verstehen (2002f.). Herausgegeben von Kristina Pavlovic. München: Goethe-Institut Inter Nationes.

* WESTHOFF, Gerard (1997): *Fertigkeit Lesen.* Fernstudieneinheit 17. Berlin/München: Langenscheidt.

*WICKE, Rainer E. (1995): *Kontakte knüpfen.* Fernstudieneinheit 9. Berlin/München: Langenscheidt.

ZIEBELL, Barbara (1998): *Materialien zur Unterrichtsbeobachtung.* Unter Mitarbeit und mit einer Einführung von Hans-Jürgen Krumm. München: Goethe-Institut.

7.2 Weiterführende Literatur

ALTRICHTER, Herbert/POSCH, Peter (1990): *Lehrer erforschen ihren Unterricht.* Eine Einführung in die Methoden der Aktionsforschung. Klinkhardt.

HENRICI, Gert/RIEMER, Claudia (Hrsg.) (1994): *Einführung in die Didaktik des Unterrichts Deutsch als Fremdsprache mit Videobeispielen*, Bd. 1/2. Hohengehren: Schneider.

KALLENBACH, Christiane (1996): *Subjektive Theorien. Was Schüler und Schülerinnen über Fremdsprachenunterricht denken.* Tübingen: Narr.

ZIEBELL, Barbara (1998): *Sozialformen.* In: *Methodik des Fortgeschrittenenunterrichts. Handbuch für Spracharbeit*, Teil 4. München: Goethe-Institut.

8 Quellenangaben

8.1 Quellenangaben der Texte, Fotos und Zeichnungen

BACHMANN, Saskia u. a. (1995): *Sichtwechsel Neu 1. Mittelstufe Deutsch als Fremdsprache.* München: Klett Edition Deutsch, S.132.

BOGE, Cornelia (1997): *Rollenkarten.* Athen: unveröffentlichtes Unterrichtsmaterial.

DAHLHAUS, Barbara (1994): *Fertigkeit Hören.* Fernstudieneinheit 5. Berlin/München: Langenscheidt, S. 64; hier S. 54: Zeichnungen: Uli Olschewski.

Die Woche vom 31.03.1995.

GIUSTI, Raffaello u. a. (1996): Die Arbeitsblätter zu der Videosequenz 9 wurden in dem dort gezeigten Unterricht eingesetzt und von uns bearbeitet. Erstellt wurden sie für den Unterricht gemeinsam mit Annamaria Maraviglia und Simonetta Puleio. Lucca: unveröffentlicht.

HÄUSSERMANN, Ulrich u. a. (1997): *Sprachkurs Deutsch 1 – Neufassung.* Frankfurt/M.: Moritz Diesterweg, S. 182.

KLEPPIN, Karin (1998): *Fehler und Fehlerkorrektur.* Fernstudieneinheit 19. Berlin/München: Langenscheidt.

MAURAN, Yvonne (1998): *Unterrichtsplanung zu Hörszene 18 „In der Telefonzelle" aus der Fernstudieneinheit „Fertigkeit Hören".* Toulouse: unveröffentlichtes Manuskript.

NEUNER, Gerd u. a. (1980): *Deutsch aktiv. Ein Lehrwerk für Erwachsene,* Lehrbuch 2. Berlin/München: Langenscheidt, S. 12.

NEUNER, Gerd u. a. (1986): *Deutsch aktiv Neu,* Lehrbuch 1A. Berlin/München: Langenscheidt, S. 55.

NEUNER, Gerd u. a. (1987): *Deutsch aktiv Neu,* Arbeitsbuch 1A. Berlin/München: Langenscheidt, S. 44.

NEUNER, Gerd u. a. (1988): *Deutsch aktiv Neu,* Lehrerhandreichungen 1A. Berlin/München: Langenscheidt, S. 148.

8.2 Quellenangaben der Hörtexte und Unterrichtsmitschnitte auf der Videokassette

Hörtexte

Hörtext *Eine Lebensgeschichte* (1986). Aus: Hörkassette zu *Deutsch aktiv Neu 1A.* Berlin/München: Langenscheidt. © Langenscheidt.

Hörtext *In der Telefonzelle* (1994). Aus: Hörkassette zu der Fernstudieneinheit *Fertigkeit Hören,* Hörszene 18. Berlin/München: Langenscheidt. © Langenscheidt.

Unterrichtsmitschnitte und Werbespots

Sequenz 1a – 1d
Athen/Griechenland (1991): 4. Klasse der Schule des *Vereins für Deutsch-Griechische Erziehung*; Lehrerin: Christine Gagakis.
Produktion: 3D-Team/Rekon Film.

Sequenz 2a und 2b
München/Deutschland (1982): Grundstufe 1, Goethe-Institut; Lehrer: Ralf Baltzer.

Sequenz 3
München/Deutschland (1982): Grundstufe 1, Goethe-Institut; Lehrer: Heinz Wilms.

Sequenz 4
Bratislava/Slowakei (1995): Lehrerfortbildungsseminar, Goethe-Institut; Seminarleitung: Barbara Ziebell.

Sequenz 5
San José/Costa Rica (1992): Goethe-Institut; Lehrer: Paul Meyermann.

Sequenz 6

Toulouse/Frankreich (1998): Collège Jolimont; Lehrerin: Yvonne Mauran.

Produktion: Karsten Kurowski, Hamburg/Bordeaux.

Sequenz 7a, 7b und 7e

Parentis-en-Born/Frankreich (1997): Lycée Saint Exupéry; Lehrer: Dominique Lafargue.

Produktion: Karsten Kurowski, Hamburg/Bordeaux.

Sequenz 7c und 7d

Werbespot. © DaimlerChrysler AG.

Sequenz 8a – 8f

Athen/Griechenland (1997): Goethe-Institut; Lehrerin: Cornelia Boge.

Produktion: OF ZOE visuel projects, Athen.

Sequenz 9a – 9f

Lucca/Italien (1997): Fachoberschule für Handel und Touristik *(Istituto Professionale di Stato per i Servizi Commerciale e Turistici Sandro Pertini)*; Lehrer: Raffaello Giusti.

Produktion: DISISTO.

Interviewprojekt: *Deutschland ist nah!* von Beate Köhler und Re Germano; © Goethe-Institut, München.

Sequenz 10a

Toulouse/Frankreich (1998): Lycée Tournefeuille; Lehrerin: Eliane Leduc.

Produktion: Karsten Kurowski, Hamburg/Bordeaux.

Sequenz 10b

Bordeaux/Frankreich (1999): Goethe-Institut; Selbstbeobachtung von Eliane Leduc.

Produktion: Karsten Kurowski, Hamburg/Bordeaux.

Sequenz 10c

Bordeaux/Frankreich (1999): Goethe-Institut; Interview von Barbara Ziebell mit Eliane Leduc.

Produktion: Karsten Kurowski, Hamburg/Bordeaux.

Anhang

1 Beobachtungsbögen

Beobachtungsbögen: Überblick

Beobachtungsbogen 1

Globale Fragen zum gesehenen Unterricht
Persönliche Einschätzungen
(von den Beobachtenden auszufüllen)

Unterrichtende(r): _____ Beobachtende(r): _____

Wann? _____ Wo? _____ Wen? _____

1. Was halten Sie in dem gesehenen Unterricht/Unterrichtsausschnitt für so gut und anregend, dass Sie es gern selbst nachahmen oder ausprobieren würden?

   _____

   _____

   _____

   _____

   _____

2. Was ist Ihnen an dem gesehenen Unterricht/Unterrichtsausschnitt unklar, sodass Sie von der oder dem Unterrichtenden gern weitere Auskünfte hätten?
   Welche Fragen würden Sie gern an die Unterrichtende/den Unterrichtenden stellen? (oder an die Lernenden?)

   _____

   _____

   _____

   _____

3. Zu welchen Aspekten oder Situationen des gesehenen Unterrichts fallen Ihnen Vorschläge ein, wie Sie es anders machen würden? Warum? (Varianten, Gegenvorschläge, Kritik usw.)

   _____

   _____

   _____

   _____

   _____

   _____

Beobachtungsbogen 2

Vorbereitungsphase zur Textarbeit (Lese- und Hörverstehen)
(von den Beobachtenden auszufüllen)

• •

Unterrichtende(r): _____ Beobachtende(r): _____

Wann? _____ Wo? _____ Wen? _____

U = der/die Unterrichtende; L = Lernende

+ = ja, erreicht   ? = unklar   ☯ = nicht beobachtbar   ✂ = nicht nötig

– = fehlt/sollte noch gemacht werden

	+	?	☯	✂	–
1. Herstellen einer Lernbereitschaft (Aufwärmphase)					
U hat eine angenehme Lernatmosphäre aufgebaut.					
U hat Sprechhemmungen der L abgebaut.					
U hat Kontakt zu den L hergestellt.					
U hat Kontakt der L untereinander hergestellt.					
Eventuell: U hat Bezug zum vorherigen Kontext deutlich gemacht.					
2. Schaffen einer gemeinsamen Ausgangsbasis:					
a) den Text inhaltlich vorbereiten					
U hat Kontext hergestellt.					
U hat situative Einbettung geschaffen.					
U hat Vorwissen der L gesammelt.					
U hat Interesse und Neugier geweckt.					
U hat die Äußerung persönlicher Meinungen, Erfahrungen, Gefühle usw. zum Thema initiiert.					
U hat persönliche Betroffenheit ermöglicht.					
U hat Leseinteresse, Lesemotivation aufgebaut.					
U hat klare Leseerwartung hergestellt.					
b) den Text sprachlich vorbereiten					
U hat bisher Gelerntes aktiviert.					
U hat den Text vorentlastet.					
U hat Verstehenshilfe gegeben.					
3. U hat Aufgabenstellung eingegeben, die					
die Leseintention berücksichtigt,					
der Textsorte gerecht wird,					
die erforderlichen Lesestile initiiert.					

Beobachtungsbogen 3

Videosequenz zum Hörverstehen
(von den Beobachtenden auszufüllen)

• •

Unterrichtende(r): _____ Beobachtende(r): _____

Wann? _____ Wo? _____ Wen? _____

Aktivitäten des/der Unterrichtenden	Aktivitäten der Lernenden
Gestaltung der Vorbereitungsphase	
Gestaltung der Hörphase(n): Welche Aufgabenstellung(en) werden gegeben? Welche Sozialform wird gewählt? Wie oft und wie wird der Text gehört? Welches ist jeweils das Ziel?	
Wie erfolgt die Verständnis- bzw. Ergebniskontrolle? (mündlich, schriftlich, Tafelbild)	
Aufgabe vor dem nächsten Hören (selektives Verstehen)	
Verständnis- bzw. Ergebniskontrolle	
Gestaltung der Nachbereitung bzw. Weiterarbeit	
Kontrollfragen/Transfer	

Beobachtungsbogen 4

Fehlerkorrektur bei mündlichen Äußerungen
(von den Beobachtenden auszufüllen)

Unterrichtende(r): _____ Beobachtende(r): _____

Wann? _____ Wo? _____ Wen? _____

Fehler (F)	1. Aufforderungen zur Selbstkorrektur								2. Lehrer-korrektur	
	verbal						nonverbal			
	a) Signal	b) (Fehler) Ort	c) (Fehler) Kennzeichnung	d) (Fehler) Ursache	e) Lernzusammenhang	f) Logik	g) Mimik, Gestik	h) Signal	i) direkt	j) indirekt

Beobachtungsbogen 5a

zur Gruppenarbeit – Phase 2: Information der Lernenden
(von den Beobachtenden auszufüllen)

● ●

Unterrichtende(r): _____ Beobachtende(r): _____

Wann? _____ Wo? _____ Wen? _____

Bitte beantworten Sie die Fragen und ergänzen Sie sie eventuell.

1. Was ist das Ziel der Gruppenarbeit? Was erfahren die Lernenden über das (Gesamt-) Ziel?	
2. Was genau sollen die Lernenden in Gruppenarbeit tun?	
3. Wird die Aufgabenstellung in angemessener Form vermittelt? Wie? Wird eine Zeitangabe für die Bearbeitung der Aufgaben angegeben?	
4. Ist zur Lösung der Aufgabe eine Zusammenarbeit sinnvoll/notwendig? Warum?	
5. Wie werden die Gruppen gebildet? Was erscheint Ihnen daran positiv oder fraglich?	
6. Wie ist die Sitzordnung? Was halten Sie hierbei für positiv oder eher fraglich?	
7. Wie erfahren die Lernenden, ob und in welcher Form eine Auswertung der Gruppenarbeit erfolgen soll?	

Beobachtungsbogen 5b

zur Gruppenarbeit – Phase 3: Durchführung der Gruppenarbeit
(von den Beobachtenden auszufüllen)

• •

Unterrichtende(r): _____   Beobachtende(r): _____

Wann? _____   Wo? _____   Wen? _____

Bitte beantworten Sie die Fragen und ergänzen Sie sie eventuell.

1. Wie ist das Interesse/die Motivation der Lernenden? Arbeiten sie wirklich an der gestellten Aufgabe? Arbeiten sie in der Zielsprache/in der Muttersprache?	
2. Wie ist die Beteiligung, die Rollenverteilung und die Kooperation in den Gruppen? Nennen Sie Beispiele für ausgewogene, gleichberechtigte, sich ergänzende Zusammenarbeit. Nennen Sie Beispiele für eine Dominanz einzelner Lernender, für ein Ausgeschlossensein von einzelnen Lernenden oder andere Probleme der Zusammenarbeit.	
3. Wie ist der Lärmpegel – nach Ihrem Empfinden? Wie reagieren die Lernenden darauf?	
4. Wie verhält sich der/die Unterrichtende: im Hintergrund, ansprechbar, unterstützend, eingreifend (wann, wie oft, warum) usw.?	
5. Welche Verhaltensweisen halten Sie für positiv oder diskussionswürdig?	
6. Gibt es Gruppen, die früher fertig sind? Was geschieht mit ihnen?	
7. Wird die Phase der Präsentation im Plenum vorbereitet? Wie?	
8. Wie wird das Ende der Gruppenarbeitsphase angekündigt? Wie wird die Gruppenarbeit beendet?	

Beobachtungsbogen 5c

zur Gruppenarbeit – Phase 4: Präsentation und Auswertung
(von den Beobachtenden auszufüllen)

• •

Unterrichtende(r): _____   Beobachtende(r): _____

Wann? _____   Wo? _____   Wen? _____

Bitte beantworten Sie die Fragen und ergänzen Sie sie eventuell.

1. Wie werden die Arbeitsergebnisse vorgestellt? Von einer/mehreren/allen Gruppen? Mündlich/ abgelesen/frei? Mit oder ohne Visualisierung usw.?	
2. Sind die Arbeitsergebnisse und/oder die Präsentationsformen der Gruppen- oder Partnerarbeit alle gleich, leicht voneinander abweichend, völlig unterschiedlich?	
3. Ist die Präsentation der Ergebnisse für die anderen Lernenden interessant und Gewinn bringend? Sind alle Lernenden bei allen Vorstellungen der Ergebnisse gleich aufmerksam? Wie wird dies erreicht?	
4. Wird über die Einzelergebnisse der Gruppen im Plenum gesprochen? In welcher Form? Erhalten alle Gruppen eine Wertschätzung für ihre Arbeitsergebnisse? In welcher Form?	
5. Wie verhält sich der/die Unterrichtende während und im Anschluss an die Präsentationen?	
6. Gibt es eine Art Gesamtergebnis aller Ergebnisse der einzelnen Gruppen? In welcher Form? (Wenn nicht: Ist dies überhaupt nötig?)	

Beobachtungsbogen 6

zum freien Sprechen
(von den Beobachtenden auszufüllen)

● ●

Unterrichtende(r): _____   Beobachtende(r): _____

Wann? _____   Wo? _____   Wen? _____

Bitte beantworten Sie die Fragen und ergänzen Sie sie eventuell.

1. Wie/Wodurch findet eine Hinführung zur freien, aktiven Anwendung in realen Sprechsituationen statt?	
2. Gibt es freie Übungen (z. B. Simulationen, Rollenspiele, Meinungsäußerungen, Diskussionen, schriftliche Produkte usw.)?	
3. Lässt die Unterrichtende die Lernenden frei sprechen/schreiben usw., ohne sie zu unterbrechen und zu korrigieren? Wann und wie wird korrigiert? Schreibt die Unterrichtende ggf. Fehler mit, um sie zu einem späteren Zeitpunkt gezielt zu bearbeiten?	
4. Entwickeln die Lernenden spürbar die Bereitschaft und Fähigkeit, das neu Gelernte in simulierten und realen Sprachhandlungssituationen angemessen einzusetzen? Woran ist dies beobachtbar?	
5. Werden Hausaufgaben gestellt? Was für welche? Welches Ziel/Welche Funktion erfüllen sie?	
6. Gibt es Anregungen, Aufgaben, Unterstützung für autonomes (Weiter-)Lernen, Arbeit in der Mediothek, Aktivitäten in außerschulischen Bereichen usw.? Welche?	
7. Welches Lernziel/Welche Lernziele werden im Rahmen dieser Unterrichtseinheit erreicht?	

Beobachtungsbogen 7a

Aspekte des Lehrerverhaltens: Unterrichtsstil
(von den Beobachtenden auszufüllen)

• •

Unterrichtende(r): _____ Beobachtende(r): _____

Wann? _____ Wo? _____ Wen? _____

Bitte beantworten Sie die Fragen und ergänzen Sie sie eventuell.

Aspekte des Lehrerverhaltens	Bemerkungen/Beispiele
1. Ansprache der Lernenden	
2. Führungs- und Gesprächsstil	
3. Aufbau der Lernatmosphäre	
4. Motivierung und Aktivierung der Lernenden	
5. Reaktion auf Beiträge, Fragen, Wünsche usw. der Lernenden	
6. klarer, nachvollziehbarer Unterrichtsablauf	
7. angemessenes Tempo	
8. Flexibilität (Abweichungen von der Unterrichtsplanung)	
9. abwechslungsreiche Gestaltung des Unterrichts (Spannungsbogen)	
10. methodische Vielfalt	
11. Anteil an Aktivität der Lernenden	
12. Wechsel bei der Steuerung durch Unterrichtende und Lernende	

Beobachtungsbogen 7b

Aspekte des Lehrerverhaltens: Lehrtechniken

(von den Beobachtenden auszufüllen)

● ●

Unterrichtende(r): _____ Beobachtende(r): _____

Wann? _____ Wo? _____ Wen? _____

Bitte beantworten Sie die Fragen und ergänzen Sie sie eventuell.

Aspekte des Lehrerverhaltens	Bemerkungen/Beispiele
1. Lernende wurden motiviert und aktiviert, z. B. durch a) Gesprächsführung, b) Impulse (sprachliche/nicht sprachliche), c) Fragetechniken, d) Reaktionen auf Beiträge, Fragen, Wünsche der Lernenden.	
2. Einsatz verschiedener Sozialformen	
3. Binnendifferenzierung	
4. Arbeitsanweisungen (klar, verständlich, an geeigneter Stelle usw.)	
5. Erklärungen, (klar, verständlich usw.)	
6. Medieneinsatz	
7. Präsentationsformen	
8. Visualisierungen (übersichtlich, anschaulich, z. B. Tafelbild, Wandzeitung, Pinnwand, Folien, selbst erstellte Materialien, Arbeitsblätter)	
9. methodische Vielfalt	
10. Korrekturverhalten	
11. Einsatz von Körpersprache, Gestik, Mimik, Stimme	

Beobachtungsbogen 7c

Aspekte des Lehrerverhaltens: Sozialverhalten
(von den Beobachtenden auszufüllen)

• •

Unterrichtende(r): _____	Beobachtende(r): _____
Wann? _____ Wo? _____	Wen? _____

Bitte beantworten Sie die Fragen und ergänzen Sie sie eventuell.

Aspekte des Lehrerverhaltens	Bemerkungen/Beispiele
1. Wie ist der Kontakt zu den Lernenden? Wodurch? a) Gesprächsführung, b) Ansprache (der Zielgruppe angemessen usw.), c) Verhältnis zu den Lernenden (partnerschaftlich; Ernstnehmen; Eingehen auf spezielle Bedürfnisse einzelner Lernender usw.).	
2. Umgangsformen (freundlich, mürrisch, integrativ, offen, ungeduldig usw.)	
3. Einstellung/Haltung zu den Lernenden und zum Unterricht (interessiert, gelangweilt, engagiert, gleichgültig usw.)	
4. Verhalten zu gruppendynamischen Prozessen (werden übersehen, wahrgenommen, angesprochen, verschwiegen usw.)	
5. Einbezug der Lernenden (alle, einige, nur die Lauten, auch die Stilleren und Schwächeren usw.)	
6. Sensibilität für verschiedene Kulturen	

Beobachtungsbogen 7d

Aspekte des Lehrerverhaltens: Fachkompetenz
(von den Beobachtenden auszufüllen)

• •

Unterrichtende(r): _____   Beobachtende(r): _____

Wann? _____ Wo? _____ Wen? _____

Bitte beantworten Sie die Fragen und ergänzen Sie sie eventuell.

Aspekte des Lehrerverhaltens	Bemerkungen/Beispiele
1. pädagogische, lernpsychologische Kompetenz	
2. methodisch-didaktische Kompetenz	
3. Unterrichtender verfügt über linguistische, grammatische Kompetenz	
4. landeskundliche Kompetenz	
5. kommunikative, soziale Kompetenz	
6. Unterrichtender verfügt über angemessene interkulturelle Kompetenz	
7. Allgemeinwissen	

Beobachtungsbogen 7e

Aspekte des Lehrerverhaltens: Sprache
(von den Beobachtenden auszufüllen)

• •

Unterrichtende(r): _____ Beobachtende(r): _____

Wann? _____ Wo? _____ Wen? _____

Bitte beantworten Sie die Fragen und ergänzen Sie sie eventuell.

Aspekte des Lehrerverhaltens	Bemerkungen/Beispiele
Wie ist die Sprache des Unterrichtenden?	
1. bezüglich Verständlichkeit, Klarheit	
2. in der Sprachverwendung (Sprechüblichkeit und Korrektheit)	
3. in Bezug auf den Sprachstand der Lernenden, z. B. : a) Sprechtempo, b) Ausdruck/Wortschatz, c) Aussprache.	
4. in Bezug auf die Interessen und Ziele der Lernenden	
5. in Bezug zu den Lehrzielen, dem Thema, den Sprechintentionen usw.	

Beobachtungsbogen 7f

Aspekte des Lehrerverhaltens: persönliche Verhaltensweisen
(von den Beobachtenden auszufüllen)

● ●

Unterrichtende(r): _____ Beobachtende(r): _____

Wann? _____ Wo? _____ Wen? _____

Bitte beantworten Sie die Fragen und ergänzen Sie sie eventuell.

Aspekte des Lehrerverhaltens	Bemerkungen/Beispiele
1. Einstellungen und Haltungen (anerkennend, lobt viel, kritisiert viel, hört zu, unterbricht die Lernenden, gibt den Lernenden viel/wenig Zeit zum Nachdenken usw.)	
2. Körpersprache, Gestik, Mimik, Stimme	
3. Angewohnheiten	

Beobachtungsbogen 8

zur Vorbereitung: Informationen zur Lerngruppe und Unterrichtsstunde
(von der/dem Unterrichtenden, evtl. gemeinsam mit Beobachtenden auszufüllen)

• •

Unterrichtende(r): _____ Beobachtende(r): _____

Wann? _____ Wo? _____ Wen? _____

1. Was sind die Themen und Lehrziele der Unterrichtsstunde bzw. Unterrichtseinheit?
   Haben Sie als Unterrichtende(r) spezielle Hauptanliegen in dieser Unterrichtseinheit?

   _____

   _____

   _____

2. Welche Fertigkeiten (Leseverstehen, Hörverstehen, Sprechen, Schreiben) und welche Aktivitäten der Lernenden (Übungs- und Sozialformen) stehen im Vordergrund der Unterrichtseinheit? (Sie können Arbeitsblätter nummerieren und beifügen.)

   _____

   _____

   _____

3. Welche Besonderheiten, Abweichungen, Schwierigkeiten usw. sind möglicherweise zu erwarten?
   Welche (eventuell unterschiedlichen) Voraussetzungen, Bedürfnisse, Ziele haben die Lernenden?

   _____

   _____

4. Wie offen bzw. geschlossen ist dementsprechend Ihre Unterrichtsplanung?

   _____

5. Welche Wünsche haben Sie an die Unterrichtsbeobachtung?
   Was würden Sie gern im anschließenden Auswertungsgespräch gemeinsam klären?

   _____

   _____

   _____

6. Mögliche Hinweise

   _____

   _____

   _____

Beobachtungsbogen 9

zur Vorbereitung: Unterrichtsplanung
(von der/dem Unterrichtenden, evtl. gemeinsam mit Beobachtenden auszufüllen)

● ●

Unterrichtende(r): _____ Beobachtende(r): _____

Wann? _____ Wo? _____ Wen? _____

Thema/Inhalt der Stunde (Lehrwerk/Lektion), Lehrziel(e): _____

Hauptanliegen der Beobachtung: _____

Zeit	Phase/ Lernschritt Lernziel(e)/ Funktion(en)	Aktivitäten der Unterrichtenden Lernmaterialien usw. (s. unten)	Aktivitäten der Lernenden Sozialformen (s. unten)	Bemer- kungen

Lernmaterialien, z. B.: **K**: Kassette; **LB**: Lehrbuch; **AB**: Arbeitsbuch; **TA**: Tafel usw.
Sozialformen, z. B.: **F**: Frontalunterricht; **P**: Plenum; **PA**: Partnerarbeit; **GA**: Gruppenarbeit; **EA**: Einzelarbeit

Beobachtungsbogen 10

Visualisierungen
(von der/dem Unterrichtenden oder den Beobachtenden auszufüllen)

Unterrichtende(r): _____   Beobachtende(r): _____

Wann? _____   Wo? _____   Wen? _____

Visualisierungen (Tafelbild, Folien für den Tageslichtprojektor, Wandzeitung, Pinnwand usw.)

Erläuterungen zur Visualisierung (Entstehungs- oder Verwendungszusammenhang, Ziele usw.)

Beobachtungsbogen 11

Einschätzungen, Fragen, Anregungen
(von den Beobachtenden auszufüllen)

●●●

Unterrichtende(r): _____   Beobachtende(r): _____

Wann? _____   Wo? _____   Wen? _____

1. **Bestätigung/Bestärkung**
   Welche Teile, Momente, Aspekte des gesehenen Unterrichts halten Sie für so gut und anregend, dass
   Sie die Unterrichtende oder den Unterrichtenden darin gern bestärken würden?

   _____

   _____

   _____

   _____

   _____

   _____

2. **Fragen/Unklarheiten**
   Was ist Ihnen an dem gesehenen Unterricht unklar? Worüber hätten Sie gern weitere Auskünfte?
   Welche Fragen würden Sie gern an die oder den Unterrichtenden (und/oder die Lernenden) stellen?

   _____

   _____

   _____

   _____

   _____

3. **Anregungen/Alternativvorschläge**
   Zu welchen Aspekten oder Situationen des gesehenen Unterrichts möchten Sie Ergänzungen anbrin-
   gen, Varianten oder Alternativen nennen, Gegenvorschläge machen? Warum?

   _____

   _____

   _____

   _____

   _____

Beobachtungsbogen 12

Verlaufsprotokoll
(von den Beobachtenden während der Beobachtung auszufüllen)

• •

Unterrichtende(r): _____ Beobachtende(r): _____

Wann? _____ Wo? _____ Wen? _____

Zeit	Aktivitäten der Unterrichtenden Lernmaterialien usw. (s. unten)	Aktivitäten der Lernenden Sozialformen (s. unten)	Bemerkungen für das Auswertungsgespräch

Lernmaterialien, z. B.: **K**: Kassette; **LB**: Lehrbuch; **AB**: Arbeitsbuch; **TA**: Tafel usw.
Sozialformen, z. B.: **F**: Frontalunterricht; **P**: Plenum; **PA**: Partnerarbeit; **GA**: Gruppenarbeit; **EA**: Einzelarbeit

Beobachtungsbogen 13

zur Nachbereitung: Fragebogen nach der Beobachtung
(von den Unterrichtenden oder den Beobachtenden auszufüllen)

• •

Unterrichtende(r): _____   Beobachtende(r): _____

Wann? _____   Wo? _____   Wen? _____

Bitte beantworten Sie direkt im Anschluss an die Unterrichtsbeobachtung nur die für Sie wichtigen Fragen. Oder: Beobachter und Unterrichtende einigen sich vorher auf Fragen, die sie nach dem Unterricht besprechen wollen.

1. Was fällt Ihnen spontan zu dem eben erteilten Unterricht ein? Was ist Ihnen besonders – positiv oder diskussionswürdig – in Erinnerung geblieben?
   Wie haben Sie sich beim Unterrichten gefühlt? Gab es Momente, in denen Sie sich besonders gut oder nicht so gut gefühlt haben? Welche? Warum?

   _____

   _____

   _____

2. Was möchten Sie selbst im Auswertungsgespräch gern erläutern, erklären usw.?

   _____

   _____

   _____

3. Gibt es Teile, Momente, Aspekte des Unterrichts, über die Sie gern im Auswertungsgespräch mit dem Beobachter bzw. der Beobachterin (ausführlicher) sprechen würden?
   Haben Sie Fragen an den Beobachter bzw. die Beobachterin?

   _____

   _____

4. Verlief der Unterricht so, wie Sie ihn geplant und sich vorgestellt haben? Wenn nicht, warum nicht?
   Haben Sie die Ziele, die Sie für diese Stunde hatten, erreicht? Welche haben Sie nicht erreicht?
   (Haben sich die Lernenden anders verhalten als sonst? Waren sie eventuell durch die Beobachtung beeinträchtigt?)

   _____

   _____

   _____

zur Nachbereitung: Fragebogen nach der Beobachtung

5. Wie schätzen Sie die Unterrichtsstunde ein
   – bezüglich Ihrer eigenen Zufriedenheit als Unterrichtende bzw. Unterrichtender
   – bezüglich der Zufriedenheit der Lernenden?

   _____

   _____

   _____

   _____

6. Was ist Ihnen Ihrer Meinung nach in diesem Unterricht besonders gut gelungen?

   _____

   _____

   _____

7. Wie sollte nach dieser Unterrichtsstunde weitergearbeitet werden? (Hausaufgabe, autonomes Weiterlernen, Ergebnissicherung, Transfer usw.)

   _____

   _____

   _____

8. Gibt es Teile, Momente, Aspekte des Unterrichts, die Ihnen besonders wichtig sind, aus denen Sie etwas für Ihren zukünftigen Unterricht gelernt haben? Wenn ja, was?
   Wenn Sie die gleiche Stunde noch einmal geben würden, was würden Sie nach dieser Erfahrung anders machen?

   _____

   _____

   _____

9. Was würden Sie nach dieser Erfahrung in Ihrem zukünftigen Unterricht gern beobachten lassen – mit welchen Fragestellungen?
   Haben Sie sich durch die Beobachtung beeinträchtigt gefühlt? Wenn ja, wie ließe sich das verbessern?

   _____

   _____

   _____

Beobachtungsbogen 14

zur Nachbereitung: Konsequenzen

(von der oder dem Unterrichtenden während oder nach der Nachbesprechung auszufüllen)

Unterrichtende(r): _____ Beobachtende(r): _____

Wann? _____ Wo? _____ Wen? _____

Möglichkeit 1

Was ich beibehalten, verstärken und ausbauen möchte	Was ich verändern (abbauen, mir neu aneignen) möchte	Worauf ich bei der nächsten Beobachtung meines Unterrichts besonders achten werde/was ich beim nächsten Unterrichten üben werde

Möglichkeit 2

Welche Verhaltensweisen möchte ich erlernen?	Wie schaffe ich das am besten?	Welche Verhaltensweisen möchte ich abbauen?	Wie schaffe ich das am besten?

2 Übersicht über Unterrichtsmitschnitte, Werbespots und Hörszenen: Sequenzverlauf

Nr.	Ort/Zeit	Institution/ Lerngruppe/ Unterrichtende	Themen/Inhalte	Beobachtungsaufgaben	Dauer
1a	Athen/ Griechenland (1991)	Schule des Vereins für Deutsch-Griechische Erziehung; 4. Klasse Lehrerin: Christine Gagakis	Einüben einer Fernseh-ansage: Komparation der Adjektive	globales, ungesteuertes Beobachten	1'46''
1b	wie 1a	siehe 1a	Entwicklung eines Tafelbildes zur Komparation der Adjektive	Sehen ohne Ton: Beschreibung und Vermutung (Inter-pretation) unterscheiden	1'25''
1c	wie 1a	siehe 1a	wie 1a	Sehen mit Ton: Beschreibung und Vermutung (Inter-pretation) unterscheiden	1'25''
1d	wie 1a	siehe 1a	Verifizierung der Vermutungen im Lehrbuch	Beobachtungen ergänzen	1'2''
2a	München/ Deutschland (1982)	Goethe-Institut; Grundstufe 1; 18 – 23 Jahre Lehrer: Ralf Baltzer	mündliche Übungen zu Modalverben *(Pattern-Drill)*	globales, ungesteuertes Beobachten/ Beobachten mit globalen Leitfragen	4'
2b	wie 2a	siehe 2a	Vorbereitungsphase auf eine Textarbeit (Leseverstehen)	vorbereitetes Beobachten durch Kenntnis des Unterrichtstextes und eigene Planung der Unterrichtsphase	4'
3	München/ Deutschland (1982)	Goethe-Institut; Grundstufe 1; 18–23 Jahre Lehrer: Heinz Wilms	Vorbereitung auf einen Märchentext *(Hase und Igel)*	vorbereitetes, gezieltes Beobachten durch detaillierten Beobachtungsbogen sowie durch Kenntnis des Textes und eigene Unterrichtsplanung	5'12''
4	Bratislava/ Slowakei (1995)	Goethe-Institut; Lehrerfortbildungs-seminar Seminarleitung: Barbara Ziebell	Lehrerdiskussion zum Unterrichtsausschnitt Sequenz 3	eigene Beobachtungen und Positionen mit Meinungen von Kolleginnen vergleichen	6'08''

Hörtext *Eine Lebensgeschichte* (1986)

Nr.	Ort/Zeit	Institution/ Lerngruppe/ Unterrichtende	Themen/Inhalte	Beobachtungsaufgaben	Dauer
5	San José/ Costa Rica (1992)	Goethe-Institut; Grundstufe 1; Erwachsene Lehrer: Paul Meyermann	Hörverstehen	nach eigener Unterrichtsplanung vorbereitetes, gezieltes Beobachten mit Beobachtungsbogen zu Schritten des Hörverstehens	9'50''

Nr.	Ort/Zeit	Institution/ Lerngruppe/ Unterrichtende	Themen/Inhalte	Beobachtungsaufgaben	Dauer
Hörtext *In der Telefonzelle* (1994)					
6	Toulouse/ Frankreich (1998)	Collège Jolimont; 4. Klasse; 14 – 16 Jahre Lehrerin: Yvonne Mauran	Hörverstehen	nach eigener Unterrichts- planung und Kenntnis der Planung der Unterrichten- den vorbereitete Beobach- tung des Unterrichts nach selbst gewählten Kriterien	21'
7a	Parentis-en- Born/Frank- reich (1997)	Lycée Saint Exupéry; Première; 16 – 17 Jahre Lehrer: Dominique Lafargue	Arbeit mit Video	unvorbereitetes Beobach- ten einer Unterrichts- stunde aus der Perspektive der Lernenden; gezielte Beobachtung des Korrekturverhaltens des Unterrichtenden und der Aktivierung der Lernenden	30'18''
7b	wie 7a	siehe 7a	Präsentation des Videos; Aufgabenstellungen	gezieltes Beobachten der Aufgabenstellungen	6'55''
7c			Werbespot: didaktisiert		6'55''
7d			Originalwerbespot		0'55''
7e	wie 7a	siehe 7a	Partnerarbeit	gezieltes Beobachten der Partnerarbeit	10'27''
8a	Athen/ Griechen- land (1997)	Goethe-Institut; Mittelstufe (M2); Erwachsene Lehrerin: Cornelia Boge	Lesephase in Gruppen	unvorbereitetes Beobach- ten; Vermutungen: Was geschieht? Was war vorher? Was kommt danach?	1'31''
8b	wie 8a	siehe 8a	Fragen der Lernen- den an die Texte	vorbereitetes Beobachten des Ziels und der Konse- quenzen der Phase	2'
8c	wie 8a	siehe 8a	Arbeitsphase nach dem Lesen	vorbereitetes, gezieltes Beobachten nach Kenntnis des bisherigen Unterrichts- verlaufs und der Texte sowie eigene Planungs- überlegungen dazu; Aus- füllen eines Beobachtungs- bogens zur Vorbereitung auf eine Gruppenarbeit	2'1''
8d	wie 8a	siehe 8a	Gruppenarbeitsphase	gezieltes Beobachten/ Ausfüllen eines Beobachtungsbogens zur Gestaltung der Gruppen- arbeitsphase	4'11''
8e	wie 8a	siehe 8a	freies Sprechen: Rollenspiele; *Zickzack*-Dialoge	gesteuertes Beobachten mit Leitfragen	7'48''
8f	wie 8a	siehe 8a	Korrekturverhalten	durch Leitfragen gesteuertes Beobachten	2'54''

Nr.	Ort/Zeit	Institution/ Lerngruppe/ Unterrichtende	Themen/Inhalte	Beobachtungsaufgaben	Dauer
9a	Lucca/Italien (1997)	Fachoberschule für Handel und Touristik; 2. Lernjahr; 15 – 18 Jahre Lehrer: Raffaello Giusti	Interviewprojekt: Schritte der Vorbereitung	nach eigenen Planungs- überlegungen vorbereitetes, gezieltes Beobachten der Schritte	4'
9b	wie 9 a	siehe 9a	Interview simulieren	durch Leitfragen gesteuertes Beobachten	1'45''
9c	wie 9a	siehe 9a	Ortsbesichtigung	vorbereitetes, durch Leit- fragen gesteuertes Beobachten der Tätigkeiten bei der Ortsbesichtigung	0'51''
9d	wie 9a	siehe 9a	Interviews durchführen	vorbereitetes, durch Leitfragen gesteuertes Beobachten	2'44''
9e	wie 9 a	siehe 9a	Interviews auswerten	vorbereitetes, durch Leitfragen gesteuertes Beobachten	1'50''
9f	wie 9a	siehe 9a	Präsentation	gezieltes Beobachten mit Beobachtungsbögen	1'40''
10a	Toulouse/ Frankreich (1998)	Lycée Tournefeuille; 5. Klasse Lehrerin: Eliane Leduc	Sprechblasen zu einem Comic ausfüllen; Hörtext-Bild- Zuordnung	globales Beobachten des Lehrerverhaltens: Was fällt auf? Fragen an Lehrerin formulieren	4'27''
10b	Bordeaux/ Frankreich (1999)	Goethe-Institut; Eliane Leduc	Selbstbeobachtung von Eliane Leduc	Gestik und Mimik beobachten; Rückschlüsse auf Empfindungen der Unterrichtenden ziehen	3'29''
10c	Bordeaux/ Frankreich (1999)	Goethe-Institut; Eliane Leduc	Interview von Barbara Ziebell mit Eliane Leduc	gesteuertes Beobachten der Interviewfragen unter der Fragestellung nach hilfreichem Feed- backverhalten	5'41''

Angaben zur Autorin

Barbara Ziebell, geboren 1954, war nach dem Studium der Erziehungswissenschaften, Germanistik, Soziologie (1. und 2. Staatsexamen) und der Sprachlern- und Sprachlehrforschung (Magister) an der Universität Hamburg (Prof. H.-J. Krumm) mehrere Jahre in Portugal und Brasilien als Lehrerin im Bereich Deutsch als Fremdsprache sowie in der Aus- und Fortbildung von DaF-Lehrkräften tätig. Seit Anfang der 1990er-Jahre lebt sie wieder in Deutschland und arbeitet als Lehrbeauftragte an der Universität Bonn und als freiberufliche Fortbildnerin. Insbesondere führt sie Seminare zur Methodik und Didaktik für Lehrkräfte und Multiplikatorentrainings für Aus- und Fortbilder an Goethe-Instituten im Inland und Ausland durch.

Schwerpunkte: Lernen und lehren lernen, Visualisierungen im Fremdsprachenunterricht, projektorientierte Unterrichtsformen, teilnehmeraktivierende Sozial- und Arbeitsformen im Unterricht und in der Lehreraus- und Lehrerfortbildung, Unterrichtsbeobachtung in der Lehreraus- und Lehrerfortbildung.